本书为黑龙江省教育科学"十四五"规划 2023 年度重点课题"基于核心素养建构初中数学知识体系的教学研究"（课题编号：JJB1423166）研究成果。

U0733836

素养立意下的
初中数学教学实践研究

刘　璇◎编著

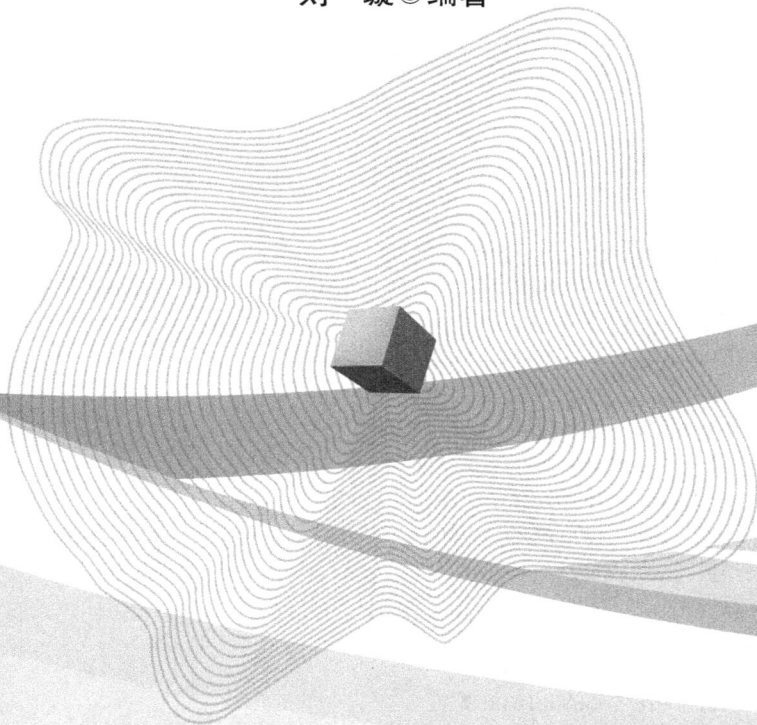

黑龙江大学出版社
HEILONGJIANG UNIVERSITY PRESS
哈尔滨

图书在版编目（CIP）数据

素养立意下的初中数学教学实践研究 / 刘璇编著
． -- 哈尔滨 ： 黑龙江大学出版社，2023.12
ISBN 978-7-5686-1043-8

Ⅰ．①素… Ⅱ．①刘… Ⅲ．①中学数学课－教学研究
－初中 Ⅳ．① G633.602

中国国家版本馆 CIP 数据核字（2023）第 188343 号

素养立意下的初中数学教学实践研究
SUYANG LIYI XIA DE CHUZHONG SHUXUE JIAOXUE SHIJIAN YANJIU
刘　璇◎编著

责任编辑　赵　晶
出版发行　黑龙江大学出版社
地　　址　哈尔滨市南岗区学府三道街 36 号
印　　刷　天津创先河普业印刷有限公司
开　　本　720 毫米 ×1000 毫米　1/16
印　　张　19
字　　数　330 千
版　　次　2023 年 12 月第 1 版
印　　次　2023 年 12 月第 1 次印刷
书　　号　ISBN 978-7-5686-1043-8
定　　价　69.00 元

前　言

我在 30 年的教师生涯中,经历着课程改革的一次次推进,教育理念的一次次更新,课堂实践的一次次尝试和落实。上课、听课、评课、研课、课题研究成了我工作中的重要内容,也是我作为教育工作者最大的快乐。听一节好课,我会为优秀的设计欣慰不已,会为年轻教师的成长拍手称赞,会为学生的表现兴奋激动,一个个新的思路和灵感就闪现在眼前。我的听课笔记上单独记录了"教学亮点",我把教师们优秀的设计思路和课堂生成记录下来与大家分享,促进教师团队的成长。

课例研究的过程、研课之后的成功实践、课堂生成的处理、课后授课教师的反思等,对一线教师的教学成长是最有促进作用的,于是我萌生出将这些可贵的素材整理出来的想法。首先,本书对初中数学的知识体系建构和核心素养落实进行了阐述,为大家提供理论研究方向。其次,鉴于初中数学的知识结构和授课特点,本书主要侧重于数与代数、图形与几何两方面内容,进行了新授课、专题课和复习课三类课例研究的呈现,为大家的实践研究提供借鉴。在知识学习的过程中,教师精心准备的每一节课都有利于学生核心素养的培育,更有利于学生形成符合社会发展需要的基本品格和综合能力。课例研究主要诠释了不同数学课型的主要特征,并结合具体的课堂教学实例,介绍研究背景、课堂关注点、知识体系建构和核心素养的落实情况,旨在使读者深刻理解评析课的内涵。从这一点来说,本书既具有实践价值,又具有理论价值,更具有启发价值。新课程标准要求教师对学科核心素养的落实不能局限于完成课时教学目标,而要更加关注单元、主题的教学目标,课时的分配以单元、主题的形式呈现，这就要求教师要注重学生认知的整体性，把握知识的联系性。因此，本书每一个课例研究都注重引导教师关注数学知识、数学方法和数学思想的高度逻辑性及系统性。本书也考虑到使用不同版本的教材和不同学制的师生的需求，在课例选取上进行了不同内容的收集。

我期待着本书能够引发读者对新课程改革下数学教育如何实践、如何有效落实学生核心素养、如何提高课堂教学效率、如何使学生形成必备品格和综合能力等问题的思考与讨论。由于笔者学识有限，再加上时间仓促，本书难免会有一些问题和疏漏之处，敬请各位读者批评与指正。

刘璇

2023 年 10 月 20 日

目　　录

第一部分　基于数学核心素养建构知识体系的意义与方法

初中数学知识体系建构 …………………………………………………………… 1

如何在初中教学中培育学生的数学核心素养 ……………………………… 10

第二部分　典型课例研究——新授课

数与代数 ……………………………………………………………………… 29

　数系的扩充——"有理数"课例分析 ………………………………………… 29

　类比法在数学课堂中的应用——"有理数乘法"课例分析 ……………… 40

　对教材加工重组,突出重点突破难点——"整式"课例研究 ………… 49

　类比学习,加强知识的内在联系——"整式的加减"课例研究 ……… 55

　建立模型意识,培养数学语言表达能力

　　　——"实际问题与一元一次方程之配套问题"课例研究 ………… 60

　用数学的眼光观察"列表"

　　　——"二次函数 $y=ax^2$ 的图象和性质"课例研究 …………… 69

图形与几何 ………………………………………………………………… 76

　探究结构化教学中的概念课——"线段、射线、直线"课例分析 … 76

　以情境促进学习真实地发生——"比较线段的长短"课例分析 …… 85

　关注新旧知识的联结,实现知识的螺旋式上升——"角"课例研究 ……… 93

几何模型构建方法研究——"三角形的内角"课例研究 …………… 99

活动感悟几何直观——"等腰三角形"课例研究…………… 107

利用信息技术优势,助力核心素养形成

　　——"平行四边形的性质"课例研究 …………… 114

第三部分　典型课例研究——专题课

数与代数 …………… 124

数学思维和建模能力的培养

　　——"一元一次方程模型的应用之工程问题"课例研究…………… 124

数形结合思想:"数轴"让抽象"参数"变直观

　　——"含参数的一元一次不等式(组)的解法"课例分析 …………… 131

培养抽象思维,增强模型意识

　　——"二次函数图象与系数的关系"课例研究…………… 136

创设情境,构建模型——"二次函数的实际应用"课例研究 …………… 143

图形与几何 …………… 154

动手实践思维碰撞,问题导向综合育人——"折纸探镶嵌"课例研究 …… 154

追寻问题本质,树立模型观念

　　——"求等腰直角三角形的顶点坐标"课例分析…………… 164

创设问题情境,培养数形结合思维

　　——"等腰三角形分类讨论之动点问题"课例分析…………… 174

发展数学思维,有效解决生活中的数学问题

　　——"平面内的最短路径问题"课例研究…………… 181

从数学思维的培养走向数学素养的提升

　　——"矩形的折叠与对称"课例研究…………… 193

利用"化归"数学思想方法,培育"几何直观"核心素养

　　——"四边形与倍长中线问题探究"课例分析…………… 202

第四部分　典型课例研究——复习课

数与代数 ·· 213

体会数式通性,发展抽象思维——"整式的加减复习课"课例研究 ········ 213

培养学生"空间想象"能力——"平面直角坐标系复习课"课例研究 ······ 221

让学习真正发生,教师应该做什么?

　　　——"不等式与不等式组复习课"课例研究 ················· 228

类比学习,发展思维——"分式复习课"课例研究 ······················ 235

问题牵引,梳理知识——"一元二次方程复习课"课例研究 ············ 242

图形与几何 ·· 250

素养立意和课标引领下的图形与几何

　　　——"相交线与平行线复习课"课例研究 ···················· 250

在应用与思考中逐步建构知识脉络

　　　——"全等三角形复习课"课例研究 ························· 261

优化结构,注重引导,形成体系——"平行四边形复习课"课例研究 ········ 270

理解本质,重视过程,提升素养

　　　——"点和圆、直线和圆的位置关系复习课"课例研究 ········ 279

在对比和类比中完善知识结构——"相似复习课"课例研究 ············· 287

参考文献 ·· 296

第一部分　基于数学核心素养建构知识体系的意义与方法

初中数学知识体系建构

一、数学课堂教学中存在的问题

许多的一线数学教师在教学过程中会出现这样的困惑,学生在学习某个单一知识点时,理解、掌握、运用得非常好。但是,在完成整个章节或者几个章节的教学之后,教师对学生进行检测时却发现,学生对每个知识点的掌握相对于教学时显得生疏,缺乏连贯性,解决问题时不能立刻想到所学知识点,解题能力明显逊于初学时。显然这不是因为学生不聪明,他们思维的敏捷程度在某种意义上来说胜过教师。教师之所以略胜一筹,是因为在教师的头脑中有一张庞大的、严密的、有序的、立体的、系统的数学知识体系网。学生之所以无法灵活地运用知识是因为他们的脑海里只有一张无序的、易破碎的小网络,不能够把所学的知识紧密地联系起来。当需要解决某些数学问题或探索新知识时,他们无法把储存在记忆中的知识检索出来,这就是对知识的理解不够深入,记忆不够牢固。因此在解决问题时,一些学生无法将学习过的知识综合起来运用,从而造成学习上的低效率。有效率的教学,既能考验教师的专业程度,又能使学生得到发展。新课标要求让所有学生都能获得良好的数学教育,让不同的学生在数学上获得不同的发展,使学生对数学有正确的认识。教师应教会学生必备的基础知识和基本技能,培养学生抽象思维和逻辑思维能力,培养学生实践创新能力,促使学生各个方面都得到发展,那么就要反思教学中哪个环节没有做好,需要改进。

(一)讲解方式单一

有的教师只是在黑板上讲题,缺少思维拓展和生动形象的讲解方式,学生往往感到对题目难以理解或缺乏兴趣;有的教师在制作课件时,将课本上的知识原样抄在上面,并没有丰富内容或延伸其他的意义;有的教师为了展示自己精心设计的课件,把本该由学生动手完成的内容也设置在了上面,结果让学生失去了动手实践的机会而成为学习的旁观者。

(二)教学缺少实践环节

数学是需要实践的学科,但是在教学中,一些教师忽视实践环节,只求知识点的堆积和训练,不重视实际运用。有的教师具有丰富的理论知识和良好的课堂教学经验,但是,他们在传授完知识后,不注重实践环节,使学生无法将所学到的知识与实践相结合。只有注重实践活动,学生对数学知识才能掌握得更牢固、更扎实。而有些教师会进行一些实践活动,但是目的性不明显,显得有些盲目,无法达到实践活动的目标,无法实现实践活动所具备的意义。

(三)存在以考试为导向的倾向

部分教师只注重知识点的讲解和考试训练,忽略了数学思维、数学方法和数学应用的能力培养,导致学生只能应付考试而无法真正理解数学,忽视了数学知识的深度和广度。

(四)对学生积极性调动不足

数学需要创新,需要激发学生的兴趣和动力,但是有些教师没有充分调动学生的积极性和主动性,使得学生缺乏自主学习的能力。激发学生的学习兴趣是实施课堂教学活动的重要一环。激发学生的学习兴趣,实际上就是启动他们自身的内驱力,使他们更积极、更主动地获取知识。

（五）对教学目标把握不准确

初中数学知识点较多，但是有些教师只是简单地把知识点讲完，而没有将其与其他知识点联系起来，形成完整的知识体系，导致学生很难形成整体的认识。在实际教学过程中，有些教师对教学目标不够了解，对教学要求不太明确，没有详细地研究教学目标，单靠自己已有的教学经验来制订教学方法，使得教学效果不太理想，这些情况都不能很好地培养学生的整体素质，也会对学生以后的发展产生影响。

（六）使用的教学语言不利于学生理解

语言是人类交流的工具，也是文化传承的一个重要元素。初中数学课堂上，教师和学生都需要一种共同的语言来交流和理解数学知识。但是，由于数学本身是一门抽象的学科，数学语言具有高度抽象性和形式化的特点，有些教师使用的语言不便于学生理解。例如，数学中的符号、术语和表达方式使用不恰当，学生学习就会出现困难。

二、初中数学的知识体系

"逻辑的严谨性"是数学学科的显著特点，基础数学本身的发展有其特定的固有进程：

一是数系的构造与逐步扩充，例如自然数系、整数系和分数系，这是算术的范畴；

二是由算术过渡到代数，其关键在于数系运算律的系统运用，亦即以通性求通解；

三是人类研究空间和图形性质的数学分科几何学的演进，其过程大体如下：实验几何—定性平面几何—定量平面几何—立体几何—坐标解析几何—向量几何；其中解析几何乃是代数与几何的自然结合，由此再产生研究变量问题的基础理论——微分与积分。

因此，数学学习必须按照数学知识发展的这种逻辑而循序渐进，不能随意超越任何一个阶段。数学学习的这个特点与其他学科的学习是很不一样的。

数学知识体系的构建有助于学生牢固地掌握并灵活地运用、探索知识,在注重学生能力培养、新教学改革的今天显得尤为重要。这就要求我们在教学中一定要注意帮助学生建立数学知识体系,真正教给学生"活"的知识,教会学生学习,从而使学生的自主学习能力真正得到提高。

(一)数 与 代 数

数与代数是数学知识体系的基础之一,是学生认知数量关系、探索数学规律、建立数学模型的基石,可以帮助学生从数量的角度清晰准确地认识、理解和表达现实世界。初中阶段数与代数领域有"数与式""方程与不等式"和"函数"三个主题。

"数与式"是代数的基本语言,初中阶段关注用字母表述代数式,以及代数式的运算,字母可以像数一样进行运算和推理,通过字母运算和推理得到的结论具有一般性;"方程与不等式"揭示了数学中最基本的数量关系(相等关系和不等关系),是一类应用广泛的数学工具;"函数"主要研究变量之间的关系,探索事物变化的规律,借助函数可以认识方程和不等式。

数与代数领域的学习,有助于学生形成抽象能力、推理能力和模型观念,发展几何直观和运算能力。

数与式的教学。教师应当把握数与式的整体性,一方面,通过负数、有理数和实数的认识,帮助学生进一步感悟数是对数量的抽象,知道绝对值是对数量大小和线段长度的表达,进而体会实数与数轴上的点一一对应的数形结合的意义,会进行实数的运算;另一方面,通过代数式和代数式运算的教学,让学生进一步理解字母表示数的意义,通过基于符号的运算和推理,建立符号意识,感悟数学结论的一般性,理解运算方法与运算律的关系,提升运算能力。

方程与不等式的教学。应当让学生经历对现实问题中量的分析,借助用字母表达的未知数,建立两个量之间关系的过程,知道方程或不等式是现实问题中含有未知数的等量关系或不等关系的数学表达;引导学生关注用字母表示一元二次方程的系数,感悟用字母表示的求根公式的意义,体会算术与代数的差异。

函数的教学。要通过对现实问题中变量的分析,建立两个变量之间变化的依赖关系,让学生理解用函数表达变化关系的实际意义;要引导学生借助平面直角坐标系中的描点,理解函数图象与表达式的对应关系,理解函数与对应的方程、不等式的关系,增强几何直观;会用函数表达现实世界事物的简单规律,经历用数学的语言表达现实世界的过程,提升学习数学的兴趣,进一步发展应用意识。

(二)图形与几何

初中阶段图形与几何领域包括"图形的性质""图形的变化"和"图形与坐标"三个主题。学生将进一步学习点、线、面、角、三角形、多边形和圆等几何图形,从演绎证明、运动变化、量化分析三个方面研究这些图形的基本性质和相互关系。

"图形的性质"强调通过实验探究、直观发现、推理论证来研究图形,在用几何直观理解几何基本事实的基础上,从基本事实出发推导图形的几何性质和定理,理解和掌握尺规作图的基本原理和方法;"图形的变化"强调从运动变化的观点来研究图形,理解图形在轴对称、旋转和平移时的变化规律和变化中的不变量;"图形与坐标"强调数形结合,用代数方法研究图形,在平面直角坐标系中用坐标表示图形上点的位置,用坐标法分析和解决实际问题。

这样的学习过程,有助于学生在空间观念的基础上进一步建立几何直观,提升抽象能力和推理能力。

图形的性质的教学。需要引导学生理解欧几里得平面几何的基本思想,感悟几何体系的基本框架:通过定义确定论证的对象,通过基本事实确定论证的起点,通过证明确定论证的逻辑,通过命题确定论证的结果。要组织学生经历图形分析与比较的过程,引导学生学会关注事物的共性、分辨事物的差异、形成合适的类,会用准确的语言描述研究对象的概念,提升抽象能力,会用数学的眼光观察现实世界;要通过生活中的或者数学中的现实情境,引导学生感悟基本事实的意义,经历几何命题发现和证明的过程,感悟归纳推理过程和演绎推理过程的传递性,增强推理能力,会用数学的思维思考现实世界;要引导学生经历针对图形性质、关系、变化确立几何命题的过程,体会数学命题中条件和结论的表述,感悟数学表达的准确性和严谨性,会借助图形分析问题,形成解决问题的思路,发展模型观念,会用数学的语言表达现实世界。

图形的变化的教学。应当通过信息技术的演示或者实物的操作,让学生感悟图形轴对称、旋转、平移变化的基本特征,知道变化的感知是需要参照物的,可以借助参照物述说变化的基本特征;知道这三类变化有一个基本性质,即图形中任意两点间的距离保持不变,夹角也保持不变。这样的教学活动不仅有助于学生理解几何学的本质,还能引导学生发现自然界中的对称之美,感悟图形有规律变化产生的美,会用几何知识表达物体简单的运动规律,增强对数学学习的兴趣。

图形与坐标的教学。平面直角坐标系是数轴的拓展,是沟通几何与代数的桥梁,内容核心是平面上的点与用数对表示的坐标的一一对应。要强调数形结合,引导学生经历用坐标表达图形的轴对称、旋转、平移变化的过程,体会用代数方法表达图形变化的意义,发展几何直观;引导学生经历借助平面直角坐标系解决现实问题的过程,感悟数形结合的意义,发展推理能力和运算能力,增强应用意识和创新意识。

(三)统计与概率

初中阶段统计与概率领域包括"抽样与数据分析"和"随机事件的概率"两个主题,学生将学习简单的获得数据的抽样方法,通过样本数据推断总体特征的方法,以及定量刻画随机事件发生可能性大小的方法,形成和发展数据观念。

"抽样与数据分析"强调从实际问题出发,根据问题背景设计收集数据的方法,经历更加有条理地收集、整理、描述、分析数据的过程,利用样本平均数估计总体平均数,利用样本方差估计总体方差,体会抽样的必要性和数据分析的合理性;"随机事件的概率"强调经历简单随机事件发生概率的计算过程,尝试用概率定量描述随机现象发生的可能性大小,理解概率的意义。

统计与概率领域的学习,有助于学生感悟从不确定性的角度认识客观世界的思维模式和解决问题的方法,初步理解通过数据认识现实世界的意义,感知大数据时代的特征,发展数据观念和模型观念。

抽样与数据分析的教学。应当以现实生活中的实例为背景,引导学生理解抽样的必要性,知道要根据研究问题的需要,选择恰当的方法收集数据,会用简单随机抽样的方法;引导学生通过对实际问题中数据的整理与分析,认识数据的数字特征各自的意义与功能,理解平均数、中位数、众数如何刻画数据的集中趋势,理解方差如何刻画数据的离散程度,理解四分位数如何刻画数据的取值特征,会用样本数据的数字特征分析相关问题;引导学生通过对实际问题中数据的分类,了解数据分类的意义和简单的数据分类方法,知道几种统计图各自的功能,会选择恰当的统计图表描述和表达数据,能根据样本数据的变化趋势推断总体的变化趋势。在这样的过程中,让学生感悟数据分析的必要性,形成和发展数据观念和模型观念。

随机事件的概率的教学。要从小学阶段的定性描述逐渐走向初中阶段的定量分析,应当通过简单易行的情境,引导学生感悟随机事件,理解概率是对随机事件发生可能性大小的度量;引导学生认识一类简单的随机事件,其所有可能发生结果的个数是有限的,每个可能结果发生的概率是相等的,在此基础上了解简单随机事件概率的计算方法;引导学生通过大量重复试验,发现随机事件发生频率的稳定性,感悟用频率估计概率的道理,会用频率估计概率。在这样的过程中,引导学生会从统计与概率的角度认识、理解和表达现实世界中大量存在的随机现象。

(四)综合与实践

初中阶段综合与实践领域,可采用项目式学习的方式,以问题解决为导向,整合数学与其他学科的知识和思想方法,让学生从数学的角度观察与分析、思考与表达、解决与阐释社会生活以及科学技术中遇到的现实问题,感受数学与科学、技术、经济、金融、地理、艺术等学科领域的融合,积累数学活动经验,体会数学的科学价值,提高发现与提出问题、分析与解决问题的能力,发展应用意识、创新意识和实践能力。

项目式学习的关键是发掘合适的项目,要关注问题是否是现实的,还要关注问题是否是跨学科的;要关注学生是否能够解决问题,还要关注学生是否能够提出问题;要关注解决问题过程中的数学计算,还要关注解决问题过程中的数学表达。

注重引导学生通过小组合作或独立思考,经历发现和提出问题的过程。其中,提出问题是指提出合适的数学问题。从发现问题到提出问题,往往要经历从语言表达到数学表达的过程。其中,语言表达不仅包括日常生活语言,还包括其他学科的语言。教师要帮助学生感悟如何从数学的角度审视问题,在发现和提出问题的过程中,引导学生会用数学的眼光观察现实世界。

注重引导学生经历分析和解决问题的过程。问题是由学生自己或与他人交流中提出的,解决问题的过程要与提出问题的过程有机结合,积累解决实际问题的经验。教师要帮助学生感悟解决现实问题不仅要关注数学的知识,更要关注问题的背景知识,发现问题的本质与规律,然后用数学的概念、定理或公式予以表达。在建立数学模型的过程中,引导学生会用数学的思维思考现实世界。

最终要引导学生解释数学结论的现实意义,进而解决问题。在许多情况下,模型中的参数或重要指标与所要解决问题的背景资料有关,往往需要分析模型结论的合理性,主要是分析结论是否与现实吻合。如果有悖于现实,就需要调整模型,直至合理。在这样的过程中,让学生感悟重事实、讲道理的科学精神,体会数学表达的简洁与精确,引导学生会用数学的语言表达现实世界。

三、初中学生数学知识体系的建构策略

(一)初中数学知识体系的构成

1. 全面完整的基础知识

包括但不限于课本中出现的公理、定理、性质、推论、公式,以及它们的来龙去脉。此外还有某一章中各节知识之间的相互联系,各章知识之间的相互联系,每一章知识的重难点及每一章知识的意义。

2. 各种典型题目的解决方法

在基础知识掌握扎实的基础上,要掌握重难点知识对应的题型种类、典型题目的解决方法、复杂题目的处理方法和思考方向以及一些快速简便的解题技巧。

3. 初中数学涉及的各种数学思想

要对函数思想、方程思想、数形结合思想进行掌握并有意识地应用。

4. 解题能力

培养快速准确的解题能力,主要是计算速度和准确度。

5. 学习方法

找到适合自己特点的数学学习方法,包括但不限于听讲、复习、练习等。

（二）如何建构初中学生的数学知识体系？

1. 归纳法

归纳法是从具体简单的题目出发，归纳出相关的数学概念或抽象出隐含在具体问题中的数学思想和规律的方法。它是从个别性知识引出一般性知识，或由已知真的前提引出可能真的结论的推理。它是从特殊到一般的思维过程。这种方法在建构数学运算法则或建立新的数学模型中较为适用。

2. 类比法

类比法也叫比较类推法，就是通过新、旧知识之间的相似点的比较、对比来直接获取新经验的方法。它是指由一类事物所具有的某种属性，可以推测出与其类似的事物也应具有这种属性的推理方法。

3. 演绎法

演绎法是根据一类事物都有的一般属性、关系、本质来推断这类事物中的个别事物所具有的属性、关系、本质的推理形式和思维方法。它是在人们已有的知识所形成的判断基础上由一个或几个已知判断推出一个新的判断的科学思维过程，是从一般到特殊的思维过程。它常用于新定理的建构。

4. 实验法

实验法就是以动手操作实验等为手段来积累数学事实材料的方法。初中数学几何学部分，学生掌握几个数学基本事实，就可以通过实验法来进行知识建构。如"两点确定一条直线"这一基本事实，教师可引导学生通过画直线的方法来获取。初中几何中一些特殊图形的性质，也可运用实验法来验证。

综上所述，每一位数学教师在进行课堂教学活动的过程中，应该努力了解此阶段学生的认知能力及特点，以适应学生的认知结构为前提，努力提高建构系统数学知识体系的能力，与学生更好地进行互动式学习，创造出高效率的数学课堂教学模式，培养出更多优秀的学生。

如何在初中教学中培育学生的数学核心素养

《义务教育数学课程标准(2022 年版)》首次明确提出义务教育阶段数学课程要培养学生的核心素养,课程目标和课程内容的确定也以核心素养为导向。因此,理解和把握义务教育阶段的核心素养和课程目标,对于全面理解《义务教育数学课程标准(2022 年版)》具有重要意义。

一、初中数学核心素养的内涵

核心素养是学生在学习数学"双基"(基础知识、基本技能)的基础上,通过各种数学活动逐步感悟数学基本思想,并将之内化为心理品质的结果。通过数学学习,学生除了可以获得一些基础知识和基本技能外,更重要的是在问题解决的过程中感悟数学知识的发生发展过程,逐步学会数学的观察、思考和表达方式,形成带有数学学科特征的价值观、思维品质与关键能力。

核心素养与数学活动、"四基"(基础知识、基本技能、基本思想和基本活动经验)之间的关联:

1. 要帮助学生形成与发展核心素养,需要创设真实的、有意义的数学活动;

2. 对数学"四基"的学习是感悟数学基本思想、形成核心素养的必要条件;

3. 核心素养是一种内隐的心理品质,形成与发展核心素养的基本途径是对数学活动经验的长期积累。

核心素养的内涵是通过数学活动逐步形成与发展关键能力,它反映了数学学科的基本特征及其独特的育人价值,是现代社会公民素养系统的重要组成部分,它具有高度的整体性、一致性和阶段性。《义务教育数学课程标准(2022 年版)》提出数学课程要培养的学生核心素养,主要包括"三会":会用数学的眼光观察现实世界,会用数学的思维思考现实世界,会用数学的语言表达现实世界。"三会"既反映了数学活动的基本特征,也是学生对数学基本思想的感悟和内化结果,体现了数学学科对所有学生的教育价值,在中小学的数学课程设置、教学与评价方面具有统领作用。

二、核心素养在数学学习各阶段的呈现

核心素养是在数学学习的过程中不断发展形成的,具有整体性、一致性和阶段性。《义务教育数学课程标准(2022 年版)》极其关注学段之间的衔接、联系。

(一)核心素养在小学、初中、高中阶段的承接与发展

学生是不断发展中的人,在数学学习中,不同学段的学习要求要依据学生的年龄特征、认知特征和数学学习内容的特点而定,既要考虑到学段特性,也要关注学段间的联系,体现学生数学学习和"核心素养"发展的进阶性。《义务教育数学课程标准(2022 年版)》指出:在义务教育阶段,数学眼光主要表现为抽象能力(包括数感、量感、符号意识)、几何直观、空间观念与创新意识;数学思维主要表现为运算能力、推理意识或推理能力;数学语言主要表现为数据意识或数据观念、模型意识或模型观念、应用意识。这些素养在高中阶段将进一步发展为数学抽象、逻辑推理、数学建模、直观想象、数学运算和数据分析。

1. 核心素养中的关键能力表现

高中阶段的数学核心素养主要表现为:数学抽象、逻辑推理、数学建模、直观想象、数学运算和数据分析。初中阶段的数学核心素养主要表现为:抽象能力、运算能力、几何直观、空间观念、推理能力、数据观念、模型观念、应用意识、创新意识。小学阶段的数学核心素养主要表现为:数感、量感、符号意识、运算能力、几何直观、空间观念、推理意识、数据意识、模型意识、应用意识、创新意识。

2. 小学、初中、高中的核心素养之间是不断承接和发展的

不同学段的核心素养发展具进阶性。如高中阶段的"直观想象",在初中阶段被分解为"空间观念"和"几何直观"。又如高中阶段的"数学抽象"、初中阶段的"抽象能力",在小学阶段被分解为"数感""量感"和"符号意识",这与小学阶段以"数的认识""量的测量"为主要学习内容相关。再如关于推理,小学阶段表述为

"推理意识",主要是指"对逻辑推理过程及其意义的初步感悟"。初中阶段表述为"推理能力",主要是指"从一些事实和命题出发,依据规则推出其他命题或结论的能力"。高中阶段则表述为"逻辑推理"。从意识到能力,从"初步感悟"到"初步掌握推理的基本形式和规则",再到"掌握逻辑推理的基本形式",从宽泛的"推理"到更具体的"逻辑推理",充分体现了三个阶段的学习内容、认知要求的差异及进阶性。

3. 核心素养在不同学段的侧重点有差异

核心素养落实在小学阶段侧重培养"意识",其主要是指基于经验的感悟,这样的感悟并没有建立在明确的概念定义基础上。因此,在小学阶段,几乎所有的概念都没有非常明确的定义,或者不是以严谨的定义形式来阐述。而在初中阶段更强调培育"观念","观念"是指基于概念的一种理解,初中开始概念有了比较严谨的定义。能力、思想和意识之间有差异,课程标准在解释的过程中也分辨了这样的差异。

(二)核心素养与《义务教育数学课程标准(2011年版)》核心词的比较

《义务教育数学课程标准(2022年版)》初中阶段的核心素养是在《义务教育数学课程标准(2011年版)》10个核心词基础上的调整、补充与完善,与之比较其特点如下:

1. 核心素养内涵更清晰,表现更具体

《义务教育数学课程标准(2022年版)》以"内涵+表现+作用(价值)"的方式详细描述每一个核心素养。以抽象能力为例,新课程标准描述抽象能力的内涵——抽象能力的表现——发展抽象能力在学生学习中的作用。这种具体刻画,有助于教师在教学中与教学内容进行对接,进而准确把握教学内容所指向的核心素养。

2. 基于学段特征,具化核心素养阶段要求

《义务教育数学课程标准(2022年版)》在初中阶段核心素养的表现方面发生

了一些表述上的变化,例如,"数据分析观念"修订为"数据观念",有些对认知要求过高的能力在小学阶段降为"意识",在初中阶段降为"观念"。这种改变有利于教师把握认知难度,在设计教学活动时不随意增加难度,有助于学生在循序渐进中逐步形成与发展核心素养。

3. 依据学段内容,充实核心素养要求

在初中阶段,"图形与几何"领域有推理或证明的内容,"数与代数"领域也有推理或证明的内容,后者在这次课程标准修订中被强调。如使用代数推理论证命题:设 $\overline{abcd}$ 是一个四位数,若 a+b+c+d 可以被 3 整除,则这个数可以被 3 整除。被 3 整除的数的特征小学阶段学生就已经学习过,在初中阶段进一步提出论证该结论正确性的要求,能让学生在逻辑论证的过程中,逐步形成推理能力,培养科学精神。

三、核心素养在初中数学领域的表现

1. "数与代数"领域的学习,有助于学生形成抽象能力、推理能力和模型观念,发展几何直观和运算能力。

2. "图形与几何"领域的学习,可以培养和发展学生的空间观念、推理能力、运用图形语言进行交流的能力以及几何直观能力。

3. "统计与概率"领域的学习,可以培养学生用数据分析、解决问题的能力,建立随机观念,发展数据观念、模型观念和应用意识。

4. "综合与实践"领域的学习,有助于学生感受数学与其他学科领域的融合,积累数学活动经验,体会数学的科学价值,提高发现与提出问题、分析与解决问题的能力,发展应用意识、创新意识和实践能力。

四、核心素养在教学中的具体表现

(一)抽象能力

数学抽象能力是非常重要的一项技能,主要指的是将事物的物理属性舍去,得

到数学研究对象的一个思维过程。在教学过程中,教师要创设氛围,引导学生体会"具体"与"抽象"的辩证关系;搭建平台,助力学生数学抽象能力的形成。可运用多种行之有效的教育手段,帮助学生在夯实数学基础知识的同时,不断提升抽象思维能力。亦可运用多种教学方法,如小组合作探究、多媒体展示、学生代表进行说题等。在此过程中一定要重视对学生进行引导,使之通过自我实践的方式有效地增强对于抽象和具体的联系的认识。

例如:多边形内角和定理。

师:什么叫多边形?

生:在同一平面内,由 n 条线段首尾顺次相接组成的图形叫多边形。

师:这里的 n 有没有条件限制呢?

生:n 大于等于 3。

师:也就是说三角形和四边形都是多边形。大家还记得三角形和四边形的内角和分别是多少吗?我们如何求 n 边形的内角和呢?

生:三角形内角和是 $180°$。四边形的内角和是利用对角线把四边形分成两个三角形求得,四边形内角和是两个三角形的内角和。我认为,n 边形内角和是转换成三角形来解决。

师:说得太棒了,接下来请大家按照这样的思路研究一下 n 边形内角和的计算方法。让我们行动起来吧。

在小组合作中学生得出结论,n 边形内角和 $=(n-2)×180°$。

教学的过程中,教师需要对学生进行引导,不能直接将结论告诉学生。首先让学生知道三角形的内角和等于 $180°$,接着以此为基础让学生进行自我探索,了解其他多边形内角和之后,通过概括的方式,将具体的概念抽象化。最后学生自己总结出相应的结论。这样不但可以使学生的抽象思维能力得到培养,而且还可以对学生的团队协作以及自主学习能力进行锻炼,可谓一举多得。

(二)运算能力

根据一定的数学概念、法则和定理,由一些已知量通过计算得出确定结果的过程,称为运算。能按照一定的程序与步骤进行运算,称为运算技能。不仅会根据法则、公式等正确进行运算,而且理解运算的算理,能根据题目条件寻求正确的运算途径,称为运算能力。运算能力并非一种单一的、孤立的数学能力,而是运算技能与逻辑思维等的有机整合。在进行运算分析和解决问题的过程中,要力求做到善于分析运算条件,探究运算方向,选择运算方法,设计运算程序,使运算符合算理,合理简洁。换言之,运算能力不仅是一种数学的操作能力,更是一种数学的思维能力。

例如:一元二次方程。

师:解一元二次方程的方法有哪些?

生:直接开平方法、配方法、公式法、因式分解法。

师:请大家观察下列一元二次方程的特点,用哪种方法解简便呢?

(1) $x^2+2x=0$;(2) $x^2+2x-4=0$

生1:第(1)题,我选择因式分解法的提公因式法,利用 $ab=0$,则 $a=0$ 或 $b=0$ 的本质,从而达到降次的目的,求出方程的解。

生2:第(2)题,我觉得用公式法、配方法都能求解,但配方法更简单一些。

师:说得非常好。也就是说任何一个一元二次方程都可以用配方法和公式法来求解,我们在做题的时候要观察系数的特点,选择简便方法进行计算。

在前期学习过程中,学生已经初步掌握了用因式分解法、配方法、公式法解一元二次方程,在给出以上题目后,教师不要着急让学生动笔解答,要让学生先进行充分的观察,分析题目特点,选择适合的解题方法。体现运算能力的主要特征是解题正确、灵活、合理、简洁。在这里,准确解答是首要标准,一道题往往有多种解法,要让学生既能结合题目特征,又能考虑自己擅长的方法。激发学生观察、思考和探究的意识,提高计算的准确性。学生解答结束后,结合书写,再次强化对符号的正确处理,法则、公式的正确运用能力,从而做到熟练和准确。

(三)几何直观

几何直观重在图形的认识。让学生认识基本的图形,如三角形、平行四边形、圆等等,然后把复杂的图形拆分成简单的图形,进而解决问题。除此之外可以让学生通过动手实践,例如"看一看""折一折""剪一剪""拼一拼""摆一摆""量一量""画一画"等数学实践活动方式,让复杂的图形变得简单,从而使学生掌握图形特征,形成文字语言内化到脑海里。如:在进行角平分线的教学时,可以让学生动手剪出一个角,让角的两边重合,从而引出角平分线的概念。又如数学中的一道文字信息题:已知线段 AB 长 10 cm,点 C 和 AB 在同一条直线上,且 BC 的长为 4 cm,求线段 AC 的长度。在教学中应先引导学生借助画图来表达文字信息,这时学生可能只画得出其中一种可能的情况,再让学生理解题目,给学生提示第二种可能的情况,进而得出两种情况的答案。最后引导学生对示意图形和文字描述进行比较,从而体会示意图形简明形象的作用。让学生对题目进行反思,再次强调画图的意义,使学生明白在以后的学习中遇到类似题目要有意识地用图形解决。

例如:用坐标表示平移。

师:下面我们就来研究平移与坐标变化的关系。

问题:一辆小汽车所处的位置是点 $A(-2,-3)$,现在小汽车要向右行驶 5 个单位长度,行驶到点 A_1。

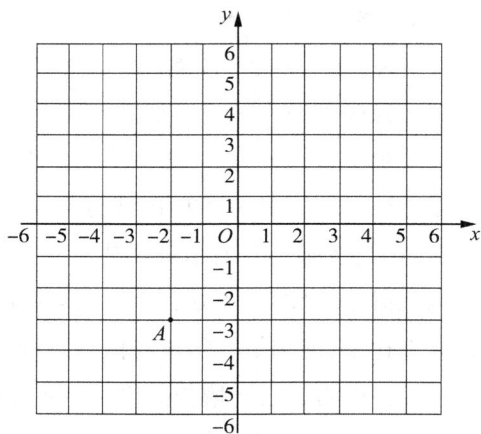

(1)你能找到小汽车的位置吗?点 A_1 坐标是什么?坐标有什么变化?

(2)如果小汽车由点 A 向上行驶 4 个单位长度,它的坐标是多少?你从中发现了什么规律?

(3)小汽车如果从点 A 向左和向下行驶,坐标又会有怎样的变化呢?

学生动手画图并阐述自己的发现,然后教师用课件动画演示这一变化过程,让学生体会其变化规律。

(4)请同学们试试其他点,再次实践操作,验证前面的结论,是否有同样的变化规律,并阐述你们的发现,使结论得到充分验证。

学生分小组活动,小组代表阐述小组内的发现,各小组在班级进行整体交流,教师点评。

归纳总结:在平面直角坐标系中,将点(x,y)向右(或左)平移a个单位长度,可以得到对应点$(x+a,y)$或$(x-a,y)$;将点(x,y)向上(或下)平移b个单位长度,可以得到对应点$(x,y+b)$或$(x,y-b)$。

利用学生已有的生活经验进行几何直观能力的培养,如在等腰三角形一课的教学中,可以先出示生活中的三角形图片,通过现实生活中的几何图形,运用已有知识帮助学生培养几何直观能力。又如学生在学习行程问题中的追及问题时,要善于把实际问题抽象化,利用线段特点找出等量关系从而列出方程解决问题。甚至可以让学生自制简单的几何道具,这不仅能锻炼学生的几何直观能力,同时还能锻炼学生的动手操作能力和创新能力,一举多得。

(四)空间观念

空间观念是学生在初中学习阶段所要培育的重要的数学素养,也是学生形成空间想象力的前期准备。空间观念的培养,要从日常生活入手,使学生通过对实物的观察、位置信息辨认等,从熟悉的图形开始,就对空间有一定的了解,建立一定的空间观念。发展学生的空间观念,不仅是学科核心素养的培育要求之一,也是图形与几何这一课程内容所设定的关键教学目标。在教学中,教师要留足时间,把课堂还给学生,让他们有更多的自主探究机会,经历观察、实验、想象、验证等活动,培养综合能力与数学素养。

例如:圆柱的体积。

师:学习计算圆的面积时,是怎样得出圆的面积计算公式的?

生:把一个圆等分成若干份,可以拼成一个近似长方形的图。这个长方形的面积就是圆的面积。

师:什么是体积? 圆柱的体积怎么求呢? 你知道长方体的体积怎么求吗?

生:长方体的体积等于底面积乘以高。

师:怎样计算圆柱的体积呢? 我们能不能根据圆柱的底面是圆,像上面说的转化成一个长方形,通过切、拼的方法,把圆柱转化为已学过的立体图形来计算呢?

师:把圆柱的底面分成许多相等的扇形(数量一般为 16 个),然后把圆柱切开,照下图拼起来,就近似于一个长方体。可以想象,分成的扇形越多,拼成的立体图形就越接近于长方体。

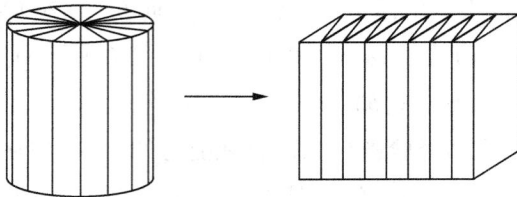

　　生:通过切拼,圆柱转化成近似长方体的立体图形。这个长方体的底面积与圆柱的底面积相等,这个长方体的高与圆柱的高相等。因为长方体的体积等于底面积乘以高,所以,圆柱的体积计算公式是:圆柱的体积=底面积×高。

　　这样的教学模式,在丰富学生学习经历的同时,还可以提高学生的空间想象能力,促使学生形成空间观念,这些立体图形也有了沟通与联系。可以开展学生之间的互动,通过信息交流与相互讨论,给学生留出更多的探究空间,如此,空间观念的发展就不是空谈了。

　　空间观念是数学核心素养的重要组成部分,空间观念与空间想象力都要求学生能从复杂的图形中分解出简单的基本图形,并能从基本图形中寻找出基本的元素及其关系。

(五)推理能力

　　我们要在数学教学的过程中,着力培养和提高学生的推理能力。什么是推理能力?就是能通过观察、实验、归纳、类比等获得数学猜想,并进一步寻求证据、给出证明或举出反例;能清晰、有条理地表达自己的思考过程,做到言之有理、落笔有据;在与他人交流的过程中,能运用数学语言合乎逻辑地进行讨论和质疑。数学推理能力是衡量数学能力发展水平的重要标准。因此,在教学中,必须充分挖掘教材中有利于发展学生推理能力的潜在因素,根据学生的年龄特征和认知结构,有意识地给学生提供推理的机会,创造推理的良好氛围,为学生推理思维的形成创造良好的条件。

1. 在新知识形成的教学中,培养学生的推理能力

教师应注重合情推理和逻辑推理相互结合。在结论的探索过程中可采用合情推理,而结论的证明则采用逻辑推理,学以致用。

例如:全等三角形的判定(SAS)。

师:准备彩色的笔、三角板、剪刀、直尺、铅笔、橡皮。请大家利用三角板先画一个 30° 的角,标清楚字母 $\angle ACB = 30°$。

师:请大家在这个角的两条边上取两条线段 AC,BC,使得 $AC = 8$ cm,$BC = 10$ cm,再连接 AB,并把 $\triangle ABC$ 剪下来。同桌之间比较手中的三角形有什么关系?

生:两个三角形全等。

师:这两个三角形全等,它们满足了什么条件?

生:两个三角形有一个角对应相等,并且有两条边对应相等,两个三角形全等。

师:这两条边与这个角有什么位置关系?

生:两条边把这个角夹住了。

师:大家再试试,画一个 45° 的角,标清楚字母 $\angle ACB$,在这个角的两条边上取两条线段 AC,BC,使得 $AC = 6$ cm,$BC = 8$ cm,再连接 AB,并把 $\triangle ABC$ 剪下来。还能全等吗?

学生齐声:全等。

师:任意的两条边和一个角相等就可以构造全等三角形吗?请大家试着画一个三角形,这个三角形有一个角是 30°,一边是 10 cm,一边是 8 cm,把三角形剪下来。通过对比,你们有什么发现?

生:有的三角形是全等的,也有不全等的。

师:你能确定什么条件下两个三角形是全等的吗?

生:两边相等,并要夹角相等,才能构成全等。两边相等,一角相等,不一定全等。

学生通过这样的实践操作,从思维、感知、想象、观察等入手,使推理与想象相结合,发展推理能力和空间观念。

2. 在数学教学的过程中,培养学生的推理能力

例如:平行线的判定。

师:平行线的定义和平行线的判定方法的内容是什么?

生1:在同一平面内,不相交的两条直线叫做平行线。

生2:两条直线被第三条直线所截,如果同位角相等,那么这两条直线平行。

师:上节课我们谈到了除公理、定义外,其他真命题都需要通过推理的方法证明。那其他的真命题如何证明呢? 这节课我们就来探讨。

"两条直线被第三条直线所截,如果同旁内角互补,那么这两条直线平行。"

如图,$\angle 1$ 和 $\angle 2$ 是直线 a、b 被直线 c 截出的同旁内角,且 $\angle 1$ 与 $\angle 2$ 互补。

求证:$a /\!/ b$。

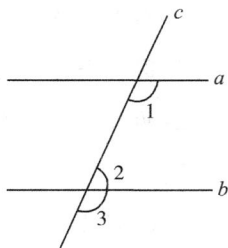

证明:$\because \angle 1$ 与 $\angle 2$ 互补(已知),

$\quad \therefore \angle 1 + \angle 2 = 180°$(补角定义)。

$\quad \therefore \angle 1 = 180° - \angle 2$(等式的性质)。

$\quad \because \angle 3 + \angle 2 = 180°$(平角定义),

$\quad \therefore \angle 3 = 180° - \angle 2$(等式的性质)。

$\quad \therefore \angle 1 = \angle 3$(等量代换)。

$\quad \therefore a /\!/ b$(同位角相等,两直线平行)。

注意:

(1)已给的公理、定义和已经证明的定理以后都可以作为依据,用来证明新定理。

(2)证明中的每一步推理都要有根据,不能"想当然"。这些根据,可以是已知条件,也可以是定义、公理和已经学过的定理。在初学证明时,要求把根据写在每一步推理后面的括号内。

"两条直线被第三条直线所截,如果内错角相等,那么这两条直线平行。"

如图,$\angle 1$ 和 $\angle 2$ 是直线 a、b 被直线 c 截出的内错角,且 $\angle 1 = \angle 2$。

求证:$a /\!/ b$ 。

证明:∵∠1=∠2(已知),

∠1+∠3=180°(平角定义),

∴∠2+∠3=180°(等量代换)。

∴∠2与∠3互补(补角定义)。

∴a//b(同旁内角互补,两直线平行)。

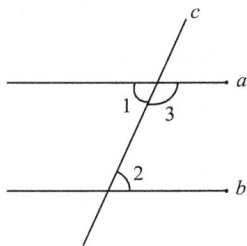

在教学中,教师要让学生在实践中发现问题,培养学生探索问题的意识和能力。教师要给学生充足的时间,让学生成为学习的主角,成为知识的主动探索者。学生在实际操作的过程中,要不断地观察、比较、分析、推理,才能得到正确的答案。这个过程不但培养了学生的合情推理能力,而且有助于学生空间观念的形成。

(六)数据观念

初中数学作为基础学科,对于学生素质的提高有着非常重要的影响。在培养学生数据观念的过程中,教师应注重以下几个方面:初中数学课程要求学生对数据进行收集、分析、整理、解释和演示。要引导学生形成数据分析的观念,从而转变其传统的计算思路。数据收集是数据分析的前提。通过开展各种有关数据的调查,教师带领学生亲身体验数据收集过程,去理解数据的来源与真实性,以及数据的完备性和适当性等。学生可以从丰富的数据中挑选有用信息,了解数据本身的价值。在收集到数据后,首先要对数据进行初步的处理,包括筛选、整理、加工等,从中提取有意义的数据。通过对数据进行处理,学生能够增强自己的逻辑思维能力,培养严谨、具体、细致的思维习惯。将数据进行处理后,教师需要指导学生进行数据分析。

例如:三角形中位线。

师:任意画一个三角形,连接三角形两边中点,观察其特殊性。(教师用几何画板演示,增强学生的直观感受)

师:结合具体观察,你们有什么样的猜想?

生1:我观察中位线好像和三角形的边平行。

生2：我发现中位线好像等于第三条边的一半。

师：用你们手中的刻度尺和量角器，通过测量验证猜想是否合理正确。（教师用几何画板的度量功能验证）

学生分小组进行测量，并收集相应的数据，小组进行展示。

例如：函数。

师：汽车以60 km/h的速度匀速行驶，行驶路程为 s，行驶时间为 t。

（1）请同学们填写下表：

t/h	1	2	3	4	5
s/km					

（2）在以上这个过程中，一共有几个量？

其中变化的量是_____，不变化的量是_____。

我们可以说_____的值随_____的值的变化而变化。

又如，分析获得的数据是否有特定的规律、两个变量之间的相互关系是怎样的，研究数据变化的趋势和周期等。在此过程中，学生将学到选择合适的方法和工具进行分析和处理数据，这也能促使学生对实际问题进行认识和理解。数据表达是数据分析的最后一步，也是最能让学生的思维得到锻炼的步骤。表达可以通过图表、报告、分析等方法来完成。教师需要引导学生了解各种方法，尝试运用不同的方法来将分析结果表达出来，由此获得更深刻、准确的认识。

（七）模型观念

数学建模是对现实问题进行数学抽象，用数学语言表达问题，用数学知识与方法构建模型解决问题的过程。主要包括在实际情境中从数学的视角发现问题、提出问题，分析问题、构建模型，求解结论，验证结果并改进模型，最终解决实际问题。数学模型搭建了数学与外部世界的桥梁，是数学应用的重要形式。数学建模是应用数学解决实际问题的基本手段，也是推动数学发展的动力。模型观念有益于学生发展数形结合思想，进而培育数学核心素养。

例如:直线与圆的位置关系。

师:如果把太阳看成一个圆,地平线看成一条直线,你们能根据直线与圆的公共点个数想象一下,直线和圆有几种位置关系?

请同学们带着问题看一下海上日出的视频。

师:观察太阳升起的全过程及上升过程中太阳与地平线的关系。如果是直线和圆呢? 你们的依据是什么?

本次活动中教师重点关注学生能否准确地观察出圆相对于直线在运动过程中有几种位置关系,学生能否根据直线和圆的公共点个数画出三种不同的位置关系。

这样设计的目的是让学生结合学过的知识,把它们抽象成几何图形。这有利于学生把实际问题抽象成数学模型,让学生初步感受到生活中直线与圆存在着各种不同位置关系。把所学的知识放入到一个熟悉的生活背景当中,意在激发学生的学习兴趣,使他们对数学学习产生亲切感。

师生共同总结升华:将实际问题抽象出数学模型,利用数学模型解决实际问题,并通过数学日记的形式使学生回顾并反思自己的所学所感,使学生真正做到学有所得,能够在"做中学、学中思、思中用、用中悟"。

(八) 应用意识

在初中数学课堂上培育应用意识,应该立足于教学内容和学生的认知情况,创设生活化的教学情境,促使学生在生活环境中思考数学问题,增强对数学知识的理解。通过生活情境的创设,让学生感知到生活与数学知识之间的关系,有利于培养学生的应用意识,拉近日常生活和数学的关系,让学生减少对数学知识的陌生感,这对于学生学习数学有巨大的促进作用。

例如:用字母表示数。

师:同学们,看过神舟十七号发射的直播吗? 老师是在中央一套收看的,你们都是在哪个频道收看的呢?

学生回答各不相同。以此引出我们生活中常见的用字母来表示一些事物的例子。

【教学预设】有的学生是在电视中收看,有的学生是通过手机收看。通过手机收看的同学也可以说出使用的软件,学生也能体会到用字母来表示数的意义。

【设计意图】激发学生的情感。因为国情教育是最鲜活的教育,利用这些材料可以激发学生的民族自豪感和极大的学习积极性,也为其探求新知做了铺垫。

师:同学们知道 CCTV1 表示什么吗? WTO 呢? 为什么用字母来表示呢?

利用学生比较熟悉的、能引起共鸣的一些例子来引入,激发他们的兴趣。这部分很容易实现,学生也能举出相应的例子。

把问题作为教学的出发点:设置悬念,形成研究的气氛,让学生分组讨论,这样设计,不但能激发学生学习的兴趣、求知的欲望,使学生的求知欲由潜伏状态转为活泼状态,还能启发学生的思维,也能让复杂的数学问题得以简化。

师:同学们听过儿歌"数青蛙"吗? 今天老师给同学们带来了这首儿歌:"一只青蛙一张嘴,两只眼睛四条腿;两只青蛙两张嘴,四只眼睛八条腿;三只青蛙三张嘴,六只眼睛十二条腿。"谁能接着往下数呢? 哪个小组可以直接帮助老师数到 89 只青蛙多少只眼睛,多少条腿呢? 217 只呢?

【教学预设】有的小组靠计算,有的小组能找到规律。

【设计意图】引入一首学生非常熟悉的儿歌,学生会发现它是永远也唱不完的,以此引出用字母表示数的作用与好处。让学生在素材中自己发现问题,自己解决问题,从中切身体会数学的奥妙。这样的素材使静态的数学以鲜活的形式呈现在学生面前,使知识充满了生命力,更使学生爱学、会学、善学。

师:有些式子用字母来表示就方便了很多,那谁能说说我们以前还学过哪些用字母来表示数的例子呢?

为了让学生更多、更好地了解与掌握怎样用字母来表示数,可让学生回忆小学学过的用字母表示数的例子,如三角形的面积公式、矩形面积公式、运算律等,进一步体验用字母表示数及数量关系的简明和一般化。用旧知去验证新知,新知使旧知得到升华,升华了的旧知又进一步巩固了新知,这就是旧知与新知最完美的结合,也就是我们平常说的找到了学生的最近发展区。

师:我们的生活中有哪些可以用字母来表示数的例子呢? 同学们在小组中来

讨论。

师：老师这里有一些例子，如 $3n+4m,50-6y$，哪一组同学能给这些式子赋予一些实际意义呢？

【教学预设】有些学生不能恰当地举出例子，这时要发挥小组互助的作用。

【设计意图】为了使学生更好地体验到数学是无处不在的，教师可以让学生举出一些生活中用字母表示数的例子，并在组内交流。在学生们兴趣高涨时，教师可举出一些例子，让学生结合生活中的经验，将这些式子赋予生活的意义，让学生体验数学与生活的密切关系，使数学学习发生在真实的世界中。

让每个学生都有话可说，激发每个学生学习数学的兴趣和参与热情；给式子赋予生活意义，使学生懂得数学的价值，培养"用数学"的意识，体验模型化思想，培养创新精神。这一过程，可以使学生更好地体会用字母表示数带来的方便，感悟从特殊到一般，再从一般到特殊的数学理念。

师：同学们拿出我之前让你们准备的小棒，动手拼一拼下列图形，同时思考：如果拼出第 n 幅图需要几根小棒呢？

1个

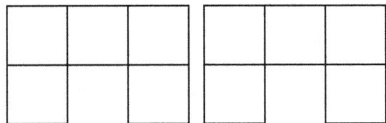
2个

【教学预设】有些小组不能很好地完成，教师要及时指导。

【设计意图】为了更好地突出重点，突破难点，应让学生在探究中发现问题。通过实践操作，探究交流，学生会多角度地去思考，会发现许多的规律。教育家苏霍姆林斯基说过："儿童的智慧来源于灵巧的手指尖。"这一课就充分证实了这句话，所以教师应创造更多的机会，让学生多实践、多动手操作。

此外，在"正数与负数"的学习中，为了促进学生对负数的理解，增强其对正数与负数之间关系的认知，教师可在课堂上给学生讲述一些生活中的反义词，例如：小明向前走5步，小明向后走5步；海平面上100米，海平面下100米；5℃，-5℃。

在"数学活动设计——包装纸盒"中,学生了解到生活中的包装可以对应数学中物体的表面积。从生活元素中增强对数学的认知,教师可以帮助学生建立起生活与数学之间的关系,使学生认识到能够用数学知识解决生活中的很多问题,培养学生的应用意识,增强学生对数学知识的理解。

(九)创新意识

数学活动就是学生积极学习、探索、掌握和应用数学知识的学习活动。动手实践、自主探索与合作交流是学生学习数学的重要途径,也是培养学生探索精神和创新能力的重要途径。

1. 要让学生有机会独立探索,让学生在讨论的基础上找到问题,解决问题,从而提高他们的创新能力

例如:在讲解完线段和平行四边形是中心对称图形之后,有学生提出了这样的问题:"既然线段和平行四边形是中心对称图形,那么等边三角形、矩形、菱形、正方形以及其他所有的正多边形是不是都是中心对称图形呢?"在九年级教材中并没有涉及这个问题,此时教师就引导学生进行下一步探究。首先投影展示等边三角形、矩形、菱形、正方形,并利用多媒体教学工具旋转,让学生切实体会这些图形是不是中心对称图形,其对角线的交点是不是对称中心。然后再投影出一组正五边形、正六边形、正七边形和正八边形,让学生观察它们是否都是中心对称图形。这时有的同学说:"这里面有的是中心对称图形,有的不是。"教师牢牢抓住学生探究的兴趣点,再次利用多媒体教学工具旋转这几个正多边形,并继续鼓励学生思考:"再仔细观察这几个图形,看看还有什么新发现吗?"通过观察,有的学生就发现了"正五边形和正七边形这两个图形不是中心对称图形,正六边形和正八边形这两个图形是中心对称图形",此时教师引导学生进一步总结、归纳出结论:具有偶数条边的正多边形是中心对称图形,具有奇数条边的正多边形不是中心对称图形。对于平时教学中一个问题的探究应该到怎样的程度,不同教师可能会产生不同的看法和结论,而对于"探究问题"来说,如果能多花费一些精力去营造一种探究的学习氛围,去

激发学生的灵感和创新思维,这样可能比单一的知识传授本身更重要,更具有实际价值。

2. 在数学活动中进行合作交流,培养学生的创新能力

在数学课堂教学过程中,采用小组分工合作的学习方式,可以很好地培养班级中不同层次学生的创新能力。

例如:在教授"等腰三角形的性质"一课时,教师把学生每6人分成一个小组,每组准备一张长方形纸和一把剪刀,小组合作完成以下目标:①把长方形纸对折,剪去多余部分再展开,所得三角形有什么特点?②每个同学把剪完的三角形沿着折痕对折,有哪些重合的线段和角?③通过观察思考,你能够归纳出等腰三角形的什么性质?说一说你的猜想。

各小组学生进行分工合作,有折纸剪出图形的,有测量线段长度的,有做记录的。通过折纸、剪纸、测量等活动,教师引导学生自主探究、发现、猜想、验证等腰三角形的性质,体验数学学习过程,并培养合理的推理技巧。然后,在学生经历"实验—探究—猜想—验证"的基础上,教师引导学生进行讨论交流,分别作出不同的辅助线,使用不同的方法来进行猜想和证明,把证明作为学生探索等腰三角形性质活动的自然延续和必要发展。最后,教师引导学生总结归纳出要证明图形中两个角相等,可以借助构造两个全等三角形来证明的结论,体会数学中的转化思想。

总之,创新动机是激发学生寻求新方法去解决问题的源泉,创新兴趣和创新情感是创新活动得以开展的基础,创新意志是创新活动得以持续开展的重要动力。在数学课堂中,教师要有意识地增强学生的创新动机,激发学生的创新情感和创新兴趣,磨炼学生的创新意志,从而培养学生的创新意识,落实数学学科核心素养要求,培养适应社会发展的时代新人。

第二部分 典型课例研究——新授课

　　新授课是教学的基本组织形式,以讲授新知识、新内容为主,在基础教育数学教学中常表现为概念新授课、运算新授课和规律新授课。在课堂教学的诸多课型中,新授课所占比例相对较大,发挥着传授新知的主要作用。所以新授课也决定着学生"四基""四能"①的培养与发展。

　　怎样以核心素养为导向,更好地进行数学新授课呢? 主要应关注以下几方面。

一、注重知识产生的过程

　　其一,要创设真实、有趣的情境,提出真实而深刻的问题,以激发学生头脑中的前概念,有效地调动学生积极性,使其试图凭借最初的理解解决问题。

　　其二,要为学生设计科学、完整的探究过程。以带有启发性的问题引领课堂活动,给学生充分的时间和空间,使其经历丰富的操作、思考、交流活动,获得真实体验,将概念、规律进行自主的抽象、概括、表述,从实例中总结数学规律,从错误中提炼应用的条件。

　　学生只有完整地经历知识的产生过程,才能在深度学习状态下做到真正理解,从而快速、灵活、创新地应用其解决问题。

二、建立新旧知识之间的联系

　　新知并不是孤立存在的,知识之间具有紧密的联系,学习新知要建立在学生已

---

　　① "四基"指基础知识、基本技能、基本思想、基本活动经验。"四能"指发现问题、提出问题、分析问题、解决问题的能力。

有的知识基础上,把每一个知识点都放到完整的单元知识结构中去讲授,促使学生联结新旧知识,整体把握知识结构。

此外,探究新知也依赖于学生已有的研究经验,要基于对旧知识的系统理解所形成的方法,引导学生将熟悉的旧方法迁移运用到新的问题情境中,形成探究一类问题的方法体系。

善于应用类比的思想方法,不仅能够有效搭建知识框架,还能够将知识内容体系化、学习方法体系化,有利于提高学生的思维能力,培养学生学习知识、认识规律和总结方法的整体建构意识。

三、重视学科素养的形成

新授课通过对新的学科知识的探究,培养学生的抽象能力、创新意识、推理能力等学科素养,还要让学生体会其中蕴含的转化、分类、数形结合、从特殊到一般等数学思想及方法价值,最终内化为学科的关键能力,使其会用数学的眼光观察、会用数学的思维思考、会用数学的语言表达。

数与代数

数系的扩充

——"有理数"课例分析

一、研究背景

"有理数及其运算"是北师大版《义务教育教科书数学七年级上册》第二章内容,是在小学学习过的整数、分数的基础上的又一次数系的扩充,也是学生在七至九年级学段数与代数领域的学习起点。教师尝试在学生小学已有知识和经验的基础上进行整体设计,帮助学生理解"数系的扩充",形成探究运算的思路,掌握研究一类数的基本方法,促进"抽象能力""运算能力"的发展;引导学生深入挖掘学科本质,理解学科知识,发展学科素养。

小学阶段学生就已经知道,由于生产生活的需要,在自然数的基础上产生了小数、分数。本节课在相反意义的量的情境中引入正数和负数,并将数域从算术数扩充到有理数。作为本单元的起始课,本节课还有着统领单元的重要作用,因此教学中要注意引导学生类比小学算术数的学习过程,规划本单元整体研究思路、研究内容、研究方法,建立知识结构。

二、教学实录

(一)情境引入

教师展示表示结绳计数、零、分数等意义的图片。

师:总结一下我们曾经学习过哪些数,举例说一说。

生:自然数、质数、合数、奇数、偶数、真分数、假分数、带分数、百分数、有限小数、无限循环小数、负数。

师:你们能将这些数进行分类吗? 小数属于哪一类数?

生1:分成了整数和分数两类。

生2:小数属于分数。

师:还有同学提到负数,它属于哪一类呢? 今天我们需要进一步了解负数,以及由它带来的数系扩充。

【设计意图】回忆学过的数,由学生列举,互相补充。引导学生将学过的数进行分类。学生在四年级已初步感知负数,但并没有深入了解,由此引出新课,为后面学习有理数做好铺垫。

(二)探究新知

活动一 用正、负数表示具有相反意义的量

问题1:下面这个情境中的得分怎样表示?(下表选自北师大版《义务教育教

科书数学七年级上册》第23页）

要求:学生独立思考,同桌交流后在班级展示。

某班举行知识竞赛,评分标准是:答对一题加1分,答错一题扣1分,不回答得0分;每个队的基本分均为0分,两个队答题情况如下表:

	答题情况
第一队	☺ ☺ ☺ ☺ ☺ ☺ ☹ ☹ ☹ ☺
第二队	☺ ☺ ☺ ☺ ☺ ☺ ☺ ☺ ☹ ☹

☺ 答对　　☹ 答错　　☺ 不回答

如果答对题所得的分数用正数表示,那么你能写出每个队答题得分的情况吗?试完成下表:

	答对题的得分	答错题的得分	未回答题的得分
第一队	+6		
第二队		−2	

师:你是怎样想到这样表示各队得分情况的? 说一说理由?

生:我模仿已给出的"+6""−2",用带符号的数表示得分情况。例如,"+8"表示答对8题得8分,"−3"表示答错3题扣3分。

师:你能进一步解释符号"+""−"在这里表示的意义吗?

生:"+"表示答对题得分,"−"表示答错题扣分。

师:得分和扣分这两个量有什么关系?

生:得分和扣分是相反的关系。

师:理解正确。用数学语言表述,是具有相反意义的两个量。

【**设计意图**】以贴近学生生活的问题开展探究,设置问题串。与小学知识对接,体会生活中当正数不够用了,可以用带"-"的数来表示,初步感受正、负数的相反意义。

问题2:回答下列问题。

要求:独立解决下列问题,在班级展示。

(1)某石油城市平均海拔(即高出海平面)146 m,记作+146,地下石油分布区域低于海平面1000 m左右,怎样表示?0表示什么意思? 高出海平面1000 m与低于海平面1000 m,这两个量有什么关系?

(2)在生活中你见过其他用负数表示的量吗?请你举例说明。

(3)引入负数后,0只表示没有吗?

生1:低于海平面1000 m表示为-1000;0表示海平面高度。

生2:电梯有-1层。

生3:根据刚才同学说的,0可以表示海平面高度、0摄氏度,就不能理解为没有,它是标准。

师:同学们回答得非常准确。0在这些情况下表示正数、负数的分界,是基准。

问题3:根据图2-1中温度计的示数分别说一说这些数的实际意义。

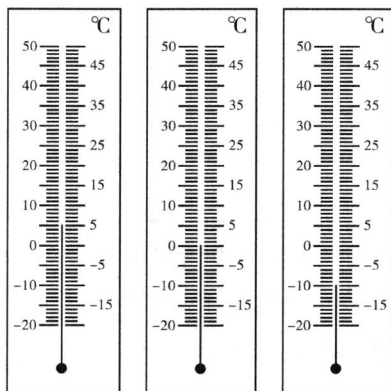

图2-1

生:第一个图中示数为5,表示零上5摄氏度;第二个图中示数为0,表示0摄氏度;第三个图中示数为-10,表示零下10摄氏度。

师:在上述问题中,我们发现在具体情境中整数和分数已经不够用了。为了表示具有相反意义的量,我们把其中一个量规定为正的,用正数来表示,把与这个量具有相反意义的量规定为负的,用负数来表示。

师:我们来总结定义,大于0的数叫做正数,在正数前面加上符号"−"(负)的数叫做负数。0既不是正数也不是负数。

【设计意图】大量应用生活中的例子使学生感受相反意义的量,体会负数的引入是出于实际生活的需要。同时对例子中这些数量的实际含义加以分析,理解正、负数在具体问题中的实际意义,特别要思考0的实际意义。同时也可以依据此问题评价学生是否会用正、负数表示具有相反意义的量。

问题4:回答下列问题。(下题选自北师大版《义务教育教科书数学七年级上册》第24页,有改动)

要求:独立解决下列问题,再在组内交流,班级展示。

例:(1)某人转动转盘,如果用+5圈表示沿逆时针方向转了5圈,那么沿顺时针方向转了12圈怎样表示?"基准"是什么?

(2)在某次乒乓球质量检测中,一只乒乓球超出标准质量0.02 g记作+0.02 g,那么−0.03 g表示什么?"基准"是什么?

(3)某大米包装袋上标注"净含量:10 kg±150 g",这里的"10 kg±150 g"表示什么?"基准"是什么?

第1组:沿顺时针方向转了12圈用−12表示,基准是转盘不动。

第2组:−0.03 g表示低于标准质量0.03 g,基准是一个乒乓球的标准质量。

第3组:10 kg+150 g表示比10 kg多150 g;10 kg−150 g表示比10 kg少150 g,基准是10 kg。

师:基准都必须为0吗?

生:不同情况下,基准不一定是0,刚才的标准质量都不是0。

【设计意图】让学生在小学初步感知负数的基础上,进一步认识负数和正数一样都是对数量的抽象,经历用正、负数表示具有相反意义的量的过程,在具体背景下能说明用正数、负数表示的量的实际意义,能确定问题的基准,体会0代表的实际意义。

活动二　数的分类

师:请同学们猜一猜,引进负数之后,现在的整数包括哪些数? 分数又包括哪些数?

生:

$$整数\begin{cases}正整数\\零\\负整数\end{cases}\qquad 分数\begin{cases}正分数\\负分数\end{cases}$$

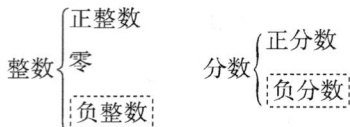

师:很好,大家为负数找到了分类的方法,整数和分数家族分别增加了新成员,更加完整了。小学阶段因为实际需要,我们在整数的基础上添加了分数,现在由于实际需要,我们又一次完成了对数系的扩充,将整数和分数统称为有理数。(板书定义)

问题5:请给以下数分类。$-1,-2,-3,0,1,2,3,\dfrac{1}{2},\dfrac{1}{3},5.2,-\dfrac{1}{5},-3.5,$ $-\dfrac{5}{6}$。注意不重不漏,分完后与同伴交流,说出你分类的依据。

生:我分为整数和分数两类。

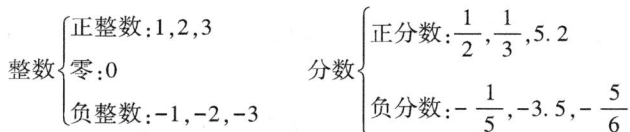

$$整数\begin{cases}正整数:1,2,3\\零:0\\负整数:-1,-2,-3\end{cases}\qquad 分数\begin{cases}正分数:\dfrac{1}{2},\dfrac{1}{3},5.2\\负分数:-\dfrac{1}{5},-3.5,-\dfrac{5}{6}\end{cases}$$

师:很好,可以按照有理数的定义分成整数、分数两类。有没有不同的分法呢?

生:老师,我按照符号不同分成了三类。

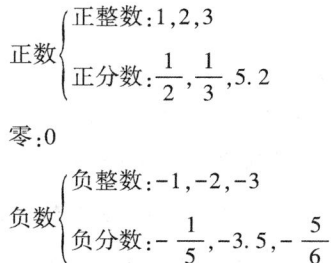

$$正数\begin{cases}正整数:1,2,3\\正分数:\dfrac{1}{2},\dfrac{1}{3},5.2\end{cases}$$

$$零:0$$

$$负数\begin{cases}负整数:-1,-2,-3\\负分数:-\dfrac{1}{5},-3.5,-\dfrac{5}{6}\end{cases}$$

师:这位同学另辟蹊径,能想到按照数字的符号性质分类,而且他还注意到将0单独分成一类,太好了。既然我们现在认识的所有这些数都属于有理数,大家试试对有理数进行分类。

生：

$$（按定义）有理数\begin{cases}整数\begin{cases}正整数\\零\\负整数\end{cases}\\分数\begin{cases}正分数\\负分数\end{cases}\end{cases}$$

$$（按性质）有理数\begin{cases}正有理数\begin{cases}正整数\\正分数\end{cases}\\零\\负有理数\begin{cases}负整数\\负分数\end{cases}\end{cases}$$

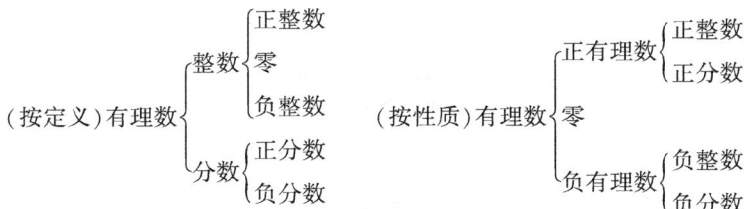

师：同学们整理得很全面，从一组具体数字的分类能总结出有理数的分类规律，这体现了从特殊到一般的数学思想方法，你们太棒了！下面提醒大家几点注意事项。

注意：①分类的标准不同，结果也不同，按照定义和性质可得到两种分类；②分类的结果应无遗漏、无重复；③ 0，既不是正数，也不是负数，但 0 是整数。

【设计意图】引导学生将整数和分数分别分类，顺势给出有理数定义。预设当给出一组具体数字时，已经理解定义的学生会主动按照有理数定义进行分类，部分学生还没有形成知识连接，会凭借视觉信息按照符号进行分类。教师要及时给予鼓励和进行总结，注意培养学生的发散思维，同时渗透从特殊到一般的数学思想方法。

活动三　构建单元知识体系

问题6：在引入负数后，我们认识的数系范围扩大为有理数。如何研究一类数，你有可参考的学习经验吗？请设计出有理数单元知识结构图。

生：小学曾经学过分数，先学的定义，还学了分数的运算和应用。

师：他想到了分数，关于分数其他同学还有什么补充吗？

生1：分数的运算之前还学了分数的表示、分类。

生2：还有分数的基本性质。

师：好的，我们规划一下学习某一类数的路径吧。

生：老师，我明白了，原来学习一类数要按照"定义—表示—性质—运算—应用"这样的顺序进行，有理数也可以。

师：我们一起来规划一下有理数的学习路径（如图2-2）。

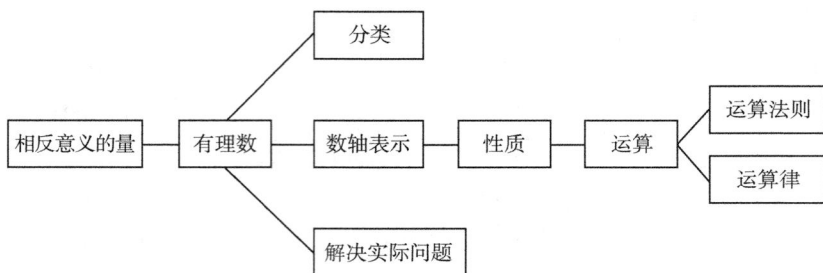

图 2-2

【设计意图】作为本章的起始课,本节课对全章有引领作用,所以在本环节引导学生思考关于某一类数的研究方法,梳理本章知识结构。学生会类比整数、分数的研究经验,规划出有理数的研究路径,同时感受知识的关联性和方法的一致性,并为本章后续的学习做铺垫。

(三) 总结思考

师:请同学来说说引入负数的意义。

生:负数可用来表示相反意义的量,将我们认识的数系进行了扩充。

师:非常好,经过数系的扩充我们认识了有理数。

生:整数和分数统称为有理数。

师:我们计划怎样开展对有理数的学习呢?

生:按照定义、表示、性质、运算、应用的顺序。

(四) 应用提升

1. 如果零上 6 ℃记作+6 ℃,那么零下 2 ℃记作什么?

2. 东、西为两个相反方向,如果-2 m 表示一个物体向西运动 2 m,那么+3 m 表示什么? 原地不动记作什么? 向西运动-5 m,是怎样运动的?

3. 某仓库运进面粉 6.5 t 记作+6.5 t,那么运出面粉 3.8 t 应记作什么?

4. 某班 8 位同学的身高分别为:163 cm、157 cm、170 cm、168 cm、167 cm、161 cm、162 cm、172 cm,请选定一个高度作为标准,用正负数表示每位同学的身高与选定身高标准的差异。

5. 你都了解哪些数？自编一组数字,让同学把各数填入相应的集合中:

正数集合:{＿＿＿＿＿＿＿＿}　　　　负数集合:{＿＿＿＿＿＿＿＿}

整数集合:{＿＿＿＿＿＿＿＿}　　　　分数集合:{＿＿＿＿＿＿＿＿}

【设计意图】让学生加深对负数的理解,能熟练地运用正、负数表示相反意义的量,经历具体数值和抽象概念的转换,在原有认知结构的基础上,将数系进一步扩充到有理数。第4题由教材中"议一议"改编,学生经历从"可以表示"到"给定标准"到"自定标准"的过程,可以更好地理解不同基准对表示结果的影响。第5题学生编题取数时会自觉对数先进行分类,尤其会关注具有特殊性质的数,例如0、有限小数、无限循环小数等,能对有理数的分类进行再认识。而且学生可以锻炼逆向思维,在领会数学分类思想的同时对有理数有了整体的认识。

三、问题解析

数系的每一次扩充都遵循着相同的原则:一是在原有数系上增加新元素;二是不违背旧法则;三是增加的新元素可以帮助解决更多的问题。从这些原则当中,我们同样能了解到为什么要对数系进行扩充。

本节课设计的出发点是让学生理解有理数的定义,在小学对数的认识的基础上扩充数系,构建可视化的知识结构,为此教师进行了逆向设计。

(一)先确定课时目标

1. 在具体情境中进一步认识负数。

2. 经历用正、负数表示具有相反意义的量的过程,体会负数引入的必要性。

3. 体会数系的扩充,理解有理数的意义,能按一定标准对有理数进行分类。

4. 培养分类讨论能力,渗透类比和从特殊到一般的数学思想方法。

(二)设计评价标准

1. 会用正、负数表示具有相反意义的量,也能说出具体情境中负数代表的实际意义。

2. 能根据定义和性质对有理数进行分类。

(三) 围绕目标进行教学设计

从对数的分类,引出认知冲突——负数该分在哪一类?然后通过大量的具体情境,让学生用正、负数进行表示,再给出正、负数表示的量,让学生解释实际意义,体会正、负数的相反意义,充分理解负数,然后让学生回答数系扩充后整数包括哪些数,分数包括哪些数。让学生解决负数的分类归属问题,为后面有理数的分类做好铺垫,归纳出有理数定义。

本节课的另一个难点是对有理数的分类。当负整数、负分数找到了分类定位,学生自然会将有理数按定义进行分类。由于学生学习能力存在差别,有部分学生还没有形成初步的构成认识,他们根据符号差别带来的视觉感知进行分类,使得按符号分类的方法自然生成,顺利突破难点。考虑到学生的认知水平和自然思维所处的阶段,还可以补充问题"说出你分类的依据",引导学生形成完整的数系结构。

依据知识的连续性、研究方法的一致性,设计最后一个问题,类比对算术数的研究经验,规划对有理数的研究路径,为本单元后面的学习建立基本框架。

四、建构体系

本节课结合小学对所学数的认识及正、负数的学习,使学生认识到正、负数可以用来表示现实生活中具有相反意义的量;体会由负数的引入产生新的研究对象——有理数;引导学生类比小学算术数的学习过程,研究有理数的学习顺序。

本节课是有理数单元起始课,对全章有引领作用,所以要运用学生的已有经验,思考数系的研究方法,梳理本章知识结构,不但要达成本节课的学习目标,还要明确下一阶段的学习内容和研究方法。所以在引入有理数定义和学习数系的扩充之后,应引导学生规划研究路径,并画出知识结构图,建构知识体系。教师将本单元知识完整构建如下框架:

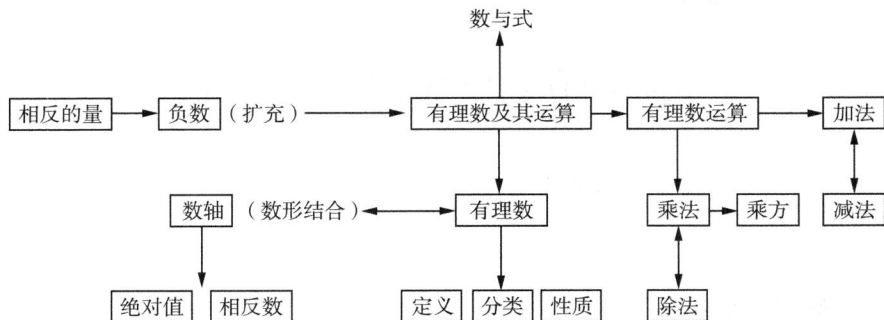

图 2-3

五、素养落实

本节课的设计重视数学思想方法的渗透,对于有理数的概念和分类方法的探究始终依据从特殊到一般的思想方法。让学生感受不同的分类标准,完成对有理数定义和分类的认知过程,同时培养学生分类讨论的能力。类比学生小学对不同种类的数的学习经验,规划有理数的研究路径。

教学中关注学生学习的主体性。遵循学生的认知发展规律,让学生了解数系的扩充源于生活需要和运算需要。探究新知环节多设计为自主探究、合作探究、展示交流等活动,让学生在探究和解决问题的过程中完成学习目标。根据课标的要求,教师要注重启发式教学,引导学生发现问题、提出问题、解决问题,使学生理解掌握数学基本技能和基础知识,体会和运用数学的思想方法,获得数学的基本活动经验,养成良好的学习习惯,形成积极的情感、态度和价值观,促进其核心素养的发展。

类比法在数学课堂中的应用

——"有理数乘法"课例分析

一、研究背景

类比是一种间接推理的思想方法,指基于两个对象的某些相同或相似的性质,通过熟悉的对象进一步推断和认识新的对象。类比可以从结构、性质、数学描述等方面找到新旧知识之间的区别与联系,涉及知识的迁移,在我们解决数学问题时有不可替代的作用。知识点的类比可以帮助学生深刻理解和简化记忆,方法的类比可以帮助学生自主规划学习路径,这些都有利于构建知识体系。所以在数学教学中要注重对学生迁移能力的培养,也就是说要注重运用类比的数学思想方法。下面是以"有理数乘法"为例进行的课例研究。

有理数的乘法,既是有理数加法运算的延伸,也是学生后续学习有理数除法与乘方运算等有理数运算的基础。它是整个初中学段乃至更高学段最基本的运算之一,是今后学习实数运算、代数式的运算、解方程以及函数知识等的基础。本节课在学生已掌握了有理数加法、减法运算法则的基础上,有以下具体学习任务:发现并探索有理数的乘法法则,了解倒数的概念,会进行有理数的运算。在学习本节课之前,学生已经学习了有理数的加减法运算法则,对符号问题也有了一定的认识。同时,七年级的学生也具有一定的观察、归纳、猜想、验证能力。因此,学生对本节课内容具有深厚的知识基础。乘法的交换律、结合律、分配律在小学已经学习过,在有理数部分仍旧适用,其中的教学关键仍然是符号问题。探究过程中类比了有理数的加法。

二、教学实录

(一)回顾旧知,规划思路

计算:①(-2)+(-2);②(-5)+3

生:结果分别是-4和-2,我根据有理数加法法则进行的计算。

同号两数相加,取相同的符号,并把绝对值相加。异号两数相加,绝对值相等时和为0,绝对值不等时,取绝对值较大的数的符号,并用较大的绝对值减去较小的绝对值。一个数同0相加,仍得这个数。

师:你对有理数加法法则表述得非常准确。有理数加减运算中,关键问题是什么?

生:主要是有负数参与的加减法怎样计算。

师:类比有理数加法的研究过程,我们该如何研究有理数的乘法呢?

生:也可以先分类,再确定符号,再确定值。

师:具体怎样分类呢?

生:正数×正数,正数×0,0×0,负数×0,正数×负数,负数×负数。

师:有些是已经解决的问题,哪些是我们接下来的研究对象?

生:跟负数有关的乘法,是我们要研究的。

师:好的,那就开始进行本节课的学习。(课件展示如图2-4)

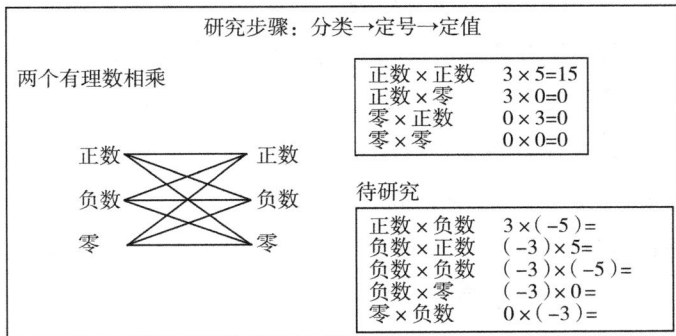

图 2-4

【设计意图】回顾复习以前的相关知识,以便形成知识迁移,引导学生类比有理数加法的学习过程对乘法展开研究。列举两个数相乘的所有形式引出新课,以唤起学生强烈的求知欲,使他们以跃跃欲试的姿态投入新的探索活动中来。

(二)自主合作,探究新知

问题1:甲水库的水位每天上升3厘米,乙水库的水位每天下降3厘米,4天后甲、乙水库水位的总变化量各是多少? 用正号表示水位上升,用负号表示水位下降。

要求:学生先独立思考,然后小组交流,最后班级汇报。

第1组:① $3×4=12$(厘米)水位上升12厘米。

② $(-3)×4=-12$(厘米)水位下降12厘米。

师:说说第二个算式符号是怎样确定的?

生:用正号表示上升,负号表示下降,那么4天下降12厘米,就可以用负数-12表示。

师:你们根据对实际意义的理解,判断出变化总量是下降12厘米,用负数表示,思路非常清晰。

第2组:我们组用-3表示乙水库一天水位下降3厘米; $(-3)+(-3)+(-3)+(-3)=-12$就表示4天后水位的变化。根据有理数的加法法则计算,结果也是-12。

第3组:我们用 $4×(-3)=-12$(厘米)计算,与第一组方法相近。

师:第1组、第3组的乘法列式,其含义都是4个-3的和是多少,都正确,似乎满足乘法交换律,这个本单元后面会学到。第2组用有理数的加法,使得计算结果有说服力,相当于验证了另两组的结论。哪种方法更简单?为什么?

生:用乘法列算式更简单,因为乘法是加法的简便运算。

师:大家发现有理数运算的哪些符号规律?

生:正数×正数=正数,正数×0=0,正数×负数=负数。

【设计意图】通过具体情境引出负数与正数相乘,鼓励学生仔细观察、大胆猜想,利用加法的算理得出异号两数乘积的符号为负,同时教师引导学生明确乘法的意义。

问题2:你能解释(-3)×(-4)在情境中的含义,并计算出下列算式的结果吗?

$$(-3)×4 = \qquad (-3)×(-1) =$$
$$(-3)×3 = \qquad (-3)×(-2) =$$
$$(-3)×2 = \qquad (-3)×(-3) =$$
$$(-3)×1 = \qquad (-3)×(-4) =$$
$$(-3)×0 =$$

图 2-5

要求:学生先独立思考,然后小组交流,最后班级汇报。

生:乘数-3表示每天下降3厘米,-4表示4天前,(-3)×(-4)表示乙水库4天前水位比现在高12厘米,结果为正数。

师:你们是怎么算出来的?

生:(-3)×4含义为4个-3的和,结果是-12,同理(-3)×3=-9,(-3)×2=-6,(-3)×1=-3,(-3)×0=0。我发现规律是每个算式的乘数-3不变,另一个乘数每减1,乘积增加3,所以直接写出第2列的结果3,6,9,12(如图2-5)。

师:观察算式和结果,你们得到了什么规律?

生:负数×正数=负数,负数×0=0,负数×负数=正数

【设计意图】基于已有情境,让学生理解并表述负数与负数相乘的实际意义,进一步得出负数与负数相乘的计算结果。正数与负数相乘、负数与负数相乘是本节课的难点,通过一组有规律的算式让学生得出符号规律,体现从特殊到一般的研究思路。

师:大家已经解决了分类和确定符号两个问题,对于计算结果的数值,大家有什么发现吗?

生:以(-3)×4=-12为例,(-3)×(-4)=12,所得的积是相反数。

师:有理数加法法则中,数值的大小是怎样确定的?

生:绝对值相加减。

师:乘法呢?

生:绝对值相乘。

问题3:怎样计算5×(−7)?

生:先判断符号,异号相乘得负。再把两个数的绝对值相乘,由5×7=35,确定积为−35。

师:能类比有理数加法法则,试着用数学语言来描述有理数的乘法法则吗?

生:两数相乘,同号得正,异号得负,并把绝对值相乘。

师:有0的情况呢?

生:任何数与0相乘,积仍为0。

归纳:

(1)有理数乘法法则:两数相乘,同号得正,异号得负,并把绝对值相乘。任何数与0相乘,积仍为0。

(2)乘法的计算步骤是:第一步,确定积的符号;第二步,乘数的绝对值相乘。

【设计意图】在本环节中,教师提出充分的问题引导学生去发现数值的规律。通过类比有理数加法法则,学生想到用绝对值进行描述。问题3以简单计算的形式引导学生逐步深入地观察、思考,将抽象的问题再次具体化,经过对计算过程的观察、归纳、描述,类比有理数加法法则,学生概括并描述出有理数的乘法法则。本环节可以培养学生独立的观察能力、猜想能力、抽象能力和表述能力,使学生树立从特殊归纳出一般的意识,提高学生整合知识的能力。

例1 计算:

① $(-4) \times 5$

② $(-5) \times (-7)$

③ $\left(-\dfrac{3}{8}\right) \times \left(-\dfrac{8}{3}\right)$

④ $(-3) \times \left(-\dfrac{1}{3}\right)$

师:问题③④的算式和计算结果有什么特点?

生:算式中两个因数分子和分母颠倒,结果都是1。

师:教材定义是如果两个有理数的乘积为1,那么称其中一个数是另一个数的倒数。

例2 计算:

① $(-4) \times (-0.25) \times 5$

② $\dfrac{4}{5} \times (-1.2) \times \left(-\dfrac{1}{9}\right)$

③ $(-\dfrac{3}{5}) \times \dfrac{5}{6} \times 2$

【设计意图】考查学生对有理数乘法法则的应用。学生可按照同级运算的顺序从左往右算,也会有学生考虑到这节课讲的是有理数乘法法则内容,先确定乘积的符号,由此自然引出下面的问题。

师:通过上一题的计算,大家想一想、说一说,多个有理数相乘,积的符号怎么判断呢?

生:同号为正,我先分组同号的。

师:以第①题为例说说看。

生:$(-4) \times (-0.25)$同号为正,再乘以5同号为正。

师:如果有5个因数是负数呢?

生:每两个一组,四个因数乘积为正。多一个负数,异号为负。

师:说得很清楚,总结一下规律吧。

生:看负因数有几个,如果有奇数个负因数,结果为负;如果有偶数个负因数,结果为正。

【设计意图】引导学生观察例2中几个算式的结果,鼓励学生用自己的语言去总结,这里要考虑算式中是否存在因数0。

(三)内化新知,综合运用

1. 用正、负数表示气温的变化量,上升为正,下降为负。登山队攀登一座山峰,每登高 1 km 气温的变化量为−6 ℃,攀登 3 km 后,气温有什么变化?

2. 思考:用">""<""="号填空。

(1)如果 $a > 0$,$b > 0$, 那么 $a \cdot b$ _____ 0。

(2)如果 $a > 0$,$b < 0$, 那么 $a \cdot b$ _____ 0。

(3)如果 $a < 0$,$b < 0$, 那么 $a \cdot b$ _____ 0。

(4)如果 $a = 0$,$b \neq 0$, 那么 $a \cdot b$ _____ 0。

(四)归纳总结,思维提升

1. 这节课的研究内容是什么?

2. 我们是怎样总结出乘法法则的?

3. 这节课运用的数学思想方法有哪些?(总结归纳如图 2-6)

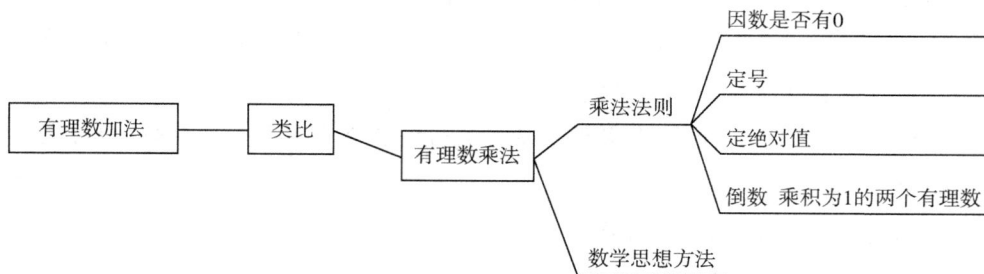

图 2-6

【设计意图】通过归纳总结,学生回顾本节课的学习内容和探究过程,不仅学会有理数的乘法运算,还要进一步熟悉类比的学习方法,以及分类、从特殊到一般的数学思想方法,积累研究运算的经验。

三、问题解析

本节课第一次备课中为了激发学生的学习兴趣直接由水库的情境引入,对于算式(−3)×4,学生很容易猜想出结果,就停止了进一步思考。情境与计算过于简单乏味,学生没有体现出对新内容学习的积极性。究其原因,一方面是缺少有价值、有深度的问题,一方面是没有整体的研究方向。学生感受到的是零散、浅显的计算,认为学习本课的目标是记住法则,准确计算出结果。这不利于学生数学思维的训练和学科核心素养的培育,因此对引课环节进行了改进。

一节课要有观察、猜想、研究、总结的完整探究过程,就要先做好研究思路的规划,学生的这种能力,要基于他们已有的学习和研究经验培育。因此教师研讨后认为,应该类比前面有理数加法的研究过程和对其运算法则的表述,让学生自己规划研究思路,增加“回顾旧知,规划思路”环节。通过简单的有理数加法计算,引导学生回忆有理数加法法则。学生对于四则运算并不陌生,此阶段对于计算的研究主要是由于数系的扩充,增加了与负数有关的计算。所以应进一步引导学生类比有理数加法研究过程:一是对乘法可能出现的形式进行举例分类;二是确定符号;三是确定数值。

举例是调动学生思维简单有效的方法,能迅速激发学生回答问题的积极性,并且能快速明确本节课的研究对象——与负数有关的乘法运算。而且规划路径后学生对整节课的研究步骤有了整体认识,清晰地知道下一步的情境及例题都是为解决哪一个问题而准备,在回答问题时更具方向性,教师的问题引领更容易实现。

在"自主合作,探究新知"的第一次授课中,学生列出了加法和乘法两种算式,计算结果正确,此环节结束。授课教师认为只要学生在加法的理解基础上,能用乘法列式并正确计算即可,鼓励多种方法的应用。议课后教师发现这种授课方式割裂了知识的连续性,要根据课堂的生成,深挖知识形成的原因和教材编写的意图。

第二次授课中教师预设学生回答第二个问题会直接用有理数的加法呈现,但第1组直接列出乘法算式$(-3)×4$,并猜出正确结果,教师追加问题:算式符号是怎样确定的?学生依据问题的实际意义进行解释,教师给以肯定和鼓励。第3组用了算式$4×(-3)$,第2组用了加法,教师总结"第1组、第3组的乘法列式,其含义都是4个-3的和是多少",建立了乘法与加法之间的联系,也默认了乘法交换律在此依然适用,但未展开,为后面混合运算的研究做了铺垫。第2组用有理数的加法法则验证了另两组的计算结果,让学生再次了解乘法与加法的区别与联系,学生经历了观察、猜想、研究、总结的完整过程。教师继续提出问题"哪种方法更简单?",以明确本节课学习乘法的意义:乘法是加法的简便运算,学习乘法能处理更复杂的问题。

有理数的乘法法则在第一次备课中由教师以归纳小结的形式给出,学生没有深刻理解,通过背法则、套法则进行计算,没有知识迁移的能力,不能灵活应用,还有学生习惯将乘法转化为加法进行计算,计算速度慢、准确率低,说不清算理。修改后,通过类比有理数加法法则的叙述,学生顺利地想到从符号和绝对值两个角度对规律进行描述,同时也实现了对本节课研究思路的再次深化理解,提高了计算能力,也为后面有理数的除法以及混合运算的学习奠定了坚实的基础。

四、建构体系

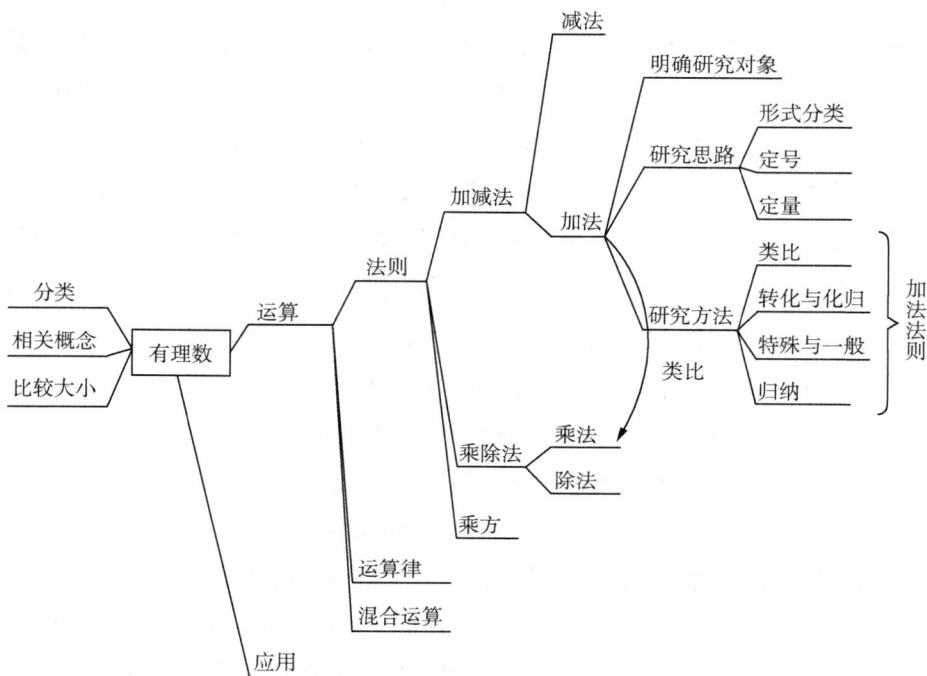

图 2-7

五、素养落实

数学规律具有抽象性和逻辑性,而且复杂又繁多的知识点不利于记忆和理解。本节课引导学生分析、概括数量关系,理解有理数的运算。通过类比,学生建立了有理数加法和乘法之间的关联,经历了自主地从具体算式中总结出规律的过程,感受从特殊到一般的思想方法。

学生的运算能力不仅依赖于牢固的基础知识和熟练的基本运算技能,更在于对算理、通法的理解和灵活应用,是观察力、反思力、逻辑思维能力、抽象思维能力、迁移应用等多种能力的综合反映。学生可以在运算中加深对概念、法则、运算律的理解,提高运算能力,并积累数学研究经验,强化运算思维品质,发展数学核心素养。

对教材加工重组,突出重点突破难点

——"整式"课例研究

一、研究背景

本节课的内容属于"数与代数"领域,是在小学学习了用字母表示数、简单列式表示实际问题中的数量关系和简易方程的基础上,进一步研究用含有字母的式子(整式)表示实际问题中的数量关系,是学习一元一次方程的直础。用含有字母的式子表示数量关系,体现了从特殊到一般的数学思想,对发展符号意识具有重要意义。

本着"用教材教,不是教教材"的理念,教师选择了引导探究法,由浅入深,由特殊到一般地提出问题,为学生提供自主合作探究的平台,使学生在经历知识的发现发展过程中,形成分类、探索、合作、归纳的能力,同时借助已有的知识和方法,主动探索新知识,扩展认知结构,从而使课堂教学真正落实到学生的发展上。在课堂教学中,教师要时时注意营造积极的思维状态,关注学生的思维发展过程,创设民主、宽松、和谐的课堂氛围,让学生在学习中体验,在体验中学习,都能畅所欲言。这样学生的创造火花才会不断闪现,个性才能得以发展,他们才能真正成为学习的主体,课堂的主人。

二、教学实录

师:水果超市销售苹果每千克为 10 元钱。购买 2 千克苹果需要付款多少元?

生:20 元。

师:购买 5 千克苹果需要付款多少元?

生:50 元。

师:购买 10 千克苹果需要付款多少元?

生:100 元。

师:购买 x 千克苹果需要付款多少元?

生:10x 元。

【设计意图】从熟悉的情境引入,让学生感受生活中的数量关系,体会数学来源于生活;让学生经历由数到式的过程,感受从特殊到一般的认识过程,体会用字母表示数的简洁性和必要性。

师:在我们以往的学习中还有哪些可以用字母来表示数的例子呢?

【教学预设】学生们会想到三角形的面积公式、矩形面积公式、运算律等,有些学生不能恰当地举出例子,此时进行简单的小组讨论。

【设计意图】进一步体验用字母表示数的简洁性和必要性。用旧知去验证新知,新知使旧知得到升华,升华了的旧知又进一步巩固了新知,这就是旧知与新知最完美的结合,由此找到学生的最近发展区。同时激发学生学习数学的兴趣和参与热情,使学生懂得数学的价值,增长"用数学"的意识,体验模型化思想,培养创新精神。这一过程,可以使学生更好地体会字母表示数带来的方便,感悟到从特殊到一般,再从一般到特殊的数学理念。

师:分析数量关系,并用含有字母的式子表示数量关系。(下题选自人教版《义务教育教科书数学七年级上册》第54页)

1. 苹果原价是每千克 p 元,按 8 折优惠出售,用式子表示现价;

2. 某产品前年的产量是 n 件,去年的产量是前年产量的 m 倍,用式子表示去年的产量;

3. 一个长方体包装盒的长和宽都是 a cm,高是 h cm,用式子表示它的体积;

4. 用式子表示数 n 的相反数。

师生活动:学生先独立列式,然后同桌交流,学生代表板演展示,教师巡视指导。

解:1. 现价是每千克 $0.8p$ 元;

　　2. 去年的产量是 mn 件;

　　3. 长方体包装盒的体积是 $a \cdot a \cdot h \ \mathrm{cm}^3$,即 $a^2h \ \mathrm{cm}^3$;

　　4. 数 n 的相反数是 $-n$。

教师根据学生的回答情况进行评价。

【设计意图】熟悉用含有字母的式子表示实际问题中的数量关系,理解字母可以像数一样参与运算,为形成单项式的概念进行铺垫,并明确代数式的书写要求,在用数学符号表示数量关系中,感受抽象的数学思想。

师:同学们拿出材料袋中的火柴棒,动手拼一拼下列图形,同时思考四个问题(如图 2-8)。

图 2-8

1. 如果图形中含有 2 个三角形,需要多少根火柴棒?

2. 如果图形中含有 3 个三角形,需要多少根火柴棒?

3. 如果图形中含有 n 个三角形,需要多少根火柴棒?

4. 当图形中含有 2023 个三角形时,需要多少根火柴棒?

师生活动:学生分组活动,利用已准备好的火柴棒动手摆放图形进行自主探究。学生代表展示小组讨论的过程与结果。教师重点关注学生自主探究的步骤和方法。学生在探究的过程中会从不同角度观察图形。教师引导学生可以先从特殊图形中寻找一般规律,再把复杂图形分解,从其中的特殊图形入手,观察个体特征,再扩展到一般,最后总结规律。学生会用不同的表达形式呈现规律,会从数和形两个方面进行探究,教师引导学生借助于"形"进行思考和推理,加强对图形变化的感受。在活动的过程中,让学生整理数据,观察火柴棒的根数与 n 之间的对应关系,有助于突破难点。学生常见方法预测如下:

(1)从第二个图形起,与前一个图形比,每增加一个三角形,增加两根火柴棒,

可得

三角形个数	1	2	3	4	……	n
火柴棒根数	3	3+2	3+2+2	3+2+2+2	……	$3+2(n-1)$

表达形式：$3+2(n-1)$

（2）每个三角形由三根火柴棒组成，从第一个图形起，火柴棒根数等于所含三角形个数乘3再减去重复的火柴棒根数，可得

三角形个数	1	2	3	4	……	n
火柴棒根数	1×3	2×3-1	3×3-2	4×3-3	……	$3n-(n-1)$

表达形式：$3n-(n-1)$

（3）从第一个图形起，以一根火柴棒为基础，每增加一个三角形，增加两根火柴棒，可得

三角形个数	1	2	3	4	……	n
火柴棒根数	1+2	1+2+2	1+2+2+2	1+2+2+2+2	……	$1+2n$

表达形式：$1+2n$

（4）观察火柴棒的根数和三角形的个数的对应关系，可得

三角形个数	1	2	3	4	……	n
火柴棒根数	1×2+1	2×2+1	3×2+1	4×2+1	……	$2n+1$

表达形式：$2n+1$

（5）将组成图形的火柴棒分为"横"放和"斜"放两类统计计数，可得

三角形个数	1	2	3	4	……	n
火柴棒根数	1+2	2+3	3+4	4+5	……	$n+(n+1)$

表达形式：$n+(n+1)$

【设计意图】应用列表法得到用整式表示的三角形个数和所用火柴棒的根数的对应关系，这部分为了更好地突出重点，突破难点，教师将应用问题层层引向深入，让学生掌握从特殊到一般的探究方法。通过实践操作、探究交流，学生会多角

度地去思考问题,会发现不同的规律,在数学活动合作交流的过程中体会解决问题策略的多样性,积累数学活动经验,进一步增强创新意识。教师在课堂上应创造更多的机会,让学生多实践,多动手操作。

师:本节课的学习,在知识、方法以及学习经验方面,你们都有哪些收获?

师生活动:学生畅所欲言,教师及时点评。

【设计意图】在归纳总结中,学生自己尝试着总结:这节课学到了哪些知识与方法? 积累了哪些数学经验? 因为新课堂是鲜活的课堂、讨论的课堂、合作交流的课堂,我们应该把学习的权利还给学生。

三、问题解析

本节课在教材中的内容并不多,难度也不大,又因为学生在小学已经学习了简单地用字母表示数,如运算律、公式等,所以解决教材中的问题并不困难,教师便将单项式的概念也放在了这一节。但学生在之前的认知中,有关用字母表示数的意义以及数学抽象的意识还没有形成,而本节课的重难点正是这两点。

所以,为了突出本节课的重点,突破本节课的难点,教师对教材进行了加工重组,把原有的用含有字母的式子表示数量关系的问题,设置成开放性问题:学生自己举出用字母来表示数的例子,从而形成自主探究的学习氛围;学生主动经历回顾与思考、表达与交流的过程,理解用字母表示数的意义,形成初步的符号感。

因为用符号表示具体情境中的数量关系,形成数学抽象的意识对学生而言有一定难度,所以教师将教材中数学活动的内容放在本节课研究。在拼图的过程中,学生比较容易发现火柴棒根数的变化情况,但要通过观察图形的变化寻找火柴棒的根数与三角形的个数之间的对应关系,还是有一定困难。通过小组合作的形式,学生掌握从特殊到一般,从个体到整体的方法,尝试从不同角度探究问题。在解决问题的过程中,教师引导学生分步骤地观察图形,最后总结规律,培养学生的应用意识和创新意识,使学生感受从特殊到一般的探究模式,形成数学抽象的意识。

四、建构体系

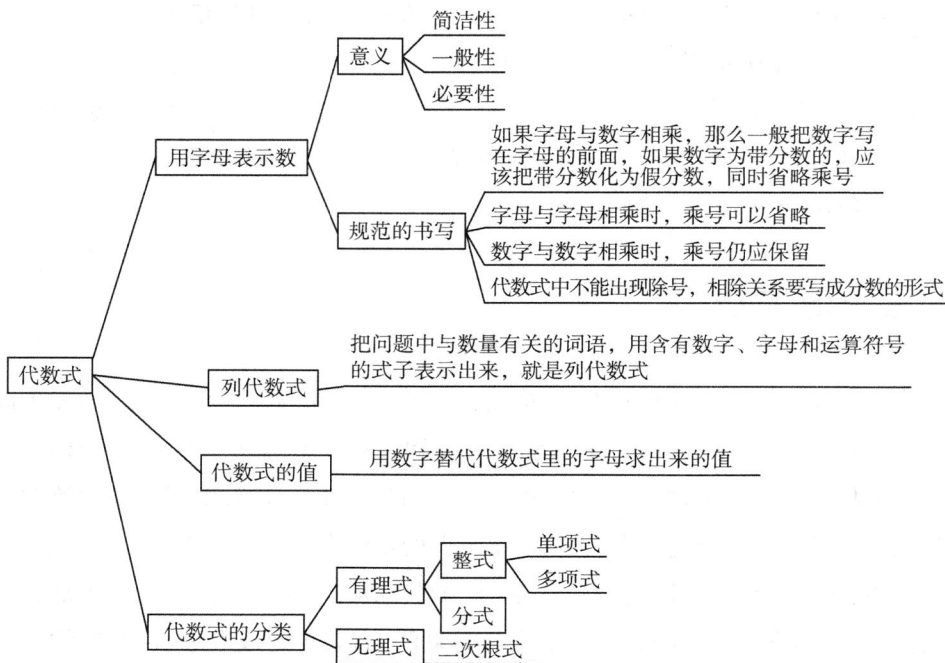

图 2-9

五、素养落实

本节课通过问题的逐层深入,使学生逐步感知用字母表示数的重要意义,再通过数学活动引导学生感悟从特殊到一般的数学思想,将实际问题抽象出来,发展数学的符号意识。数学的符号意识是数学抽象能力的基础,在此基础上的思维培养是核心素养培养的最终目标。

新课程要求培养的学生核心素养之一是"会用数学的眼光观察现实世界",数学眼光的主要表现就是抽象能力,也就是从现实世界进入数学内部,抓住事物的本质、关系和规律。要具有数学眼光,就要有一定的抽象思维能力,能舍去纷繁复杂的生活现象的一切物理属性,洞察到数学研究的对象。在这节课中,通过观察发现三角形个数与火柴棒根数的关系,学生依次发现 1 个三角形需要多少火柴棒,2 个三角形、3 个三角形到 n 个三角形时需要多少火柴棒,经历了抽象的简约阶段,从中自然形成每增加一个三角形就多两根火柴棒这一关系的表象认识。学生再得出 2 个三角形时火柴棒的根数为 3+2,3 个三角形时火柴棒的根数为 3+2+2,n 个三角形时为 3+2(n-1) 根火柴棒,从而进入了抽象的符号阶段。此时教师再进行引导,学生明白了 n 和 3+2(n-1) 可以表示很多个数,是无数个具体实例的高度概括,学生真正理解其含义,进入抽象的普适阶段。经历这样的三个阶段,学生学会用数学的眼光观察现实世界,抓住数学现象背后的本质。

类比学习,加强知识的内在联系

——"整式的加减"课例研究

一、研究背景

整式的加减运算是"数与代数"领域中最基本的运算,在学习了用字母表示数、单项式、多项式以及有理数运算的基础上,这节课是对同类项进行合并、探索、研究的一节新课。本节课开启了一种新的思维模式,拓展了原有的数字与数字运算的思维定式,让学生认识到:代数式与代数式之间也是可以进行运算的。同时它也是今后学习整式的乘除、因式分解、分式和根式运算、方程及函数等知识的重要基础。同类项及合并同类项的法则是学习整式的加减运算和一元一次方程的直接基础,整式的运算与数的运算具有一致性,由于整式中的字母表示数,因此数的运算性质和运算律在式的运算中仍然成立。类比数的运算来学习式的运算,用关于数的运算法则和运算律对式子进行变形和化简,这充分体现了"数式通性"及从数到式、从特殊到一般的数学思想。

合并同类项是把多项式中同类项合并成项，经过合并同类项，多项式的项数会减少，这样多项式就得到了化简。同类项的概念是判断同类项的依据，"所含字母相同，并且相同字母的指数也相同"是同类项的本质特征，合并同类项的依据是乘法分配律，"合并"是指同类项的系数相加，把得到的结果作为新的系数，要保持同类项的字母和字母的指数不变，可以说合并同类项是有理数加减运算的延伸与拓展。因此，这节课是一节承上启下的课，在教材中占有非常重要的地位。

而学生的认知水平、抽象概括能力和迁移能力都有待逐步提高，学生从熟悉的数的运算到理解含有字母的式子的运算，需要一个过程。在进行整式的加减运算时，对于如何判断同类项，为什么可以把同类项进行合并，如何合并同类项，学生理解和运用起来还是有困难的，还需要教师引导学生进行"数"与"式"的类比，正确分析含有字母的式子的结构，帮助学生理解由于字母表示数，字母可以像数一样参与运算，因此可以运用分配律合并同类项。教学中需要多展示找同类项及合并同类项的过程，使学生积累感性经验，丰富学习体验，逐步达到对"式"的运算的理解，所以本节课的教学难点是：正确判断同类项，准确合并同类项。

二、教学实录

师：通过视频回顾一下冬奥会的精彩瞬间。专卖店里每个冰墩墩是 52 元，每个雪容融是 48 元，列式表示如果想买两个冰墩墩和两个雪容融需要多少钱？

生：$52 \times 2 + 48 \times 2$。

师：这个式子的结果是多少？你是怎么快速算出的？说明其中的道理。

生：结果是 200，可以依据乘法分配律简化运算。

师：真棒，那么我把式子中的两个 2 改成 -2，你还能口算出结果吗？

生：-200。

师：如果想买 a 个冰墩墩和 a 个雪容融又该如何列式？需要多少钱呢？

生：$52 \times a + 48 \times a$，是 $100a$。

引导学生归纳：

1. 算式 $52×2+48×2$ 与 $52×(-2)+48×(-2)$ 和式子 $52×a+48×a$ 具有相同的结构，由于字母 a 代表的是一个因(乘)数，因此根据分配律应有 $52×a+48×a=(52+48)a=100a$。

2. 由于整式中的字母表示数，因此可以类比数的运算，运用数的运算法则和运算律进行整式的运算。

【设计意图】用分配律进行有理数的运算，帮助学生理解用分配律化简式子 $52×a+48×a$，为进一步类比学习整式的运算提供方法上的借鉴。通过观察比较，引导学生发现三个算式的联系，理解由于式子 $52×a+48×a$ 中的字母表示数，因此可以依据分配律对式子进行化简。理解整式的运算与有理数的运算具有一致性，为更一般的同类项的合并提供方法上的指导，体会由"数"到"式"是由特殊到一般的思想方法，初步感受"数式通性"和类比的数学思想，促使学生的学习形成正迁移。

师：类比式子 $52×a+48×a$ 的运算，化简下列式子：

①$100t-252t$；②$3x^2+2x^2$；③$3ab^2-4ab^2$。

师：这些式子你们会算吗？依据是什么？

师生活动：学生先尝试独立解答，然后学生代表发言。

【设计意图】进一步引导学生要类比前面关于式子的化简，讨论更一般的同类项的合并，进一步理解分配律的运用，体会"数式通性"和类比的数学思想。通过几组不同形式的同类项，感受不同类型式子的组成，突出同类项的特点，为归纳同类项的概念和合并同类项法则做好铺垫。

师：上述各组多项式有什么共同特点？

生1：这些多项式的每一项都含有相同的字母，并且指数都相同。

生2：我觉得说得不够准确，是相同字母的指数都相同。

师：大家说得真好，没错，是相同字母的指数都相同，那么这样所含字母相同，并且相同字母的指数也相同的项叫做同类项，几个常数项也是同类项。刚刚我们发现这些同类项可以像数字一样运算，大家观察之后能说说是怎么运算的吗？

生1：他们的系数之间运算，也就是系数相加减。

生2：字母不变。

生3：字母的指数也不变。

师：大家都说对了，像这样把多项式中的同类项合并成一项，叫做合并同类项。合并同类项后，所得项的系数是合并前各同类项的系数的和，且字母连同它的指数不变。

【设计意图】通过举例、观察、比较发现各多项式的项的共同特征，分析运算特点，归纳出同类项、合并同类项的定义及合并同类项的法则。

师：运用合并同类项的法则化简多项式 $4x^2+2x+7+3x-8x^2-2$，再说说一般步骤。

师生活动：学生尝试口述解题，教师适时追问，教师示范解答过程。

教师引导学生归纳化简多项式的一般步骤：1. 找出同类项并做标记；2. 运用交换律、结合律将多项式的同类项结合；3. 合并同类项；4. 按同个字母的降幂（或升幂）排列。

【设计意图】归纳化简多项式的一般步骤。

师生活动：巩固训练，完成课件上化简多项式习题，学生先独立完成，然后互相纠错、评价，学生代表板演，教师巡视指导。

【设计意图】深化对同类项的概念和合并同类项法则的理解和运用，提高运算能力。巩固化简多项式的一般步骤，规范学生书写，实现生生交流。

师：完成下列实际问题。

1. 水库中水位第一天连续下降了 a 小时，每小时平均下降 2 cm；第二天连续上升了 a 小时，每小时平均上升 0.5 cm，这两天水位总的变化情况如何？

2. 某商店原有 5 袋大米，每袋大米为 x 千克。上午卖出 3 袋，下午又购进同样包装的大米 4 袋，进货后这个商店有大米多少千克。

【设计意图】学生体会数学的应用价值。

师生活动：教师与学生一起回顾本节课所学主要内容，知识上、方法上都学到了什么？

【设计意图】通过小结，学生梳理本节课所学内容，掌握本节课的核心——同类项的概念、合并同类项的概念和法则，感受"数式通性"和类比的数学思想。

三、问题解析

本节课在备课的过程中,关于引课这一环节,组内教师出现了很大的分歧。一部分老师认为,需要进行大刀阔斧的加工重组,可以改成从生活中"同类"这一词引入,比如不同币种的钱如何计算,然后从生活中的例子类比到数学中的同类项,再到合并同类项,这样会更生动有趣、丰富灵活,这样的教学设计实施起来也会很轻松。

还有一部分老师认为这样设计是以教师的提问为主体,明显有牵着学生走的痕迹。而且七年级学生更需要理性思考问题,应该从数的运算再到式的运算,探究的问题要符合学生的最近发展区,这样才能真正实现在探究中让学生感悟类比,感悟从特殊到一般的数学思想,体会"数式通性"。设置开放性问题,培养学生归纳和表达的能力,让学生自己发现所谓同类项同的是什么,所谓合并同类项合并的又是什么。

经过探讨和深入研究教材,教师发现本章教学的建议中明确提出,本章要加强式与数的类比教学,体现"数式通性",这样也遵循了学生的认知规律。教材中看上去简单的几行文字却体现了数学知识具体与抽象的内在联系和数学的内在统一性。

所以教师在这节课的设计上,只是将创设情境设计为以冬奥会吉祥物为背景,然后遵循教材的设计,将探究性问题改成探究性活动,给予学生充分的时间思考和总结,真正实现以学生为主体的教育理念。

四、建构体系

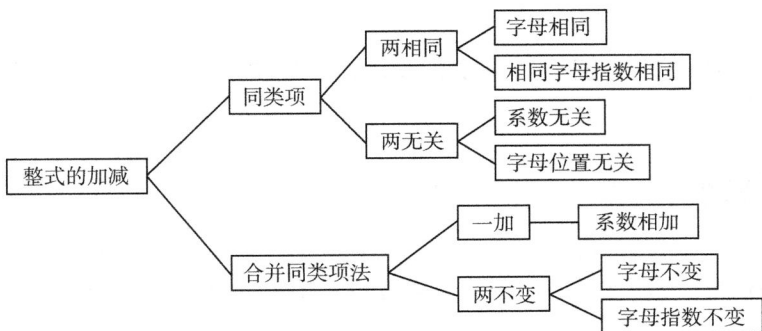

图 2-10

五、素养落实

数学思想方法是数学的灵魂,是数学活动实践体验的内核。而类比思想是一种重要的数学思想,所谓类比就是为了促进对未知事物的理解,通过与已知事物的比较,进而发现两者之间在特征和形式上的类似之处,并建立两者之间的关联,运用推理的方法解决问题。

在初中数学课堂教学中,前后相互联系的整体结构,往往知识点连接也比较紧密,教师可以引导学生在旧知识的基础上,进行类比学习,进而达到化难为易、事半功倍的效果。类比法是中学数学教学中很重要的方法之一。

本节课通过类比的形式,加强知识的内在联系和数学思想方法的渗透。整式可以简明地表示实际问题中的数量关系,它比只有用具体数字表示的算式更有一般性。整式中的字母表示数,这使得关于整式的运算与数的运算具有一致性,因此可以说整式的运算是建立在数的运算基础之上的式的运算,更具有一般性,数的运算是式的运算的特殊情形。学生已经学习了有理数的运算,能够运用有理数的运算法则和运算律进行运算,因此会注意与数的运算相联系,在数的运算的基础上探求整式加减运算的法则和规律。

建立模型意识,培养数学语言表达能力

——"实际问题与一元一次方程之配套问题"课例研究

一、研究背景

本节课是人教版《义务教育教科书数学七年级上册》第三章第四节"实际问题与一元一次方程"的第一课时,是在学生初步认识方程,掌握方程解法的基础上,学习一元一次方程的应用。让学生根据应用题的实际意义,寻找等量关系,列一元一次方程来解决实际问题,使学生体验用一元一次方程来解决问题的简洁性。本节开始,学生将接触更复杂一点的实际问题,这些问题用算术方法来解决往往很难,而用方程来解决却很简便。学生可以学习用方程来解决实际问题,提升应用技巧,真正体验到学而有用。列方程解应用题体现了现实世界中事物的相互联系,通过用数学语言表达实际问题中的简单数量关系,学生初步了解用数学与现实世界交流的方式。学生可通过本节课的学习,提高逻辑思维能力、计算能力以及分析问题、解决问题的能力。本节课主要学习的内容是与"配套问题"相关的应用题,教材通过"例1"和它引申出的问题与学生共同总结出列一元一次方程解决实际问题的一般步骤。

七年级学生思维活跃,接受新事物的能力和模仿能力比较强,但是一些实际问题往往题目长、文字多,学生社会经验不足,难以找出相应的等量关系,容易产生厌倦情绪。根据学生的心智特征及本课实际,教师采用启发诱导、合作交流的方式引导学生主动参与到教学过程中来建构知识,培养和提高学生的逻辑思维能力、计算能力以及分析问题、解决问题的能力。通过一题多设、一题多解,减少阅读方面的压力,使学生感受数学模型的神奇。

二、教学实录

(一)创设情境,引入新课

师:上节课总结的解一元一次方程的一般步骤是怎样的?

生:解一元一次方程的一般步骤是:去分母、去括号、移项、合并同类项、系数化为1等。

师:这些步骤的目的是什么?依据是什么?

生:这些步骤可以使以 x 为未知数的方程逐步向着 $x=a$ 的形式转化,依据等式的基本性质和运算律等。

(二)提出问题,探究新知

师:大屏幕上的图片有自行车、罐头盒、桌子,其中有怎样的数量关系?

生:一辆自行车有两个车轮,一张桌子有四条腿。

师:罐头盒的一个曲面我们叫盒身,有两个盒底。生活中有很多问题都可以用数学知识来解决,大家来看看能不能用学过的方程的知识来帮老师解决一个问题?

【设计意图】这样的设计直指主题,帮老师解决问题能满足孩子的好奇心和探究欲,使学生在跃跃欲试中以主人翁的身份开始一节课的学习。

通过实际生活中的实例,用问题的形式来探究新课内容,使学生感受数学来源于生活,生活中需要数学。

例1 某车间有22名工人,每人每天可以生产1 200个螺柱或2 000个螺母。1个螺柱需要配2个螺母,为使每天生产的螺柱和螺母刚好配套,应安排生产螺柱和螺母的工人各多少名?(本题选自人教版《义务教育教科书数学七年级上册》第100页)

师:谁能分析一下问题中有哪些已知量和未知量?

生:已知量是车间有22名工人,每人每天可以生产1 200个螺柱或2 000个螺母。未知量是生产螺柱的人数和生产螺母的人数。

师:你认为解决这个问题的关键是题中的哪句话?

生:使每天生产的螺柱和螺母刚好配套。

师:对,这是生产要求,你是如何理解这句话的呢?

生:刚好配套的意思是使得螺柱数目和螺母数目的比恰好是1:2。

师:你能得出怎样的相等关系?

生:2×螺柱数量=螺母数量

师:我们该如何来设未知数?

生:设生产螺柱的人数为 x。

师:那还有哪些量可以用含 x 的式子来表示呢?

生:生产螺母的人数为 $22-x$。

师:根据题中哪句话得到的?

生:车间有22名工人。

师:好,这里生产螺柱的人数为 x,生产螺母的人数为 $22-x$,还有每人每天可以生产 1 200 个螺柱或 2 000 个螺母。为了理清这么多量的关系,我们可以采用列表的方法:大家试着把下面这个表填上,思考这里有怎样的基本的数量关系。

产品类别	生产人数	单人产量	总产量
螺柱			
螺母			

这里一个基本的数量关系就是:生产人数×单人产量=总产量。

我们已经知道这道题里的相等关系是2×螺柱数量=螺母数量,大家试着列方程。

生:我列的方程是:$2\ 000(22-x)=2×1\ 200x$。

师:好,正确。下面写一下解题步骤:

解:设应安排 x 名工人生产螺柱,$(22-x)$ 名工人生产螺母,根据题意得:

$2\ 000(22-x)=2×1\ 200x$。

解得 $x=10$。

$22-x=12$。

答:应安排10名工人生产螺柱,12名工人生产螺母。

师:回顾一下上题用方程解应用题的过程,我们先设出未知数,再根据题目中的数量关系列出方程,然后是解这个方程,再检验一下所得结果是不是符合题意,最后确定答案。我们概括为:设、列、解、验、答,这是用方程解应用题的一般步骤。

师:如果设 a 名工人生产螺母,怎样列方程? 相等关系是什么?

生:设 a 名工人生产螺母,$(22-a)$ 名工人生产螺柱,方程为:$2\ 000a=2×1\ 200(22-a)$。这里的相等关系还是每天生产的螺母数量是螺柱数量的 2 倍,只不过就是变 x 了。

师:大家解一下这个方程,和我们已求出的结果一致吗?

生：解得 $a=12$，则 $22-a=10$，结果是一样的。

师：如果我们设生产螺柱的数量为 y，大家能依照上面的列表分析法，来解答吗？以同桌为单位，研究一下该如何列方程解应用题。

生：我们的列表是：

产品类别	总产量	单人产量	生产人数
螺柱	y	1 200	$\dfrac{y}{1\,200}$
螺母	$2y$	2 000	$\dfrac{2y}{2\,000}$

师：根据题目中的哪句话来列方程呢？

生：某车间有22名工人，列的方程是：

$$\frac{y}{1\,200}+\frac{2y}{2\,000}=22$$

师：解出来了吗？

生：$y=12\,000$。

师：我们求的是人数。

生：用12 000除以1 200得10人。结果是一样的，就是有点麻烦。

师：是的，结果是一样的，我们在设未知数的时候，如果题目求什么就设什么，叫直接设法，否则叫间接设法，这道题用间接设法显得烦琐，但有的题目间接设法会简单。

师：我们回顾一下以上的两种做法，第一种解法我们用"车间22名工人"来设未知数，用每天生产的螺柱和螺母刚好配套，即"2×螺柱数量＝螺母数量"这一相等关系来列的方程，而第二种解法我们用"2×螺柱数量＝螺母数量"来设未知数，而用车间22名工人来列的方程。

师：大家用不同的方法帮助老师解决了问题，大家真聪明。可老师又遇到了难题，就是本题中的配套关系变了，变成3个螺柱要和5个螺母刚好配套，大家还能帮我解决这个问题吗？大家可以以小组为单位进行研究。

【设计意图】几句简短的激励性评价语言,把老师置于与学生同等的位置,求助于学生帮忙,拉近了师生之间的距离,增进了师生感情。同时,又使学生增强了成就动机,获得了成功的满足感,激发了学生学习和探究数学的兴趣与积极性。层层推进,给学生提供一个开放的空间,放手让学生去探索、去发挥,通过学生合作交流,培养学生用数学解决问题的意识和创新意识。

教师参与到小组讨论中去,为没有思路的小组点拨,为学有困难的小组提供帮助。

生:我们小组还是用列表分析法。

产品类别	生产人数	单人产量	总产量
螺柱	x	1 200	$1\ 200x$
螺母	$22-x$	2 000	$2\ 000(22-x)$

师:学以致用,好,怎样来列方程呢?

生:$\dfrac{1\ 200x}{3}=\dfrac{2\ 000(22-x)}{5}$。

师:你能给大家解释一下其中的道理吗?

生:$1\ 200x$ 是螺柱的总数,一个产品需要 3 个螺柱,$\dfrac{1\ 200x}{3}$ 就是产品的件数。

$2\ 000(22-x)$ 是螺母的总数,一个产品需要 5 个螺母,$\dfrac{2\ 000(22-x)}{5}$ 也是产品的个数,所以相等。

此时学生们情不自禁地鼓起掌,这掌声说明同学们理解了,也说明这位同学的做法巧妙,这掌声是对该同学最大的嘉奖。

【设计意图】为学生提供参与数学活动的时间与空间,调动学生的主观能动性,同时以问题制造困惑,在问题的驱动下激发学生思考,让学生学会举一反三,理解一题多解的特点,培养学生思维的灵活性。教师是学生学习、探究活动的组织者和引导者。此处教师从学生总结、归纳学习内容入手,培养学生全面分析问题的良好习惯,并提升学生语言归纳能力。几句简短的激励性评价语言,使学生增强了成就动机,获得了成功的满足感,激发了学生学习和探究数学的欲望。

(三) 应用新知,解决问题

师:大家学习了用方程解应用题的分析方法和解题方法,下面通过完成练习题来检验自己是否掌握方程模型。

练习:一套仪器由一个 A 部件和三个 B 部件构成。用 $1\ m^3$ 钢材可做 40 个 A 部件或 240 个 B 部件。现要用 $6\ m^3$ 钢材制作这种仪器,应用多少钢材做 A 部件,多少钢材做 B 部件,恰好配成这种仪器多少套?

学生自主练习,然后小组交流后发言。

生:根据一套仪器由一个 A 部件和三个 B 部件构成,也就是生产 A 部件的 3 倍=生产 B 部件。设 $x\ m^3$ 钢材做 A 部件,则生产 A 部件是 $40x$,生产 B 部件是 $240(6-x)$,所以方程可以列为:

$$3 \times 40x = 240(6-x)$$

解得:$x=4$,$6-x=2$。$4 \times 40 = 160$。

答:$4\ m^3$ 钢材做 A 部件,$2\ m^3$ 钢材做 B 部件,配成仪器 160 套。

师:利用每套产品中不同部件的比转化为乘积关系列方程。

【设计意图】检测学生对知识的掌握情况,展示学生不同的解法,主要是为了教师可以发现学生解题时有可能出现的错误,并及时纠正。对知识的及时巩固体现了教学巩固性原则。

(四) 归纳小结,提升能力

师:本节课学习了解决哪类问题的方法?

生:配套问题。

师:练习了两道配套练习题,通过例题和练习题,请大家总结一下分析问题的方法。

生1:先找已知数和未知数,然后找到它们之间的关系,设未知数然后根据等量关系列出方程表示问题中的等量关系,再解。

生2：配套问题等量关系一般是：利用每套产品中不同部件的数量关系列方程。

生3：利用不同部件的套数相等关系列方程。

师：谁来总结一下列方程解应用题的一般步骤。

生：找已知数和未知数，找到它们之间的关系，列出方程，解方程，最后答。

师：好，通过分析题中的已知和未知条件，设未知数、列方程，这样就把实际问题转化为数学问题，解出方程的解，数学问题得以解决，通过检验解是否符合题意从而达到解决实际问题的目的，这个过程是建立数学模型解决实际问题的过程。列方程解决实际问题的一般步骤是：设、列、解、验、答。

【设计意图】让学生自主归纳本节课所学知识，既培养学生的归纳概括能力，又使学生更多地参与到教学的每一个环节，体现学生是学习的主体；而通过教师对知识进行整体梳理，让学生理解完整的知识结构。

三、问题解析

本节课内容是实际问题与一元一次方程的配套问题。通过前几节课的学习，学生已初步尝试了列方程解应用题，但本节课内容对学生来说是个难点，相对更加生活化，富有挑战性。为了突破难点，本节课不是以多练同类型题让学生来掌握该题型，而是教给学生分析问题的方法——列表法。本节课又通过不同的设法，不同的列法，一题多解的方式让学生感受到方程与现实生活的密切联系，感悟"方程"的数学思想方法。本节课内容充分体现了"从生活走向数学，从数学走向生活"的理念。通过本节课的学习，学生不仅可以感受到数学与实际生活密切相关，而且深深地体会到学好数学能够解决生活当中的很多问题。同时，在教学手段方面，选择多媒体课件辅助教学的方式，一方面节省板书时间，提高课堂效率；另一方面为学生自主探究和提高兴趣创造条件，使信息技术与教学内容有机整合，更好地为教学服务。

四、建构体系

本节课是运用方程解决实际问题的第一节,所以在归纳总结环节,让学生明白遇到生活中的实际问题,我们要用数学的眼光去观察,用数学的思维去思考,发现事物背后的数量关系,从而把实际问题转化为数学问题,通过解决数学问题达到解决实际问题的目的。

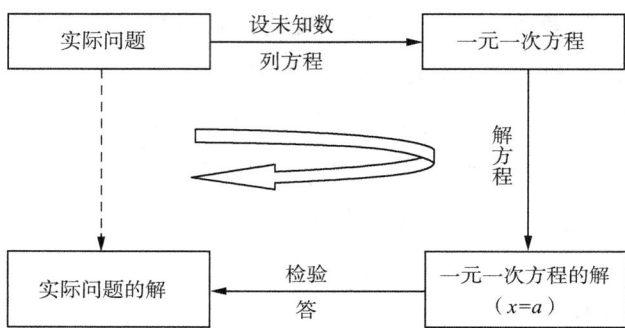

图 2-11

五、素养落实

通过本节课的学习,学生可以认识到方程与现实世界的密切联系,感受数学的应用价值,增强用数学的意识,从而激发学生学习数学的热情,培养和提高逻辑思维能力、计算能力,以及分析问题、解决问题的能力。通过本节课的学习,学生可以深深体会到建立数学模型是解决生活当中实际问题的重要手段,进一步体会生活中处处有数学,平时要养成用数学的视角来观察生活的意识。通过课堂小结,学生在学习过程中增强反思意识,有助于形成良好的学习习惯。

本节课的所有题目均由学生自主探究,通过合作最终独立写出解题过程。在教学过程中,教师应注重让学生口语表达或书写板书,鼓励学生动手动口,最后再指导学生用简练的语言概括列方程解应用题的一般步骤,培养学生用数学语言表达实际问题的能力。

用数学的眼光观察"列表"

——"二次函数 $y=ax^2$ 的图象和性质"课例研究

一、研究背景

一次函数、二次函数和反比例函数是初中阶段研究的三种基本代数函数。本节课二次函数介于人教版教材八年级下册中的一次函数与九年级下册中的反比例函数之间。它们的内容、结构等有许多相似的地方,本节课的学习过程类比一次函数开展,通过观察函数图象,认识图象特征,了解函数的性质。

本章从二次函数 $y=ax^2$ 出发,再依次讨论 $y=a(x-h)^2$, $y=a(x-h)^2+k$ 的图象和性质,逐步深入,最终得出一般的二次函数 $y=ax^2+bx+c$ 的图象特征及性质。因此,二次函数 $y=ax^2$ 是本章后续内容研究的基础。

本节课从形状、开口方向、开口大小、对称轴、顶点及 y 随 x 的增大如何变化等方面对二次函数 $y=ax^2$ 的图象特征进行描述,并学习二次函数 $y=ax^2$ 的性质。

学生在学习一次函数时,对于函数图象及性质的研究内容和研究方法已经有了一定的了解。会用描点法画函数图象,知道要从形状和 y 随 x 的增大如何变化上描述函数的图象和性质,知道可以从图象、列表、解析式三个角度研究函数的性质,具有一定的数形结合思想,知道图象"从左到右的变化"对应"函数随自变量的增大的变化"。在学习函数图象时,已经画过二次函数 $y=x^2(x\geqslant0)$ 的图象,这些已有的知识经验,都是本节课学习的保障。

但在本节课上,学生要面对曲线型函数图象,在用研究一次函数的方法研究二次函数时,出现了新的研究内容:对称性和最大(小)值,分段讨论二次函数 y 随 x 的增大如何变化也是学生没有接触过的。虽然在研究一次函数时,学生知道通过观察函数图象研究函数性质,但是仍然有许多学生不会很好地用图象来解释问题,所以画图象前引导学生思考,从"数"的角度先进行分析,然后再去画图象,打破学生原有的思维定式。

对于 $y=ax^2$ 的研究分别从 $a>0$，$a<0$ 两种情况入手，在具体的研究过程中，始终是从特殊到一般。在每一次具体的研究函数过程中，都是从函数图象入手。$a<0$ 的情况又是类比 $a>0$ 的学习方法来开展研究，学生经历自主探究过程，最终得出一般的二次函数 $y=ax^2$ 的图象特征和性质。

二、教学实录

（一）复习回顾

师：我们在八年级学习了一次函数，谁来回答什么叫一次函数？

生：一般地，形如 $y=kx+b$（k，b 是常数，$k\neq0$）的函数，叫做一次函数。

师：我们还学习了正比例函数，正比例函数是一次函数吗？二者有什么关系？

生：一次函数 $y=kx+b$（$k\neq0$），当 $b=0$ 时，就得到函数 $y=kx$（k 是常数，$k\neq0$），函数 $y=kx$（k 是常数，$k\neq0$）就是正比例函数。

师：所以正比例函数是特殊的一次函数，这是从特殊到一般的研究方法。我们用描点法画一次函数的图象，观察图象得到一次函数的性质，一次函数有什么性质？

生1：一次函数是一条经过 $(0,b)$ 的直线。

生2：当 $k>0$，$b>0$ 时，图象经过第三、第二、第一象限；

当 $k>0$，$b<0$ 时，图象经过第三、第四、第一象限；

当 $k<0$，$b>0$ 时，图象经过第二、第一、第四象限；

当 $k<0$，$b<0$ 时，图象经过第二、第三、第四象限。

生3：当 $k>0$ 时，图象从左到右上升，y 随着 x 的增大而增大；

当 $k<0$ 时，图象从左到右下降，y 随着 x 的增大而减小。

师：好，大家回顾得很全面，一次函数图象的形状是直线，k、b 不但可以决定图象的位置，还可以表示图象与坐标轴的交点这样特殊点的坐标，图象从左到右上升，y 随着 x 的增大而增大，图象从左到右下降，y 随着 x 的增大而减小，这是一次函数的增减性。通过图象讨论性质,这是数形结合研究函数的重要方法。由于 $k \neq$ 0,我们就分 $k>0$ 和 $k<0$ 两种情况来研究一次函数的性质,这是分类讨论的数学思想,这节课我们将类比一次函数的研究内容和方法来研究二次函数。

师:我们上节课学习了二次函数定义,谁来回答?

生:一般地,形如 $y=ax^2+bx+c$(a,b,c 是常数, $a \neq 0$)的函数,叫做二次函数。

师:当 $b=0$, $c=0$ 时,我们就得到特殊的二次函数 $y=ax^2$,这节课我们来研究 a 对二次函数的影响。因为 $a \neq 0$,所以我们分 $a>0$ 和 $a<0$ 两种情况来研究二次函数 $y=ax^2$ 的性质,当 $a>0$ 时, a 取最简单、最特殊的值1,下面我们来研究二次函数 $y=x^2$ 的图象和性质。

【设计意图】明确函数 $y=x^2$ 形状、位置、特殊点、增减性是函数的基本研究内容,利用图象得出性质的数形结合方法,是本节课以及本章内容的基本研究方法。

(二)合作探究

探究1:二次函数 $y=x^2$ 的图象和性质

师:我们用描点法来画二次函数 $y=x^2$ 的图象,第一步——列表。

二次函数 $y=x^2$ 的自变量 x 的取值范围是什么?观察列表中 x 的取值有什么特点,与其对应的 y 值有什么特点?

x	…	-3	-2	-1	0	1	2	3	…
$y=x^2$	…	9	4	1	0	1	4	9	…

生: x 的取值范围是全体实数,自变量取值互为相反数,此时 y 的值相等。

师:画图象时,我们知道,自变量和相对应的函数值会成一个数对,在平面直角坐标系中就会确定一个点,那么自变量 x 互为相反数, y 的值相等的两个点有怎样的位置关系?

生:关于 y 轴对称。

师:由这样的点组成的函数图象会有什么特点呢?

生:图象也关于 y 轴对称。

师:观察列表中从左到右 x 值的变化有什么规律,对应的 y 值有什么变化规律,你们能得出什么结论?

生:x 的值从左到右逐渐增大,y 的值先是由大到小而后由小到大,以"0"为分界线。

师:x 和 y 的值有这样的特点,由它们确定的图象会有什么特点呢?

生1:由于 y 的值大于或等于0,说明在第三、第四象限没有图象。

生2:图象与 x 轴的交点是 $(0,0)$,是原点。

师:能不能像一次函数那样说 y 随 x 的增大而增大,或说 y 随 x 的增大而减小。

生1:不能,因为 y 先是减小而后就增大了。

生2:应该说在原点的左侧 y 随 x 的增大而减小;在原点的右侧 y 随 x 的增大而增大。

师:非常好,虽然这样说不十分准确,但我们能明白你的意思。大家分析得非常好,下面大家在学案给出的网格中画出图象,看看咱们的分析猜想是不是一样?

学生画图,教师巡视指导。

师:相邻两点间用什么线来连接? 怎样才能得出更为准确的函数图象?

生1:用直线连接。

生2:应该用平滑的曲线连接。

师:对,用平滑的曲线连接。怎样才能得出更为准确的函数图象?

生:取更多的点。可以在0和1之间再取点,在1和2之间再取点,可以再取更多的点。

师:嗯,这个办法好,我们用加密点的方法来得到更为精确的图象。我们再来用几何画板画出准确的图象,下面大家观察图象,结合刚刚的分析,仿照一次函数来概括一下二次函数 $y=x^2$ 图象的性质。

师:可以看出,二次函数 $y=x^2$ 的图象是一条曲线,它的形状类似于投篮时球在空中所经过的路线,只是这条曲线开口向上。这条曲线叫做抛物线 $y=x^2$。实际上,二次函数的图象都是抛物线,它们的开口或者向上或者向下。一般地,二次函数 $y=ax^2+bx+c$ 的图象叫做抛物线 $y=ax^2+bx+c$。

y 轴是抛物线 $y=x^2$ 的对称轴,抛物线 $y=x^2$ 与它的对称轴的交点 $(0,0)$ 叫做抛物线 $y=x^2$ 的顶点,它是抛物线 $y=x^2$ 的最低点。实际上,每条抛物线都有对称轴,抛物线与对称轴的交点叫做抛物线的顶点,顶点是抛物线的最低点或最高点。

从二次函数 $y=x^2$ 的图象可以看出:在对称轴的左侧,抛物线从左到右下降;在对称轴的右侧,抛物线从左到右上升,也就是说,当 $x<0$ 时,y 随 x 的增大而减小;当 $x>0$ 时,y 随 x 的增大而增大。

师:我们不但从形的角度观察得出 $y=x^2$ 的图象性质,而且从数的角度说明了它为什么有这样的性质。

【设计意图】通过自变量 x 的取值范围是全体实数,得出开口向上无限延伸的结论。通过"相邻两点间用什么线来连接,怎样才能得出更为准确的函数图象?"借助几何画板得出 $y=x^2$ 的图象是曲线,进而给 $y=x^2$ 的图象下定义,得出抛物线的概念。从数到形,由横坐标互为相反数,纵坐标相等,得出点关于 y 轴对称,进而得出 $y=x^2$ 的图象的轴对称性,以及 $y\geqslant0$,得出顶点是最低点的结论。对称轴左侧从左到右图象下降,则 y 随着 x 的增大而减小,在对称轴的右侧从左到右图象上升,则 y 随着 x 的增大而增大。从而得到 $y=x^2$ 的图象的增减性。

探究2:二次函数 $y=ax^2(a>0)$ 的图象和性质

师:在同一直角坐标系中,画出函数 $y=\dfrac{1}{2}x^2$,$y=2x^2$ 的图象。

思考:1. 函数 $y=\dfrac{1}{2}x^2$,$y=2x^2$ 的图象与函数 $y=x^2$ 的图象相比,有哪些相同点?有哪些不同点? 2. 当 $a>0$ 时,二次函数 $y=ax^2$ 的图象有什么特点?

教师用几何画板演示,当 a 取不同值时,图象的开口的大小随着 a 的变化而变化,a 越大,开口越小。

归纳:二次函数 $y=ax^2(a>0)$ 的图象和性质。

一般地,当 $a>0$ 时,抛物线 $y=ax^2$ 的开口向上,对称轴是 y 轴,顶点是原点,顶点是抛物线的最低点,a 越大,抛物线的开口越小。

【设计意图】教师用几何画板演示抛物线的开口随 a 的增大而减小,突破了难点,体现从特殊到一般的研究规律,以及严谨的治学态度。

探究3:二次函数 $y=ax^2(a<0)$ 的图象和性质

师:在同一直角坐标系中,画出函数 $y=-2x^2$,$y=-x^2$,$y=-\dfrac{1}{2}x^2$ 的图象。观察

函数的图象,思考这些抛物线有什么共同点和不同点? 类比 $a>0$ 的情况,研究当 $a<0$ 时,二次函数 $y=ax^2$ 的图象有什么特点?

归纳:二次函数 $y=ax^2(a<0)$ 的图象和性质。

一般地,当 $a<0$ 时,抛物线 $y=ax^2$ 的开口向下,对称轴是 y 轴,顶点是原点,顶点是抛物线的最高点,a 越小,抛物线的开口越小。

归纳总结:二次函数 $y=ax^2$ 的图象和性质。

一般地,抛物线 $y=ax^2$ 的对称轴是 y 轴,顶点是原点。当 $a>0$ 时,抛物线的开口向上,顶点是抛物线的最低点,当 $x<0$ 时,y 随 x 的增大而减小,当 $x>0$ 时,y 随 x 的增大而增大;当 $a<0$ 时,抛物线的开口向下,顶点是抛物线的最高点,当 $x<0$ 时,y 随 x 的增大而增大,当 $x>0$ 时,y 随 x 的增大而减小。对于抛物线 $y=ax^2$,$|a|$ 越大,抛物线的开口越小。

(三)总结提升

师:这节课我们运用数形结合、分类讨论的方法研究了特殊的二次函数 $y=ax^2$,我们选择恰当的方法,积极地进行实践探究,自主获得新知识,这就是学习,也是创造,希望大家能养成学习的好习惯,创造自己美好的未来!

三、问题解析

以往上这节课时,通常是利用学案和多媒体教学手段,利用几何画板,画出二次函数 $y=ax^2$ 的图象,让学生结合图形,观察分析得出二次函数的有关性质,教师也曾这样做过,学生当堂确实可以记住二次函数的性质,但一段时间就忘了,分析原因是,通过画图得到的性质,解决了“是这样”的问题,但为什么是这样呢? 学生并没有思考,没有思考的记忆是临时性记忆,所以本节课的教学按照“观察思考、画图验证、讨论总结”的程序进行。探索二次函数 $y=x^2$ 性质是从观察分析列表开始的,思考自变量 x 的取值范围,根据解析式分析 y 的取值范围,再根据 x、y 的范围确定图象的位置在第一、第三象限,同时确定原点 $(0,0)$ 是图象的最低点。根据自变量互为相反数函数值相等的特点分析得出图象的对称性,x 的值逐渐增大,而 y

值先逐渐减小而后逐渐增大,以 0 为分界点,初步感知二次函数 $y=x^2$ 的增减性。分析完这些之后让学生画图象,这时候学生画图象是有目的地去做,有思考地去做,会判断做得对不对,最后教师利用几何画板给出准确的图象。学生经历思考、观察、猜测、实践、交流、讨论、练习,充分调动了多种感官,多角度、多方位地感知二次函数 $y=x^2$ 的性质,这时候学生真正知其然也知其所以然,接下来探求二次函数 $y=ax^2$ 的性质就水到渠成了。事实证明,这节课下来,学生真正理解掌握了二次函数 $y=ax^2$ 的性质。学生对学习过程的经历和体验也是学习目的之一,这样得到的结论学生才会长久记忆。

四、建构体系

本节课之前,学生已有学习一次函数的经历,这为这节课的学习打下很好的基础,所以可以类比一次函数的研究方法和研究内容来学习二次函数 $y=ax^2$ 的性质,即形状(抛物线)、分布(开口方向、对称轴、顶点)、增减性三个方面,学习方法是数形结合、分类讨论($a>0,a<0$)、从特殊到一般(从 $a=1$ 到其他值),学好本节课是继续学习其他几类二次函数的基础。

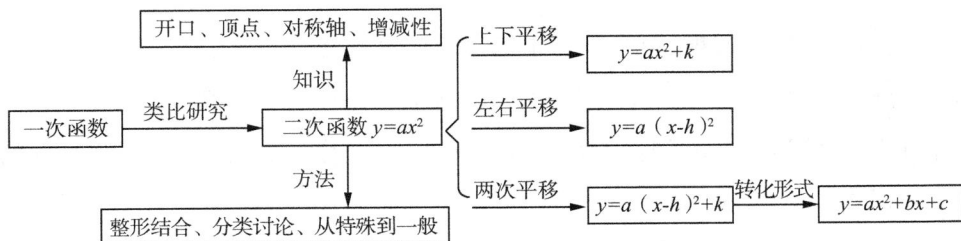

图 2-12

五、素养落实

数学为人们提供了认识现实世界的观察方法。本节课通过对列表的观察,从中发现数量关系,进而为画图指明了方向,又通过数形结合的方法抽象出二次函数

$y=ax^2$ 的性质,使学生明白数学现象的背后一定有其存在的数学原理。通过感受数学的价值,学生形成对数学的好奇心与想象力,主动参与数学探究活动,发展创新意识。通过对函数关系式及函数图象的观察,学生能够直观理解所学的数学知识及其规律,在数学探究过程中,逐渐形成从数学角度观察现实世界的意识和习惯。

图形与几何

探究结构化教学中的概念课

——"线段、射线、直线"课例分析

一、研究背景

《义务教育数学课程标准(2022 年版)》将落实立德树人作为根本任务,以核心素养发展为导向,对教学也提出了新要求新挑战。在教学中要重视对教学内容的整体分析,帮助学生建立能体现数学学科本质、对未来学习有支撑意义的结构化的数学知识体系。

学习的本质是通过学习活动将已有经验和信息连接起来,构建成知识体系,用自己的方式复现在头脑中,并以此为基础来解决问题。但目前的教学设计大多只关注知识点的教学,很少关注知识间的联系和发展,反映在学生的头脑中是表面的、不连续的教学信息,学生很难理解学科中关键的信息和核心内容发展的过程,更无法实现迁移应用。所以教师要更新观念、创新教学方式。教师应该怎样做才能帮助学生有效地自主构建知识体系呢?普遍共识是教师要基于真实情境,以探究活动为载体,提出有深度有价值的问题,激发学生深入思考、积极实践,深刻了解

数学知识的产生与来源、结构与关联、价值与意义,强化对数学本质的理解,教育学生从数学概念、原理及法则之间的联系出发,自主构建有意义的知识结构,进一步形成系统化、结构化的思维。

本部分是最为基础的平面几何图形,是以后研究复杂几何图形的基础。本节课的主要内容是线段、射线、直线的概念,表示方法以及直线的基本性质,力求呈现有关的概念背景。数学概念是学习数学知识和培养数学思维能力的前提,是构建数学框架的基础。但由于其抽象性,概念课被认为是教学中比较难实施的一种课型。因此,本节课对于学生今后整个几何学习有着重要的奠基作用。

学生在小学阶段,经历了对几何图形认识的视觉期,结合生活中的实例,对线段、射线、直线已经有了直观的认识,四年级的教材也对这三种图形,从端点和可度量性两个角度进行了一致的表达,但是,学生对它们的概念及相关性质还没有系统、深刻、抽象化的理解。七年级学生进入到对几何图形的分析期,需要在原有的认知能力基础上,对数学思考能力、抽象思维能力以及应用数学语言进行表达和交流的能力进一步提升和发展。

整节课的设计思路是:首先让学生通过对生活中数学现象的观察,抽象出这些基本的几何元素;再从数学角度介绍线段概念,通过延长引出射线、直线;用数学语言表示线段、射线和直线;然后对性质、应用性质加深理解;最后内化新知,构建知识结构。

二、教学实录

(一)创设情境,引入新课

师:请同学们想一想,生活中经常见到的电线、广场的灯光、笔直的公路、铁轨、竖琴和立交桥都是什么图形呢?

生1:一段电线可以看作线段,灯光可以看作射线,公路可以看作直线。

生2:立交桥有直线,还有曲线。

生3:竖琴琴弦是直线,边缘是曲线。

生4:铁轨可看作直线。

师:竖琴的琴弦是直线吗?

生:线段!

师:好的,我们这节课就研究基本图形——线段、射线和直线。和曲线有关的图形,我们以后会系统地学习。你们是怎样理解线段、射线和直线的?说说它们的特征?

生1:线段有两个端点,中间连成一条线就是线段。

生2:我有补充,两点之间能连很多线,还有曲线呢,最短的那条是线段。

生3:射线有一个端点,直线两边都没有端点。

生4:直线向两个方向无限延伸,射线向一个方向无限延伸。

师:同学们回答得真好!你们小学知识理解得很透彻,学得很扎实。那它们有长度吗?可以度量吗?

生:线段有长度,可以度量;射线和直线无限长,不能度量。

【设计意图】通过生活中常见的事物引入话题,激发学生兴趣。再通过问题引导学生从实物中抽象出数学中的"线",确定本节课的研究对象,并区分出曲线图形,为以后学习做铺垫。进一步强化学生对线段、射线、直线原有的感性和理性认识。

(二)动手操作,探索新知

活动一 形成定义

要求:先画一条线段,把它变成一条射线,再变成一条直线。说说你是怎么得到的?

先独立完成,然后组内交流,班级展示。

生:我将线段去掉一个端点,就得到了射线(如图2-13)。

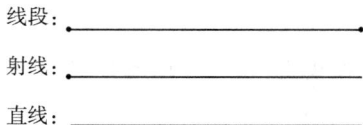

线段:

射线:

直线:

图 2-13

师:能给大家解释一下吗?

生:就是这个方向没有限制,可以无限延伸。

师:那能不能借助线段来描述一下射线呢?

生:将线段向一个方向无限延伸就得到了射线,保留了一个端点。

师:非常好!谁还能说说怎样得到直线吗?

生:将线段向两个方向无限延伸就得到了直线,没有端点。

师:同学们,我们教材里就是这样对它们进行定义的。(教师在白板出示定义)

定义:一根拉紧的线,绷紧的弦,都可以看作线段。线段有两个端点。

把线段向一端无限延伸,就得到一条射线。射线只有一个端点。

把线段向两端无限延伸,就得到一条直线。直线没有端点。

【设计意图】让学生画出线段、射线和直线,加强对三种图形统一表达的感性认识。对于表述当中的困难,教师引导学生借助线段从端点和延伸两个角度来描述射线与直线,促进学生对概念的抽象化。

活动二 线段、射线、直线的表示方法

师:怎么用符号表示这三组图形呢?(如图2-14)

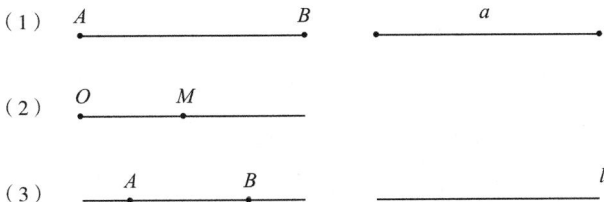

(1) A ———————— B •———————— a

(2) O ———— M ————

(3) ———— A ———— B ———— ———————— l

图2-14

生:第一组分别是线段 AB,线段 a;第二组是射线 OM;第三组是直线 AB,直线 l。

师:回答正确,老师补充一点:第一组图中的线段还可以表示为线段 BA。

生:那第二组射线也可以表示为 MO;第三组直线也可以表示为 BA。

师:大家还有什么补充吗?

生:射线上点 O 是端点,点 M 不是端点,像光线一样,点 O 是出发点,我认为不能表示为射线 MO。

师：说得太好了，掌声鼓励一下吧。大家注意到字母的大写小写了吗？有什么规律？

生1：我们学点的时候就知道，用一个大写字母表示点。

生2：用一个小写字母可以表示线段或直线。

生3：射线没有用小写字母表示。

师：同学们观察得非常细致，现在每个人根据下图（如图2-15），总结一遍说给同桌听吧。

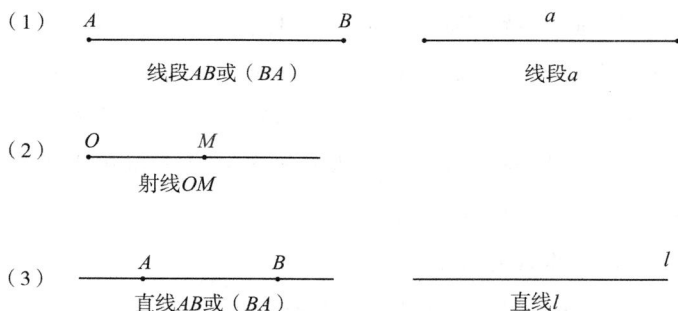

（1）
$$A \quad\quad\quad\quad B$$
线段 AB 或（BA）　　　　　　　　线段 a

（2）
$$O \quad\quad M$$
射线 OM

（3）
$$A \quad\quad B$$
直线 AB 或（BA）　　　　　　　　直线 l

图 2-15

【设计意图】师生交流中的问题碰撞是预设中所期望的，学生可以在辨析过程中从数学角度加深对线段、射线和直线概念的理解，规范数学表示的方法。通过同桌互动，学生可以对表示方法再次梳理总结，加深理解并准确掌握。

活动三　线段、射线、直线的区别与联系

师：通过刚才的探究，我们对这三种图形已经有了基本认识，它们之间的区别与联系是什么，请大家试着归纳在这个表格中吧。

概念	图形	表示方法	向几个方向延伸	端点数	可否度量
线段					
射线					
直线					

【设计意图】通过对线段、射线、直线区别与联系的对比,完善对三种图形的概念、图形特征、数学表示的认识,构建知识框架,并加深对它们本质的理解。

活动四　探索直线性质

要求:动手操作独立完成三个问题,然后组内交流,班级展示。

(1)经过一点 O 可以画几条直线?

(2)经过两点 A、B 可以画几条直线?

(3)如果你想将一根小木条固定在木板上,至少需要钉几个钉子?

第1组:我们组画图后观点一致:认为过一点 O 可以画无数条直线。

第2组、第3组:我们组也意见统一,经过 A、B 两点,只能画出一条直线。

师:对于问题(3)老师可以给大家演示(在黑板上用磁铁扣夹住一个纸条),所以我认为钉一个钉子就能固定住木条。

第4组:老师,即使看起来木条是固定的,但还是可以转圈推动的,不能算固定(黑板前旋转演示)。

第5组:我们同意第4组的观点,需要两个钉子才行(在黑板上再加一个磁铁扣)。

第6组:把钉子看作点,过两个点只能画一条直线,所以需要两个点才能固定木条的方向,钉一个钉子木条可以朝向任何一个方向。

师:大家是对的(老师用课件正确演示),在大家的交流中,我们发现了直线的一个性质:经过两点有且只有一条直线。简述为:两点确定一条直线。

【设计意图】通过画图、实际操作和教师的错误演示,让学生经历猜想、质疑、验证过程,最后由课件演示说明,让学生理解"两点确定一条直线"的基本事实。在活动和实践中获得结论,会让学生对知识的产生具有深刻体验,同时感受几何事实与生活的紧密联系,体会其具有的数学价值。

(三)归纳梳理,总结提升

师:同学们在本节课有哪些收获?

生1:知道了线段、射线、直线的概念。

生2:还有它们的表示、区别与联系。

生3:还有两点确定一条直线的性质。

师:请大家自己梳理一下本节课的知识结构,下节课我们继续研究与度量有关的问题(如图 2-16)。

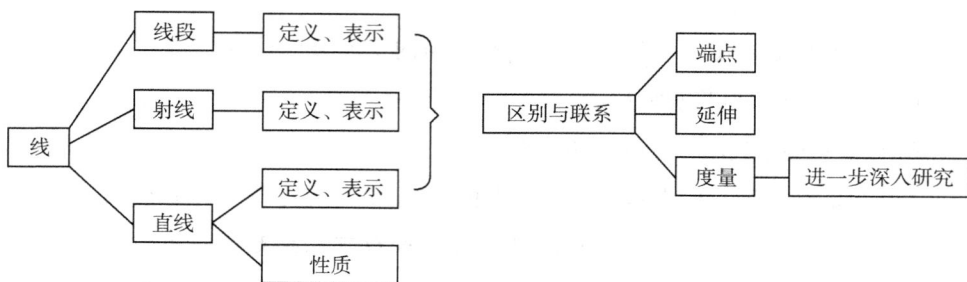

图 2-16

(四)学以致用,拓展提升

1. 判断下列语句是否正确,并把错误的语句改正过来。

(1)一条直线可以表示为"直线 A";

(2)一条直线可以表示为"直线 ab";

(3)一条直线可以记为"直线 AB"又可以记为"直线 BA",还可以记为"直线 m";

(4)射线 OA 和射线 AO 是同一条射线;

(5)线段 AB 和线段 BA 是同一条线段。

2. 如图 2-17,找出以下各图中共有几处错误?

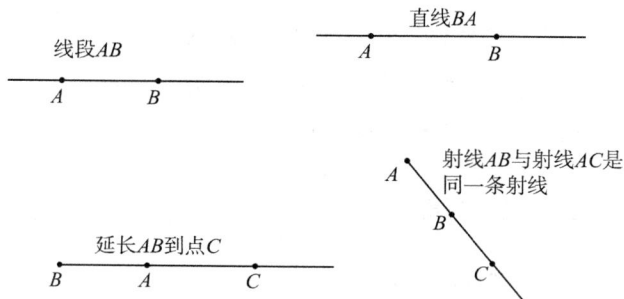

图 2-17

3. 作图题:如图 2-18,已知平面上四点 A、B、C、D。

(1)画直线 AB;

(2)画射线 AD;

(3)直线 AB 与线段 CD 的延长线相交于点 E;

(4)连接 AC,BD 相交于点 F。

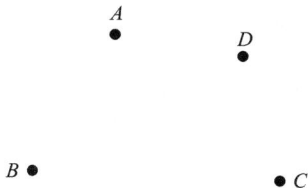

图 2-18

图中经过点 A 的直线有 _____ 条,它(们)是 _____;以点 A 为端点的射线有 _____ 条,它(们)是 _____;以点 F 为端点的线段有 _____ 条,它(们)是 _____。

4. 第一组有 4 位同学,每两人握一次手,一共握几次手?

【设计意图】练习设计了四道习题,重点考查线段、射线、直线的概念、表示及它们之间的联系和区别。第(4)题从数的角度提问,学生可以从形的角度,应用两点确定一条直线的性质来解决。练习是对概念进行强化,加深理解的有效办法。不是简单的重复性训练,以练习作为学生新的思维创造的起点,以题目方式的多样性吸引学生的注意力,使学生面对挑战充满兴趣与信心。

三、问题解析

概念的教学就要从学生可见的真实经验入手,找到学生真实的学习起点,基于已有的经验和数学知识之间的一致性,引导学生进行数学抽象概括。所以本节课的引入环节为学生日常生活中熟悉的事物,让学生从现实情境中,找到熟悉的图形,引出本节课的研究对象。本节课是图形与几何知识的起点,因此本节课还有个重要的任务就是初步构建知识体系,让学生感受到本节课是图形与几何知识连接的起点,所以特别提到了带有曲线的事物,让学生知道本节课研究的线的形象是直的,以后还会研究与曲线有关的图形。

怎样让学生在现实感知的基础上抽象出概念呢,第二环节在初次备课中直接给出概念,但是学生对于提及式教学法收效甚微,无法深刻理解所学内容。在后面三种图形的区别与联系的探究中概括不全面,于是改变环节之后让学生画一画三种图形。由于线段可度量,在生活中有大量的实例可以帮助学生感受和理解,射线和直线就相对困难,所以设计从画线段为起点,将其改画成射线、直线,从端点、延伸两个角度诠释射线和直线,抽象出概念。在画图形的操作中能更充分地运用学生已有的学习经验,教学效果更突出。

四、建构体系

作为本章起始的概念课,要避免零碎的、孤立的几何知识点的讲授。构建知识体系的起点相对较难,所以重点在于充分研究学情,找准知识、能力、学习经验的结合点,通过对教材的深入理解和系统化地研究,教师创造性地设计核心问题,引导学生自主抽象和研究几何图形,形成学习和研究路径,构建知识体系。就本学段的基本平面图形知识构建如下框架。

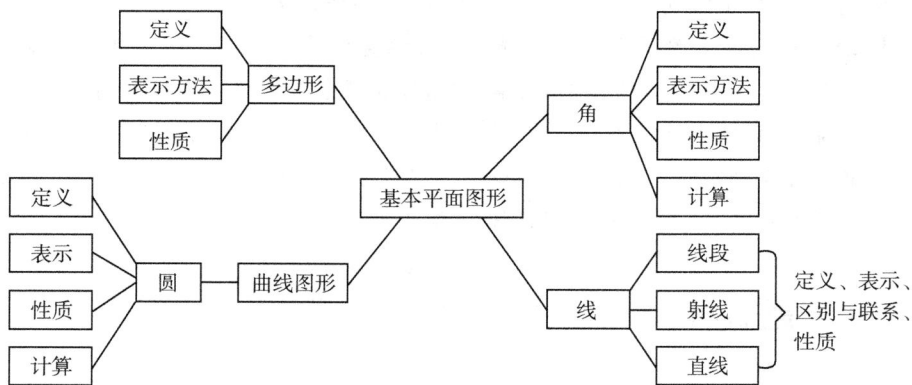

图 2-19

五、素养落实

本节课力求以学生的体验取代教师的示范演示,重点训练学生的动手操作能力和规范的数学语言表达、交流的能力。帮助学生初步理解几何研究方法,培养学生从感性到理性、从具体到抽象的思维能力。也就是要把教学从知识本位转向素养本位，教师要努力寻求把知识传授转化为素养培育的方法和原理，并根据核心素养形成的规律开展教学活动，使核心素养真正落地。

以情境促进学习真实地发生

——"比较线段的长短"课例分析

一、研究背景

数学课程不仅要考虑数学自身的特点，更应遵循学生学习数学的心理规律，强调从学生已有的生活经验出发，这提示教师在课堂教学中要重视问题情境的创设。让学生在解决真实问题的过程中，形成数学知识体系，提升数学基本素养。

有情境的课堂无疑是生动活泼的，但是只追求形式，淡化内容的情境，对于数学课堂教学是低效或无效的，这种情况也屡见不鲜。具体情境作为服务教学目标的手段，一定要紧紧围绕目标要求，恰当设置问题，有效衔接教学任务。教师应该怎样创设情境？笔者就"比较线段的长短"进行课例研究。

本节课的教学内容是北师大版《义务教育教科书数学七年级上册》第四章第二节的内容，它是本册教学几何初步知识的第二节课。在前面学生已经了解了一些立体的、平面的几何图形，在上一节课也学习了"线段、射线、直线"，了解了线段的描述性定义和表示方法。本节课要在学生直观学习图形知识的基础上，进一步发展学生空间观念，通过线段的性质、两点之间的距离、比较线段的长短、线段的中点等知识的教学，强化学生对图形的认识。

二、教学实录

（一）情境导入

用课件展示出第五届黑龙江省旅游产业发展大会吉祥物油油和萌萌的图片

（如图2-20），提出问题：

"萌萌"猛宝宝　　"油油"油宝宝

图 2-20

师：哪一个吉祥物高？

生：萌萌高。

师：将身高转换成线段，我们如何比较它们的长短呢？能看出来是吗？这节课我们看看怎样更可靠地比较线段的长短。

【设计意图】利用油油和萌萌的"明星"效应，把现实生活中的问题转化为数学活动的几何图形，让学生体会到"快乐数学"，由问题引出本节课的问题——比较线段的长短。

（二）讲解新课

1. 线段的基本性质

（1）创设情境，引出公理

情境1：如图2-21，某同学带小狗在草地上玩扔球游戏，将玩具球从 A 处扔到 B 处，如果小狗一直以相同的速度奔跑，沿哪一条路跑向 B 处最快？为什么？

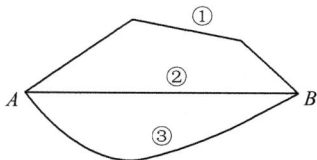

图 2-21

生:沿着第②条路奔向 B 处最快。因为第②条路是直的、距离最短。

情境2:我们总能发现有少数人不走人行道而横穿草坪,这是为什么呢?

生:因为走草坪不绕路,直接穿过去的路程最短。

师:两种情境所揭示的原理是一样的,都说明了这样一个公理:两点之间的所有连线中,线段最短,我们把这个公理叫做线段公理。

师:情境2中,少数人的做法对吗? 为什么?

生:不对,因为他们破坏了草坪。

师:我们在运用科学知识为人类服务的时候,必须遵纪守法,遵守社会公德,爱护花草树木,保护环境。

师:两点之间线段的长度,叫做这两点之间的距离。在情境1中,道路②的长度就是 A、B 两点之间的距离。

【设计意图】以人们在生活中每天都必须经历的活动——"走路"为背景,得到"两点之间,线段最短"这一事实,学生很容易理解,在此基础上介绍两点之间的距离就水到渠成了。

师:根据所学知识,你们能解决下面问题吗?

如图2-22,这是 A、B 两地之间的公路,在公路工程改造计划时,为使 A、B 两地行程最短,应如何设计线路? 在图中画出。你的理由是什么?

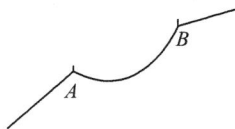

图2-22

生:A、B 两点间所连的线段最短。

【设计意图】通过应用,让学生认识到学有所用,从而产生学习数学的成就感。

2.比较线段的长短

(1)合作学习,探究问题

情境3:画出三幅图,如图2-23所示。

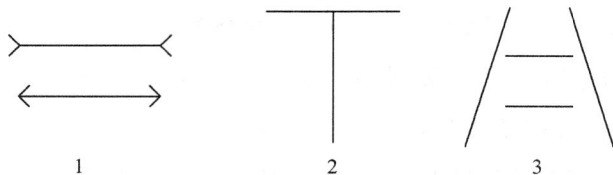

图2-23

师:第一幅图哪条线段长? 第二幅图和第三幅图呢?

师:视觉可靠吗? 怎样获得准确的答案?

生:用直尺测量具体长度,再比较。

情境4:每组列举一个比较线段的实例,学生以小组形式进行交流与展示。

小组1:我们组把甲、乙两位同学的身高当作线段。没有那么长的尺,背靠背比较的。

师:你们的例子相当于把两条线段叠合在一起,以脚跟为线段重合的端点,这种方法就叫做叠合法。

小组2:我们组把英语书和文具盒的侧棱当作线段进行了比较。甲同学的文具盒比英语书侧棱短很多,直接可以目测,乙同学的文具盒与英语书侧棱差不多长,我们用的叠合法。

师:你们用了两种方法测了两次,真好。

小组3:我们组把两个人眼镜的宽度当成线段做了比较。用直尺分别量了长度,再比大小。

师:这个例子太有趣了。看看谁的脸更瘦一点儿。通过刚才的分组讨论,谁能归纳一下比较两条线段长短的方法?

生:共有三种方法:

1. 观察法,如果两条线段的长短相差很大,就可以直接观察进行比较。

2. 度量法,可用刻度尺量出长度再比较。

3. 叠合法,把一条线段移到另一条线段上去,再比较。

师:说一说用叠合法比较线段的长短时,应注意什么?

生:两条线段的一个端点要重合。

教师用多媒体课件演示:

A(C) ———— B(D)	A(C) ———— B ——— D	A(C) ———— D — B
线段 AB 等于线段 CD,	线段 AB 小于线段 CD	线段 AB 大于线段 CD
记作 $AB=CD$	记作 $AB<CD$	记作 $AB>CD$

【设计意图】利用生活中可以感知的情境,极大地激发学生的学习兴趣,使学生感受生活中所蕴含的数学道理。让学生感受从实际问题中抽象出所要比较的线段大小的过程。鼓励学生通过观察实例,后动手测量得出数据,加强理解度量法、叠合法。

(2)动手操作,解决问题

师:用叠合法比较线段长短时,可以借助一些工具,比如圆规和直尺。

已知线段 AB,用直尺和圆规画一条线段,使它等于已知线段 AB。

先让学生自己尝试画(此处是学生首次用圆规作图,教师要对学生加以指导),然后教师示范画图并叙述方法,让学生模仿画图。

画法总结:1. 画出射线;2. 度量已知线段;3. 移到射线上。

【设计意图】让学生在动手操作中真正地用直尺、圆规作图,并使用语言口头表述作图方法,培养作图痕迹意识,即让别人看清楚作图方法。让学生对"作一条线段等于已知线段"充分感受和体会,强调作图的正确顺序,但不提出过高要求,保持学生的兴趣,有利于学生后期进一步学习尺规作图。这样做不但符合学生的年龄特点和认知特点,而且会使学生对知识的产生过程体验深刻、理解深刻。用尺规"作一条线段等于已知线段",其实就是"叠合法"的具体运用。

情境5:老师有一根端午节的五彩线,你用什么方法能得到它的中点?

生:可以用刻度尺得到一条线段的中点,也可以用对折法得到一条线段的中点(如图 2-24)。

A ————————————— C ————————————— B

图 2-24

用几何语言表示:

∵ 点 C 是线段 AB 的中点,

∴ $AC = BC = \dfrac{1}{2}AB$（或 $AB = 2AC = 2BC$）。

【设计意图】讲解中点概念,为今后几何的计算、作图和三角形等知识的学习提供方法和依据。

（三）课堂小结

1. 本节课你学到了哪些知识?

（1）线段的基本性质:两点之间线段最短。

两点之间的距离:两点之间线段的长度。

（2）尺规作图:作一条线段等于已知线段。

（3）线段的中点的定义及表示方法。

2. 本节课你学会了哪些方法?

线段的两种比较方法:叠合法和度量法。

学习中关注数与形的有效结合。

【设计意图】注重数学思想方法、技巧等方面的总结。

（四）应用提升

1. 如图 2-25, $AD = AB -$ _____ $= AC +$ _____ 。

$$\begin{array}{ccccc} A & C & & D & B \end{array}$$

图 2-25

2. 已知 $AB = 6$ cm,点 C 是 AB 的中点,则 $AC =$ _____ cm。

3. 某饭店在装修时准备在大厅的主楼梯上铺一种红色地毯,其侧面如图 2-26,这种地毯每平方米售价 60 元,主楼梯宽为 2 米,那么买地毯至少需要多少元?

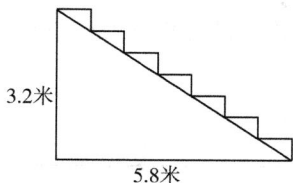

3.2米

5.8米

图 2-26

三、问题解析

本节课注重问题情境的设计,引课用了两个吉祥物比较身高的具体情境来引发问题,切入主题。学生可以将具体实物抽象为简单的几何图形线段,既注重平面几何的起步,又立足于生活经验。

情境1具有四个基本特征:真实性、驱动性、有效性、实践性。此环节设计依据学习情境的驱动性,力图更贴近学生的生活和兴趣,激发学生内在学习动机,包括情境2(横穿草坪),其中都包含需要解决的问题,就是让学生通过直观感受得出"两点之间,线段最短"这一事实。在此基础上介绍两点之间的距离就是水到渠成的事了。

情境3通过视觉的误差,引发学生内在的"认知冲突",激发学生要进一步确定线段长短的兴趣,也体现了比较线段长短的必要性。

情境4让学生合作交流设计情境进行线段的比较,这是学习情境类型划分当中的开放式情境。给学生言语实践活动以充分的自主选择空间,自然生成了丰富的比较线段长短的情境和多种方法。情境4同时也属于合作式情境,有利于学生在合作中形成学习共同体,共享目标、情境、资源,从而归纳出本节课的难点:比较线段长短的方法。

尺规作图体会叠合法,属于学习情境类型划分中的真实情境、封闭式情境,聚焦于作图的方法,有工具条件的限定,遵循相对固定的路径进行操作实践和探索,使得学习真实地发生。

比较大小除了有不等的结果还会有相等的情况。在此引出中点含义及其表示方式,为今后几何的计算、作图和三角形等知识的学习提供方法和依据。情境5将端午节的五彩线抽象为线段,为找到线段中点创设了情境。如果脱离此情境只是找线段的中点,学生唯一能想到的是度量法,对折五彩线相当于应用叠合法,得到了两条等长线段,拓宽了思维。

四、建构体系

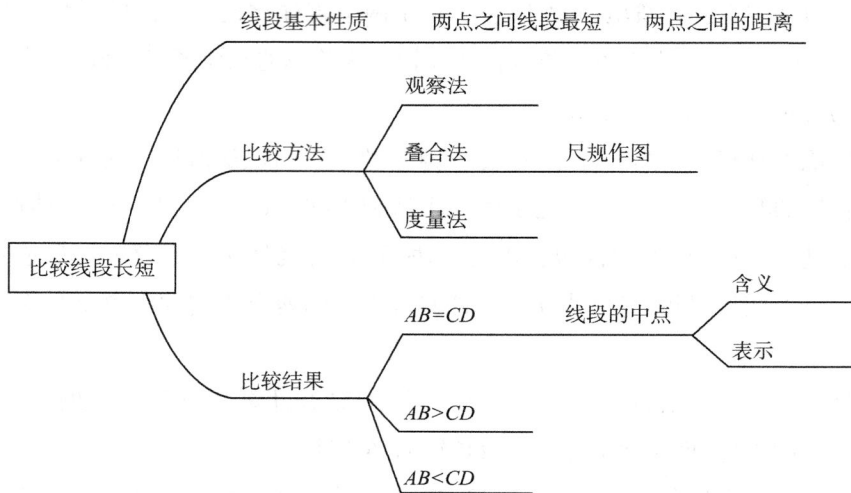

图 2-27

五、素养落实

　　有效的情境设计是真实而有意义的,更是有教学价值的,贴近学生生活的同时又符合学生的认知水平和学习经验,蕴含着即将探究的新问题,引导学生快乐地投入学习活动中,保证学生在课堂中高度参与和深度思考。有效的情境教学围绕教学目标,设计具有挑战性和趣味性的情境任务,使学生可以自主和创造性地完成。提高学生在复杂情境下解决问题的能力,这正是培育核心素养的重点。因此,教师要重视发挥情境设计对学生参与学习活动的积极作用,使学生在学习活动中真正发展核心素养。

关注新旧知识的联结，实现知识的螺旋式上升

——"角"课例研究

一、研究背景

数学是一门系统性很强的学科，它的前一个知识点往往是后一个知识点的基础，而后一个知识点又是前一个知识点的延伸和发展，环环相扣，紧密联系。教师在钻研教材时，既要从全面出发，注意数学知识的系统性，又要注意数学知识的阶段性，特别要注意联系各部分知识，把重点放在新旧知识的联结点和新知识的生长点上，精心创设教学的情境。

几何概念是学生学习其他几何知识的基础，在教学中有着重要的地位。角是中学几何概念学习中的重要概念。在学习本节课之前，学生在小学对角的概念、角的表示、角的度量就已经有了粗浅的认识，但并未从理性推理的角度再认识角。后续学生学习的重点则是理解角的动态、静态概念，从理性角度给几何图形下定义。

本节课通过类比线段的研究思路构建出角的研究路径，从角的定义、表示方法、度量及画法等方面展开对角的研究。学生借助直观图形，通过动手操作、观察、比较、分析图形，经历了概念的探究过程，逐渐从两个角度建立角的概念，对角的理解逐步加深。教师要培养学生运用数学的眼光看待问题，用数学的语言精准地描述问题，用数学抽象的思维方式思考并解决问题的能力。

二、教学实录

师：同学们和老师一起观看一段有关建筑的视频，从数学的角度你们看到了什么？

生：这些精美的建筑，都是由几何图形组成的。

师：没错，在现实生活中，多姿多彩的几何图形丰富了我们的生活空间，那么为了更好地了解它们，我们往往从简单的几何图形开始研究。前面我们已经学习了线段、射线、直线。今天我们来学习一个在小学时就认识的几何图形——角。你们想从哪些方面研究呢？

生1：我想研究它的计算。

生2：我想研究它的表示方法。

师：那么大家是怎么想到要研究这些内容的呢？

生：在线段的学习中，我们就研究了这些。

师：那我们一起来回忆一下，我们还学习了关于线段的哪些知识？

生：线段的定义、表示方法、度量、比较大小以及和差运算。

师：那么关于角，我们是不是也可以按照这样的思路研究？

【设计意图】注重让学生体会类比的思想方法，用类比的方法研究几何图形，为课堂教学的进一步开展打下基础。

师：同学们自己来画几组图形，有锐角，直角，钝角，它们有什么共同的特征？请同学们描述角的定义。

师生活动：学生独立思考后组内交流。

【设计意图】给角下定义是学生以往没有参与过的数学活动，有一定的困难。通过分层的形式，针对元素和元素之间的位置关系设置了两个小的问题，降低难度让每一个学生都能有研究的方向。引导学生观察，找几何图形的共同特征，培养学生的归纳概括能力，同时培养合作意识。

师生活动：教师运用多媒体设备展示学生汇报成果。

生1：两条射线组成的图形叫做角。

生2：两条相交的射线组成的图形叫做角。

生3：一个点引出的两条射线组成的图形叫做角。

生4：端点重合的两条射线组成的图形叫做角。

师：大家同意他们的观点吗？不同意的可以阐述理由。

师生活动：学生思考后回答问题，两个同学的错误，学生用画反例的方式解答。

师：同学们再思考一下，为什么后面两个同学的描述都可以？

生：因为他们都说清楚了组成角的两条射线和两条射线的位置关系。

师：后面这两种说法都是正确的，一个点引出的两条射线组成的图形叫做角，是小学时对角的形象直观的认识，初中我们又理性地从角的组成元素有两条射线，以及它们的位置关系重新定义了角，这里我们把端点重合说成有公共端点，这里的两条射线是组成角的元素，公共端点说明了元素的位置关系。像这样，很多基本概念的组成就是说清了基本元素和元素的位置关系。

【设计意图】将学生的活动经验展示出来，分别展示元素位置表述不清、元素位置表述错误、小学时直观形象地表述、说清元素及元素的位置关系的几种常见结论，使学生在辨析中逐步理解角的概念并明确使用简洁、准确的数学语言表达角的定义。让学生参与到知识的产生与发展过程中，自然而然地描述角的静态变化，从而突破重点。

师：巩固训练，下列图形是角吗？请说明你的理由（如图2-28）。

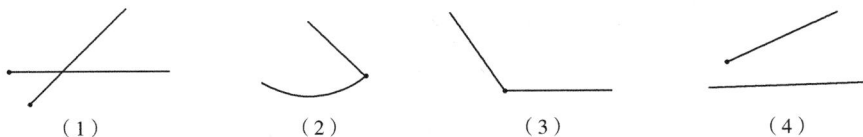

（1）　　　　　　（2）　　　　　　（3）　　　　　　（4）

图2-28

师生活动：学生回答，并说明错误的原因。

师：那么角还有其他的描述方法吗？请大家来看角的运动的视频，你们看到角了吗？那么我们可以从运动的角度来描述角吗？

师生活动：学生独立思考后组内交流。教师走到学生小组中参与讨论，展示生生互动、生生交流、师生交流活动成果。

生1：角可以看作由一条射线旋转而形成的图形。

生2：角是由一条射线绕着端点旋转而形成的图形。

此时，有学生发现没有说明是谁的端点而产生了歧义，在此表扬发现问题的同学的严谨，并强调定义既要简洁，更要准确严谨。

师：这样我们就得到了角的定义，完善笔记：由一条射线绕着它的端点旋转而形成的图形，那这里我们规定这条射线的初始位置叫做始边，终止位置叫做终边。现在老师借助几何画板，让大家感受一下射线运动所形成的角，大家看，在旋转的过程中,我们可以得到任意大小的角。当始边与终边垂直时,出现了什么?

生:是直角。

师:那我继续运动,终边与始边成一条直线时,那么形成的这个角称为平角。大家再看老师继续运动。当始边和终边重合了,那么形成的就是一个周角。你会发现,随着射线的运动,特殊的位置可以形成特殊的角。那么在这里大家要注意,初中阶段我们只研究小于平角的角。

【设计意图】几何画板动态演示,先由特殊的 90° 角引入动态角,再让学生思考可以产生哪些认识的角,再到一般度数的角,这样从特殊到一般的变化过程,清晰地展现角的形成过程,便于学生理解,能加深对动态定义的理解。

师:那么同学们再来看黑板,现在黑板上出现了两个角(如图 2-29),那么为了加以区分,我们要给它们起名字。这是在研究角的哪一个方面呢?

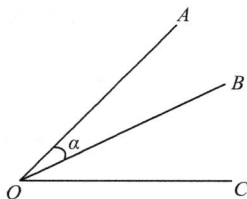

图 2-29

生:研究的是角的表示方法。

师:我们今天再来介绍另外几种表示角的方法。请同学们跟老师一起写出来。我们也可以用希腊字母来表示这个角,我们需要加一条弧线,标记希腊字母,这个角可以记作 $\angle\alpha$,常见的希腊字母还有 β,我们可以用三个大写字母来表示这个角,这个角可以记作 $\angle AOB$,我们也可以把这个角记作 $\angle BOA$,但是顶点的字母必须放在三个字母中间。当顶点处只有一个角时可用顶点的一个字母来表示这个角,我们也可以简单记作 $\angle O$。请同学们看图,观察图中的 $\angle\alpha$ 可以记作角 O 吗?为什么?$\angle\alpha$ 还可以怎样表示呢?

【设计意图】此处采用讲授式的教学方式,使学生会用恰当的方式表示角,设置习题增强对角的表示方法的理解。培养学生数学符号的应用意识,注重严谨性。

师:最后我们来总结一下角的几种表示方法和注意事项。用三个大写字母表示时,要注意顶点字母必须写在中间的位置。用一个顶点字母表示时,要注意顶点处只能有一个角。用一个数字来表示角时,必须在图上进行标注。同样地,用希腊字母表示角时,也必须在图上进行标注。再次回到我们的黑板上,大家看,现在出现了这么多角,想知道哪个角是最大的,应该怎么办呢?

生:角和线段一样,是可以度量的。

师:请同学们阅读教材,自学研读后,说说是从哪些方面研究角的?每一方面研究了哪些内容?还有哪些困惑?角的度量研究了哪些内容?角的画法研究了哪些内容?选择三角板和量角器画角有什么区别呢?

师生活动:学生参考教师给出的提纲,阅读教材,解决问题。学生到多媒体设备上画出重点,概括知识,并完成自学反馈。

【设计意图】培养学生自主学习的能力。教师对学生研读进行学法指导,学生独立提炼知识,逐渐归纳完成知识的建构,并在自学反馈中进一步加深对知识的理解。

师:回顾本节课所学的主要内容,总结知识与方法收获。并请同学回答以下问题:本节课在知识方面我们学习了什么?方法方面我们学到了什么?在小组活动中同学们有哪些收获?

【设计意图】教师与学生一起总结知识方面、数学思想方法方面、数学活动经验积累方面的收获,关注学生的个体差异,在尊重个体差异的基础上帮助学生形成自我评价的意识。

三、问题解析

在备课时,教师发现学生在小学就已经认识了角,对角的概念、角的表示、角的度量就已经有了认识,所以教师认为本节课的重点应该放在关于角的度量上,因为从以往的教学经验来看,学生对于角的度量中度、分、秒的相互转换有一定的困难。但是几何概念是学生学习其他几何知识的基础,在教学时不应该忽视概念的生成。那么为什么进入初中我们还要学习小学已学过的角的概念呢?带着这个疑问,我们先找来小学数学教材,发现学生在小学对角的认识是直观的,基于射线的基础,给出了定义,这符合那个年龄段学生的认知。

但进入初中后,学生的数学思维需要更严谨和规范的训练,特别是角的概念这一课是学生学习几何图形的起始课,起到引领学生后续几何学习方向的作用,所以经过研究后本节课把重点放在了概念的生成上,通过活动引导学生总结出描述定义的一般方法:组成元素及元素的位置关系。掌握了这一下定义的方法,学生在后续几何图形定义的学习中会有质的变化。实践证明,学习角平分线的定义时,学生抓住这点,概括定义的能力有了明显提高。

通过这节课的设计,教师深刻体会到在备课时,既要关注知识的发生和发展,又要关注整个初中学段的知识脉络,甚至把关注点扩大到了整个数学知识体系。充分掌握教材整体结构及前后联系,不仅要立足单元看全册,还要通过全册看整体,弄清整体与部分的关系,甚至要想到怎样处理好各年级之间知识的衔接,使学生的数学知识体系真正实现螺旋式上升并达到宏观与微观的统一。

四、建构体系

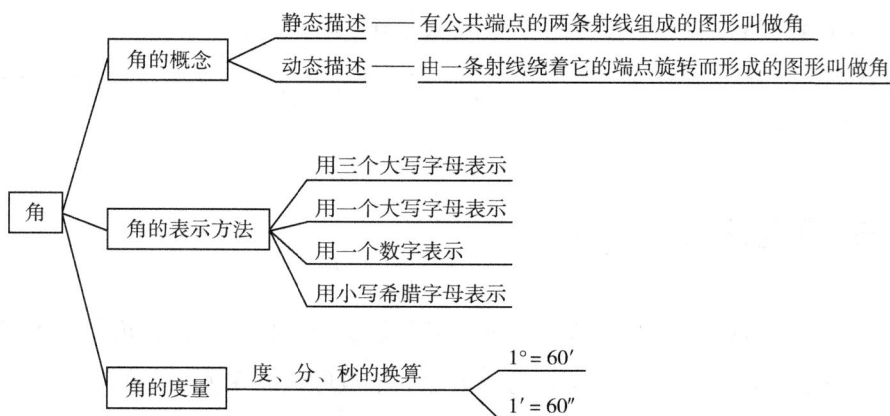

图 2-30

五、素养落实

核心素养具有整体性、一致性和阶段性,在不同阶段具有不同表现。由于小学生以形象思维为主,这就很容易造成学生数学理解上的困难,要使抽象的教学内容易于被学生接受,教材就不能完全按照数学的逻辑顺序来编排,而是要根据学生的认知特点,符合学生的年龄特征、认知水平、接受能力,科学地安排教学内容,建立优化的知识结构。所以小学阶段侧重对经验的感悟,而同样的内容到了初中阶段就更侧重对概念的理解。

本节课角的概念是从静态和动态两种角度研究的,为让学生更好地理解角的概念的内涵和外延,在设计的一些环节里,通过仔细观察角的本质特征,学生独立思考后再通过小组合作交流完善表述方式,感受应从哪些方面着手给几何图形下定义。通过一些不规范、不严谨的对角的定义,引发学生们的思考,学生能从多角度辨析角的构成要素,在不断地否定、质疑的过程中逐渐加深对角的认识,形成概念,再在不断纠正的过程中精炼自己的数学语言,从而形成数学抽象的能力和空间观念。

几何模型构建方法研究

——"三角形的内角"课例研究

一、研究背景

在《义务教育数学课程标准(2022年版)》中对三角形的内角有如下要求:①理解三角形及其内角、外角、中线、高线、角平分线等概念,了解三角形的稳定性。②探索并证明三角形的内角和定理。掌握它的推论:三角形的外角等于与它不相邻的两个内角的和。

三角形的内角本就是三角形的构成要素,而且三角形的外角的学习是基于内角和定理基础之上,因此三角形的内角和定理的学习尤为重要。后面还要学习关于三角形全等的要求,要想证明两个三角形全等,那么导角、证明角的关系必不可少,导角的方式有很多,还有很多基本型,但是这些内容的基础依然是三角形的内角和。三角形的内角和定理是学生在初中阶段遇到的第一个需要作辅助线证明的文字定理,因此本节课承担了梳理几何定理学习脉络的重任,也为学生今后作辅助线解决问题提供了方向和思路。而且定理的证明过程本身就包含了分析问题、转化问题的特点,将未知转化为已知、构建几何模型等过程,对学生今后解决综合问题有一定的借鉴意义,还可以培养学生的推理论证能力。

学生在小学阶段只是知道这一定理,没有经过严格的推理论证。本节课的学习可以让学生从更理性的角度认识三角形的内角和定理,并且发现知识的学习是一种螺旋式上升的过程,补足了原有知识的欠缺,再一次感受初中学习与小学学习的不同。

教学方法和策略上采取引导、问题链的方式,先回顾小学知识,然后站在初中数学学习的角度上分析原有验证方式的合理性,并使学生从中受到启发,可以独立思考得到简单、直接的证明方法。然后进行阶段小结,引导学生从特殊到一般选取引辅方法,小组合作得出更丰富的证明方法。

二、教学实录

(一) 温故知新

师:同学们,前面我们已经学习了三角形构成——边和角,以及三角形边的性质,今天我们来学习三角形的内角,关于三角形的内角你们有哪些了解?

生:三角形有3个内角,并且三角形的内角和是180°。

师:小学时你是如何得到这一结论的?

生:用量角器分别度量三个内角的度数,加在一起发现是180°。

师:每次测量都能得到准确的180°吗?

生:不一定,可能会量错。

师:很好,可见度量虽然可以帮助我们发现并猜想结论,但是会有误差。

师:小学时候还采用了什么方法来验证这一结论?

生:我记得当时还可以把三个角撕下来拼在一起,形成一个平角,可以验证三角形内角和是180°。

师:为什么会想到把角撕下来去拼成一个平角呢?

生:因为平角是180°,而且要验证的内角和就是180°,所以就这么拼了。

师:嗯,逻辑非常清晰! 能从问题入手,根据已有知识来解决问题。

师:但是三角形有无数个,能把每一个三角形都撕下来进行拼接吗? 比如老师在黑板上画的这个三角形能撕下来吗?

生:不能。

师:可见,拼接的方式也有局限。

师:小学我们是通过动手实践的方式得到了这样的几何定理,但进入初中后,我们再度与它相逢,就要用更欣赏的眼光来看待它,用更高级的方式来证明它! 其实几何定理的学习都要经历这样猜想、验证、推理、得出结论的过程。

师:拼接虽然有局限,但是可以为我们提供推理论证的思路,老师找到了以下的拼接方法,都可以得到平角。(学生仔细观察不同的拼接方式,并用语言描述拼接过程)

师:进入初中,一提到180°你们还能想到什么?

生:同旁内角!

师:同旁内角都能得到180°吗?

生:必须是平行线下的同旁内角。

师:很好! 大家能注意到知识的前后联系,没有忘记平行线的相关内容。

师:从现在的知识看刚才拼接的图形,$\triangle ABC$ 中,$\angle B$ 和 $\angle C$ 在 $\angle A$ 的两侧,并构成了一个平角,这个平角是经过点 A 的一条直线,这条直线与原来三角形的边 BC 有什么关系?

生:是平行的,因为内错角相等,两直线平行。

师:同学们又一次提到了平行。

师:小学我们是通过撕下来、拼上去,或者折叠转化了三角形的角,现在还有什么方式可以转化角?

生：作平行线！

师：大家思路很开阔，通过对小学动手拼接过程的回忆与分析，你们能受到什么启发？能得到证明"三角形内角和等于180°"的思路吗？

（二）探究新知

师：现在发挥你们的聪明才智，与小组成员一起完成探究活动吧！

师：请一位同学来读一下"活动一"的内容。

生：活动一，根据以上验证过程，利用材料单，独立思考，并通过多种方法证明三角形内角和定理，然后汇报你的证明过程。

学生独立思考，然后在黑板上画图并证明三角形内角和等于180°。

生：我的方法是过点 A 作 BC 的平行线，然后根据两直线平行，内错角相等，$\angle B$ 转和 $\angle C$ 转到了内错角的位置，两个内错角与 $\angle A$ 的和等于180°，所以 $\angle B + \angle A + \angle C = 180°$。

师：思路清晰，过程严谨。但老师有个问题，为什么要过点 A 作这条线？这条线有什么作用？

生：过点 A 作平行线可以将三角形的两个内角导走，导到以点 A 为顶点的平角上，从而证明内角和是180°。

师：非常好，我们看到这条辅助线有2个作用，一是出现平角，二是可以将角转走。

生：我的做法是延长 BC，过点 C 作 AB 的平行线，$\angle A$ 通过内错角导走，$\angle B$ 通过同位角导走，由于是作的延长线，所以 $\angle C$ 与两个导走的角之和是180°，所以 $\angle B + \angle A + \angle C = 180°$。

师：老师发现你作了两条辅助线，你的这两条线分别起到了什么作用？

生：延长线可以构建平角，另一条平行线可以导角。

师：你的两条辅助线分别达到了2个目的。

生：老师，我可以将前面同学的2条辅助线简化为1条，只过点 C 作 AB 的平行线即可，这时通过构造平行线下的同旁内角，也可以得到180°。

师：你的思路特别好，不仅认真听了同学的解法，还能发现你们解法之间的区别和联系，只转走了1个角，应用了平行线下同旁内角互补解决问题，其他同学应该向你学习!

生:我的方法是在边 BC 上随意选取一点 D,过点 D 分别作 AB 和 AC 的平行线,$\angle A$、$\angle B$、$\angle C$ 分别通过同位角、内错角转到了其他相应位置,导完之后的角构成了以点 D 为顶点的平角,结论得证。

师:这个同学也是作了两条辅助线,但是将三角形的 3 个内角都转走了,导在了一个平角上,而且这个点的选取很具创造性!

师:以上多种证明方法的共同之处是什么?

生1:都需要过一点作平行线。

生2:都是将三角形的 3 个内角转化为平角或者平行线下的一组同旁内角。

师:大家总结得特别准确,看来你们已经掌握了证明三角形内角和的精髓——即通过平行线来转化角。同学们的做法和总结中都提到了"作平行线",那么平行线具体该怎么作呢?过哪一点作哪条线的平行线呢?我们在前面提到中点的选取可以是三角形角的顶点,也可以是角的边上的任意一点,那么这一点位置能否更加一般化?由此能否得到其他证明方法?带着这样的思考我们来完成"活动二"。

生:活动二,根据以上活动经验,你还有什么发现?小组合作讨论,探究其他证明方法,并派代表汇报。

学生在黑板上画图,并讲解自己的证明方法(如图 2-31)。

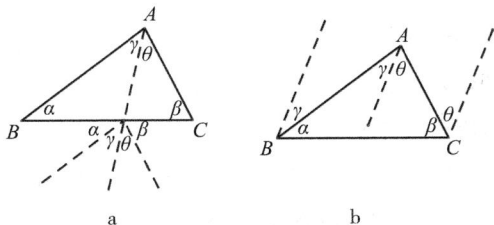

图 2-31

生1:过点 A 任意作一条射线交 BC 边于一点,过这点分别作 AB、AC 的平行线,$\angle BAC$ 分成 2 个角,原三角形的 3 个内角转化为 4 个角,形成一个平角(如图 2-31a)。

生2:我的思路是这样的,既然可以过三角形的一个顶点作平行线,那能不能过 3 个顶点分别作,所以我就尝试了这种方法,过点 B 任意作一条射线,然后过点 A、C 分别作这条线的平行线,这样形成了一组平行线下的同旁内角,可以证明结论

（如图 2-31b）。

生 3：我的想法是那个点可以是角的顶点，也可以是角的边上一点，那么也可以是角的内部一点，形成一个平角，这样结论就证完了。

师：大家的证明方法真是多种多样啊！不仅点的选取一般化，就连"向哪条线作平行线"也可以一般化，而且还创新地将三角形的 3 个内角转化为 4 个角来解决！并且有的学生可以将新问题转化为平行线的基本模型，利用原有基本结论来证明新结论，达到了事半功倍的效果，你们太棒了！虽然有的方法看似复杂，但可以丰富大家的解题经验，使大家进一步体会引辅的方法。其实在数学领域还有很多猜想没有被证明，期待你们在今后的数学学习上可以保持这种创新性，解决更多的数学难题！

师：现在我们已经证明了三角形的内角和定理，即三角形的内角和为 180°。任何一个文字定理的证明都离不开图形以及严密的推理，你们能结合图形，写出已知、求证和证明过程吗？现在请一位同学到前面来书写板书，选择一种喜欢的方式进行证明。

学生在黑板上书写，教师与学生共同进行点评。

（三）实践应用

师：刚才大家的证明方法特别多样，而且很具创新性，现在你们来当"出题人"，继续发挥你们的创造力吧。

师：请一位同学来读一下题目要求。

生：小小出题人，根据三角形内角和的相关知识，添加 1 至 3 个关于角的条件，并设置相应的问题，其他小组来解答。

学生踊跃举手，编制题目，由简入深，依次为已知 2 个角求第 3 个角，已知 1 个角和另外 2 个角的关系求其余角，已知 3 个角的关系求三角形的内角等等。

师：大家的积极性很高，而且已经具备出题人的思维了，编制的题目也是由浅入深、层层递进。

（四）反思提升

师：经过前面的学习过程，相信你们在本节课一定有很多收获，能与大家分享一下吗？

学生分别说自己的收获。

师：本节课我们通过对小学猜想、验证三角形内角和定理的回顾与分析，先独立思考，后小组合作，利用作平行线等方法将三角形的内角转化为一般的平角或者平行线下的同旁内角，证明并得到了三角形内角和定理，并且应用定理解决了一些问题。下节课我们将继续学习三角形内角和，期待和大家有更多的发现与收获！

三、问题解析

在备课过程中主要遇到以下三个问题：

1. 引课阶段是直接抛出问题，还是通过动画、小故事等方式引出？

有的老师认为动画、故事等情境更能引发学生兴趣，符合七年级学生年龄特点。但是笔者认为前面已经学习了三角形的边的相关知识，由此过渡会更自然，而且也能为后面探究证明定理留出更加充足的时间，毕竟本节课的重点和难点是探究多种方式证明三角形内角和。最终选择以直接抛出问题的方式引出本节课学习内容。

2. 是否有必要引导学生得出多种复杂的证明方法？尤其是作 3 条平行线得到 M 型的证明方法。

有的老师认为可以这样处理，几种常见辅助线出来之后，进行一个阶段性小结，抛出一个问题，可以这样问：这些辅助线有什么共同的特征？从而引导学生们发现所谓辅助线就是通过平行线转移角，然后鼓励学生再从不同角度思考问题，从而既突破了本节课的难点，又丰富了学生们的解题经验。至于学生能发现多少种不同的方法可以根据实际情况进行取舍。

有的老师认为，其实辅助线添加到什么程度是学生的能力的体现。如果学生发现这条平行线能作在一个顶点的位置，就有可能想到作到边的位置。就会有学生想到这个位置在边上应该是不确定的，那就有可能落到边的延长线上，进而发现这个点可能落在三角形内，也可能落在三角形外任意一点，这实际上是学生思维严谨性得到了锻炼，刚好体现了学生对平面的分类讨论思想，是应该提倡的。

后来选择了将一个大的探究活动拆分为 2 个探究活动来进行。

3."实践应用"环节是按原有的方式——教师出题、学生解答,还是再次将课堂还给学生,让学生自主编题、解题?一开始笔者认为难度较大,学生可能出现多种情况,协调起来比较困难。如果与角平分线、高线等结合,那会与本节课的重点背道而驰。也可以添加一些限定条件,如:添加 1 至 3 个关于角的条件,这样可以规避高线、角平分线的问题,也可以让学生的思维在有序的条件下继续拓展。最终采取了"有限制的开放",让学生自主编题,增强学生的积极性和参与度。

四、建构体系

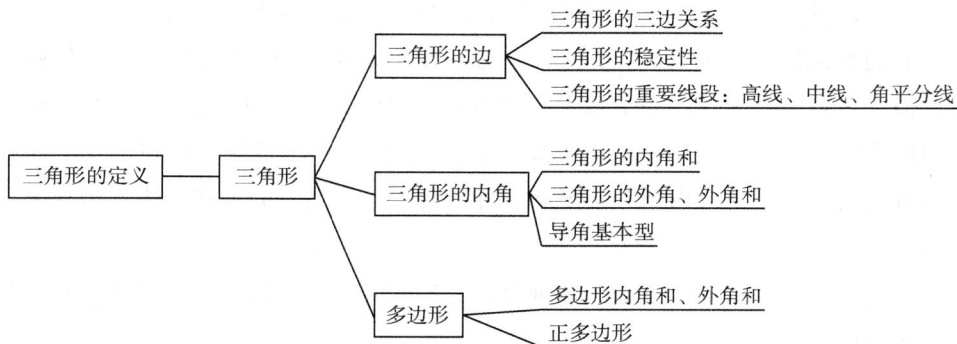

图 2-32

基于以上知识体系的建构可以发现,三角形内角和这一节课有承上启下的作用,是三角形的角的重要知识,也是后面多边形学习的基础。

五、素养落实

本节课在数学观察、数学表达和数学思考方面均有很好的落实。在拼接的过程中,学生可以发现拼接的线是共线的,是一条直线,这里其实是数学观察中几何直观的体现。在多种方式证明三角形内角和定理的过程中,反复强化"模型观念",利用平角模型和平行线下的同旁内角模型解决三角形内角和问题,充分锻炼了学生的数学表达能力。同时学生在阐述自己的证明过程时,也提高了推理能力。而且证明方法的多样化、一般化也使学生的创新意识得到发展,提高了学生的数学思考能力。

活动感悟几何直观

——"等腰三角形"课例研究

一、研究背景

《义务教育数学课程标准(2022 年版)》对等腰三角形有如下要求:理解等腰三角形的概念,探索并证明等腰三角形的性质定理:等腰三角形的两个底角相等;底边上的高线、中线及顶角平分线重合。探索并掌握等腰三角形的判定定理:有两个角相等的三角形是等腰三角形。探索等边三角形的性质定理:等边三角形的各角都等于 60°。探索等边三角形的判定定理:三个角都相等的三角形(或有一个角是 60°的等腰三角形)是等边三角形。

《义务教育数学课程标准(2022 年版)》将等腰三角形的性质、判定与等边三角形的性质、判定合并在一起,可见等腰三角形与等边三角形的联系之密切。本节课主要探究的是等腰三角形的定义及性质。在此之前,学生已学习了轴对称图形和全等三角形的性质与判定,所以本节课内容既是前面知识的深化和应用,又是后面学习等腰三角形的判定和等边三角形的预备知识,也是几何证明中寻找线段相等、角相等等条件的论证依据。因此,这节课在教材中处于非常重要的地位,具有承前启后的作用。

人教版教材中通过给定的折纸方式让学生动手操作剪出一个等腰三角形,意在得出等腰三角形的定义,并让学生通过观察明确等腰三角形的性质。八年级学生已经具备了一定的知识储备和学习经验,因此教师对教材进行了加工重组,并设置了问题:"你们能快速找到老师手中长方形纸片的对称轴吗?并剪出一个具有轴对称性的三角形。"这样既巩固前一节所学的轴对称图形知识，又将教材中原有的静态模仿变为动态的主动探究，激发了学生的学习兴趣。

数学是一门培养思维的重要学科，获得数学知识的过程比获得知识更为重要，因此本节课教师采取了"开放性探究式"教学模式，体现以学生发展为本的精神，从问题提出到问题解决都竭力把探究问题的主动权交给学生，让学生操作实验、直观感知、自主探索、合作交流，使学生全面参与、全员参与、全程参与，真正确立其主体地位。教师只是作为数学学习的组织者、引导者、合作者，及时给予点拨和纠正。

二、教学实录

活动一　动手操作，形成概念

师：前面我们学习了轴对称的相关知识，现在你们能快速找到老师手中长方形纸片的对称轴吗？并剪出一个具有轴对称性的三角形。下面请利用手中的材料单完成活动一，并与同桌交流你们的方法。

生：长方形的对称轴是边的垂直平分线，根据轴对称图形的定义，可以以长方形的对称轴为要做的三角形的对称轴，来进行裁剪，这样就能得到一个具有轴对称性的三角形。

师：你总结得很准确，充分利用了原长方形的对称轴。现在观察你们得到的三角形，是你们熟悉的哪一种三角形？

生：是等腰三角形。

师：我们发现通过以上做法可以得到等腰三角形的定义：有两条边相等的三角形叫做等腰三角形。相等的两边叫做腰，另一边叫做底边，两腰的夹角叫做顶角，腰和底边的夹角叫做底角。同学们在自己做出的等腰三角形中，注明它的腰、底边、顶角和底角。

师：等腰三角形在我们生活中的应用非常广泛，很多实物都给我们以等腰三角形的形象，这里老师找到了一些生活中的实物图片，我们一起来欣赏一下。

【设计意图】通过活动一引出课题的同时用投影展示生活中的等腰三角形，学生在欣赏实物图片的同时初步感知等腰三角形的和谐之美，教师营造了一种轻松愉快的学习氛围，拉近学生与数学的距离。学生准确表述等腰三角形的定义，然后进一步完善等腰三角形的相关名称。这一环节不但培养学生动手能力和语言表达能力,而且学生从折纸活动得到等腰三角形这一方法出发,直观地感知等腰三角形的轴对称性,为后续的学习做了铺垫。

师:通过动手操作和定义可以发现等腰三角形是一种特殊的三角形,它除了具有一般三角形的性质,还具有哪些特殊的性质呢? 今天我们就来探究等腰三角形的性质。

活动二 实验探索、猜想、论证性质

师:刚刚通过实践操作大家已经得到了一个等腰三角形,现在利用你们手中的等腰三角形纸片,以及其他工具,你们能发现等腰三角形有什么特征吗? 你们又是如何验证的?

生:我发现等腰三角形的两个底角相等,因为沿着对称轴折叠,这两个角完全重合,所以等腰三角形的两个底角相等。

师:你很好地利用了刚才的工具,描述得也很准确。还有其他方式吗?

生:老师我是观察这两个底角,觉得看起来是相等的,然后我用量角器测量了一下两个底角的度数,发现两个底角的确相等。

师:你的几何直观很准确,而且观察后能够动手实践来验证自己的猜想,已经具备了几何学习的基本能力,特别棒!

师:但是你们手中的等腰三角形纸片大小不同,形状各异,是否都具有上述特征? 你们能通过严格的逻辑推理证明自己的猜想吗? 现在你们根据自己的结论画出图形,写出已知、求证,完成证明过程,并到前面来分享你们的证明方法。

生:我是过等腰三角形的顶角顶点向底边作垂线,得到两个直角三角形,因为等腰三角形的定义可以得到这两条边相等,因此两个直角三角形可用斜边、直角边对应相等证明全等,所以两个底角相等。

师:为什么要作这条辅助线? 你是怎么想到的?

生:因为要证明两个角相等,就可以通过证明它们所在的三角形全等来证明,图形中两个角在同一个三角形中,所以要作辅助线。

师:嗯,逻辑很严密,而且目标明确,能从问题入手分析,得到证明方法,非常好! 还有谁的方法和他一样? 你的想法和他一样吗?

生:老师,通过刚才的折纸活动发现等腰三角形是轴对称图形,轴对称图形对

称轴两侧的部分是完全重合的,因此我觉得只要作出这个等腰三角形的对称轴即可,所以我作了这条辅助线。

师:你真是个细心的学习者,能将实践操作的经验方法迁移到推理证明中,非常善于学习! 其他同学在今后的学习中要借鉴这样的方法。

师:还有其他的证明方法吗?

生1:在△ABC中,A是顶点,我的方法是取底边上中点D,连接AD,然后这两个三角形满足SSS全等,所以∠B=∠C。

生2:我是作顶角的平分线,交底边于点D,这样两个三角形满足SAS全等,进而可以得到∠B=∠C。

师:大家的证明过程都很严谨,而且方法也很灵活多样,同学们有没有发现这些方法的共同之处?

生:都是作辅助线,将等腰三角形转化为两个全等三角形来解决。而且,我还发现这三条辅助线好像是一样的,虽然做法不一样,但最终的结果是一样的。

师:你的观察特别仔细,这三条辅助线看起来的确一样,能具体说一说吗?

生:比如前面同学做的是高线,但是通过全等,可以证明这条线也是中线、角平分线。

师:你总结得特别准确,其他辅助线也是这样吗? 大家对照图形仔细体会一下。

【设计意图】在这个活动中学生可以通过折叠、度量的方法快速得到两腰相等和底角相等的结论,教师在此及时明确有很多伟大的数学结论也是通过大胆猜想得到的。但是要说明它的正确性,就必须经过严谨的论证,让学生初步感知从猜想到论证的数学学习过程,让学生经历命题证明的过程,找出题设、结论,画出图形,写出已知、求证。而有了前面折纸的活动,学生容易想到对称轴这条重要的辅助线,教师鼓励学生从不同角度构造辅助线加以证明得出结论,最后形成几何语言,并及时总结无论哪种方法都是将一个等腰三角形转化成两个全等三角形来解决,体现数学中的转化思想。在此环节中,学生能够发现这三条辅助线是同一条线段,而这正是教师设置此环节的目的:为性质2做好铺垫,化解了本节课的难点,此时及时追问学生,对于等腰三角形的性质是否还有新的发现。

师:对于等腰三角形的性质你们还有什么新的发现?

生:等腰三角形的高线、中线、角平分线相互重合。

师:其他同学同意他的观点吗?按照他的叙述在练习本上画出相对应的图形验证一下。

生:老师,我觉得他说得不严谨,比如我这样画,就没重合。

学生到黑板上来画出反例。

师:那应该怎样调整或者补充一下呢?

生:等腰三角形底边上的高线、中线和顶角的平分线是相互重合的。

师:很好,在大家的共同努力下,我们得到了等腰三角形的第二个性质,现在大家对照文字,画出图形,写出已知、求证和证明。

【设计意图】在此环节学生出现表述不清、语言不严谨的现象。如:等腰三角形角平分线、中线、高线互相重合,这时教师没有急于总结,而是留给学生充分展示自我的空间,让学生畅所欲言,合作交流,并鼓励学生积极参与活动,勇于发表自己的观点,并善于倾听他人的见解。在交流中教师和学生共同一步步完善得出等腰三角形的第二个性质,并形成几何语言。

师:现在我们得到了等腰三角形的两个重要性质,你们认为在今后解题中应该怎么应用?

生:可以用来证明两个角相等,两条线段相等。

【设计意图】在活动二中无论是性质1还是性质2,我们都是将等腰三角形转化成全等三角形进行证明。而等腰三角形性质1和性质2的得出,也简化了我们以往的证明过程。所以在今后的几何证明中寻找线段相等、角相等,学生又增加了新的证明依据,继续鼓励学生大胆应用。

接下来设置了一个不断变式的问题,意在让每一个学生初步运用等腰三角形的性质解决不同的问题,同时也激发了学生学习的热情。

师:现在应用刚刚学到的知识来解决题签上的问题。

填空题:

(1)若等腰三角形的一个底角为 50°,则其余两个角为_____。

(2)若等腰三角形的顶角为 80°,则它的一个底角为_____。

(3)若等腰三角形的一个角为 80°,则其余两个角为_____。

(4)若等腰三角形的一个角为 100°,则其余两个角为_____。

(5)若等腰三角形的一个外角为130°,则三个内角分别_____。

【设计意图】问题(1)(2)的设置为后续问题(3)的解决做了方法的积累,而问题(3)则体现了数学中分类讨论的重要思想,而当同学们还沉浸在问题(3)分类讨论一题多解的乐趣中时,教师又设置了问题(4),让这个角是钝角,会有同学继续分类讨论,也会有学生发现:由于三角形内角和是180°,直角和钝角不能做等腰三角形的底角,所以此题结论唯一,从而进一步培养学生辩证解决问题的能力。那么是不是出现了钝角答案就唯一了呢?此时展示问题(5),问题一步步地深入激发了学生的学习积极性,让学生感受到了数学的魅力,真正使学生成为数学课堂的主人。问题的由易到难,不仅尊重学生的认知规律,而且让每一个学生都能在数学的学习中有所收获。教师与同学们共同从知识、方法及思想三个方面对本节课进行了梳理。

师:通过本节课的学习你有哪些收获?

学生举手发言,说自己的收获,教师适当点评,并加以补充。

三、问题解析

本节课的初衷是想培养学生的几何直观,学生通过观察发现并猜想等腰三角形的性质,应该由学生作为学习的主体来一步步完成,因此教师想设计一个开放式的活动,让学生在活动中主动发现,并主动运用原有知识将问题解决。而且这节课是在学习完轴对称的相关知识后的内容。等腰三角形是轴对称图形,性质的证明方法就是构造对称轴。其中性质2的得出应该与性质1是一体的,不能单独拿出来。

因此,教师决定对教材内容进行重组,将教材原有的静态模仿变成了动态探究。由此设置了活动一,意在激发学生学习的积极性。在此过程中鼓励学生从不同角度构造辅助线来证明性质1,既发展了学生思维,又为性质2做好了充分的准备,化解了本节课的难点。

另外,习题设置上不想单一做练习,主要突破等腰三角形的性质1的应用难点,即等腰三角形的两个底角相等,其他类型的练习在后面的课程中再逐一完成。因此,例题设置成同一背景下不断变式的形式,从易到难,在符合学生认知规律的同时,让每名学生都能在数学的学习中有所收获。

四、建构体系

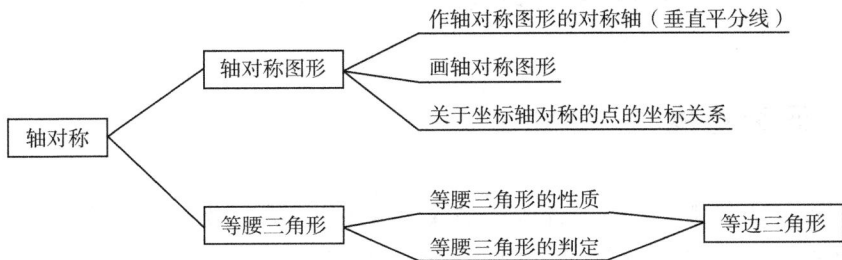

图 2-33

五、素养落实

本节课意在培养学生的几何直观,通过课堂实录可以发现,在"活动一"中学生很好地观察并发现了等腰三角形的性质 1,即等腰三角形的两个底角相等。在多种方式证明性质 1 的过程中,又通过观察发现了等腰三角形的性质 2,即等腰三角形的顶角平分线、底边上的中线、底边上的高相互重合,这些都能够说明本节课在培养学生几何直观方面完成得很好。

另外,在证明过程中也培养和发展了学生核心素养中的推理能力,并且进一步引导学生进行数学思考。同时也渗透了转化的数学思想,将要证明的角相等、线重合问题转化为三角形的全等问题,将新知转化为旧知,学生在这个过程中能够感受到学习带来的成就感,激发学习兴趣。

利用信息技术优势,助力核心素养形成

——"平行四边形的性质"课例研究

一、研究背景

本节课是人教版《义务教育教科书数学八年级下册》第十八章第一节第一课时,包括平行四边形的定义,平行四边形边、角的性质,平行线间的距离三个知识点。

平行四边形是"图形与几何"部分中最基本的几何图形之一,它在生活中有着广泛的应用。按照概念的从属关系,平行四边形首先是四边形,两组对边分别平行是它的本质属性,所以平行四边形是特殊的四边形。

平行四边形是平行线和三角形知识的延续和发展,也是后续学习矩形、菱形、正方形的基础,在教材中起到承上启下的作用。作为本章起始课,本节课承载着单元知识以及学习方法、研究方向的引领作用。类比等腰三角形的学习经验,明确研究几何图形的一般思路:定义——性质——判定——应用,主要从几何图形的构成要素——边、角入手,经历观察、猜想、验证、证明等过程来探究平行四边形的性质。学生掌握了平行四边形的研究思路和研究方法,才能运用类比的方法,进一步自主学习矩形、菱形、正方形相关知识,真正达到由学会到会学的目的。平行四边形的性质还为证明线段相等、角相等、两直线平行提供新的方法和依据。

本节课内容蕴含着丰富的数学思想,例如:对平行四边形性质的探究,体现了分类的思想;通过运用辅助线把四边形问题转化为三角形问题,体现了转化思想。这些重要的思想方法无论是在今后的学习还是科学研究中,都有着非常重要的作用。

《义务教育数学课程标准(2022年版)》要求:"合理利用现代信息技术,提供丰富的学习资源,设计生动的教学活动,促进数学教学方式方法的变革。在实际问题解决中,创设合理的信息化学习环境,提升学生的探究热情,开阔学生的视野,激发学生的想象力,提高学生的信息素养。"

二、教学实录

(一)情境导入,引出课题

师:我们生活在一个丰富多彩的图形世界,请看大屏幕,能找出我们熟悉的几何图形吗?

生:平行四边形。

【设计意图】通过多媒体呈现生活中平行四边形的图片,再播放微课,抽象出数学模型,使学生回顾旧知,自然引出本章和本节课的主要研究对象——平行四边形。

(二)观察抽象,形成概念

师:小学的时候,同学们已经认识了平行四边形,怎样的四边形才是平行四边形呢? 请同学们拿起书桌上的学具1(两张对边平行的纸条),将两张纸条随意交叉叠放在一起,转动其中一张,停止后,将纸条对着阳光,观察重合部分,你们得到了怎样的一个四边形,说说理由。

生:两组对边分别平行的四边形叫做平行四边形。

教师在黑板书写课题、定义,同时类比三角形,指出平行四边形的记法和读法,以及如何用符号语言来表示平行四边形的定义。

判定:因为 $AD/\!/BC,AB/\!/DC$,所以四边形 $ABCD$ 是平行四边形。

性质:因为四边形 $ABCD$ 是平行四边形,所以 $AD/\!/BC,AB/\!/DC$。

强调定义两方面的作用,既可以作为性质,又可以作为判定依据。

【设计意图】通过学具1,叠放两张对边平行的纸条,动手操作,引发学生思考,突出平行四边形的本质属性,引出平行四边形的定义,使学生借助图形感知定义,再深化对定义的理解(平行四边形的本质,定义的双重性)。把学生折叠过程中四类不同情况展示出来,为将来矩形、菱形、正方形的学习做铺垫。

（三）实验证明，探究性质

师：我们研究几何图形的一般思路是：定义——性质——判定——应用，接下来我们研究平行四边形的性质。几何研究的基本活动是体验观察、度量、实验、猜想、证明。请同学们找到学具2（两个全等的三角形纸板），请大家用手中两个全等三角形纸板拼成一个平行四边形，你们有多少种不同的拼法？

学生以小组为单位研究拼法，各组派代表进行汇报。

生：相等的边重合，三角形不重叠，有六种拼法，可以得到平行四边形的有三种。

师：以上拼图可以得出平行四边形的边、角有哪些性质？

生：平行四边形的对边相等，对角相等。

师：请同学们利用几何画板的度量功能，量出平行四边形的四条边长和四个内角的度数，验证你们的猜想是否正确？

生：正确。

师：这些结论一定正确吗？怎么说明这些结论对于任意平行四边形都是成立的呢？

生：画出任意平行四边形进行证明。

师：请大家思考，这里的已知是什么，求证是什么？

生：已知四边形是平行四边形，求证对边相等，对角相等。

师：回忆以前学过的知识，如何证明线段相等，如何证明角相等？

生：证明线段相等、角相等，要证明他们所在的三角形全等。

师：这里有三角形吗？根据刚才拼图的启发，你们能找到解决问题的方法吗？

学生思考证明方法，书写证明过程，教师巡视指导。

学生板演证明过程，教师规范书写格式步骤。

【设计意图】

1. 通过问题"这些结论一定正确吗？怎么说明这些结论对于任意平行四边形都是成立的呢？"可以让学生体会证明活动是探索活动的自然延续，感受合情推理与演绎推理的辩证关系。

2. 在证明"平行四边形的对边相等、对角相等"这个结论时，通过前面拼图活动,学生对"对角线"有了一定的感知,所以学生能想到通过连接"对角线",将"四边形"的问题转化为"三角形"的问题进行解决,从而自然地突破了难点。

3. 证明过程的书写,可以加强对学生几何推理逻辑性、严密性的培养,提高学生的逻辑推理能力,锻炼学生分析和解决问题的能力,从而突出了本节课的重点。

4. 通过平行四边形中的平行线段剖分引导学生从平行线角度认识平行四边形;通过"对角线"的连接对平行四边形进行三角剖分,从三角形角度认识平行四边形,发展学生的空间观念。

(四)应用性质,解决问题

例1　如图 2-34,不等宽的两张对边平行的纸条随意交叉叠放在一起,得到的平行四边形的一个内角的度数为 45°,一组邻边的长分别是 8 cm 和 10 cm,求其余三个内角的度数,并求这个平行四边形的周长。

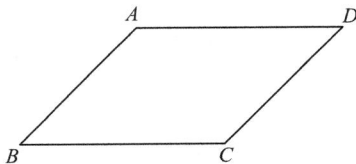

图 2-34

变式1:若其他条件不变,求平行四边形的面积。

变式2:若周长为 40cm,$BC-AB=10cm$,求平行四边形各边的长。

例2　如图 2-35,在 □ABCD 中,$DE \perp AB$,$BF \perp CD$,垂足分别是 E,F。求证:$AE=CF$。

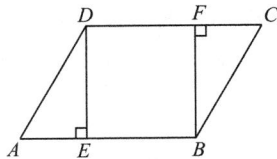

图 2-35

师:同学们自行完成例1和例2第1题,我们一起来看例2第2题。若 $m/\!/n$, $AB\perp n$, $CD\perp n$, $EF\perp n$,点 B、D、F 为垂足,那么 $AB=CD=EF$ 成立吗?(如图2-36)

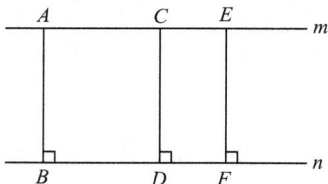

图2-36

生:成立,因为可以证出四边形 $ABDC$ 和四边形 $CDFE$ 都是平行四边形,所以 $AB=CD=EF$。

师:由此我们可以得出如果两条直线平行,那么一条直线上所有的点到另一条直线的距离都相等。两条平行线中,一条直线上任意一点到另一条直线的距离,叫做这两条平行线之间的距离。图2-36中,线段 AB 的长就是 m, n 之间的距离。大家自行完成例3。

例3 如图2-37, $AB/\!/CD$, $BC\perp AB$,若 $AB=4$ cm, $S_{\triangle ABC}=12$ cm^2,求 $\triangle ABD$ 中 AB 边上的高。

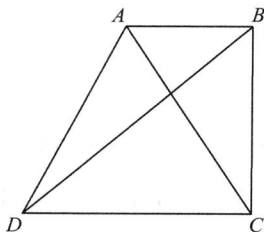

图2-37

【设计意图】

1. 通过例题培养学生应用数学知识解决问题的意识,同时,让学生感受平行四边形的性质是证明角相等、线段相等、线段平行的有力工具。

2. 通过例题的一题三变,从特殊到一般,引导学生在变化过程中去寻找不变的东西,那就是平行四边形的"对边相等、对角相等"。

3. 例 2 的解决,自然地引出两条平行线之间的距离这一概念,学生在做中学,明晰了概念,知其然亦知其所以然。

(五)归纳小结,反思升华

师:回忆本节课的内容,结合以下几个问题,谈谈你们的收获。

1. 本节课你们学到了哪些知识?

生:平行四边形的定义、两个性质、两条平行线之间的距离。

2. 探究性质经历了哪些过程?体会到什么数学思想方法?

生:观察、度量、实验、猜想、证明。分类思想、转化思想。

3. 对于平行四边形,你们认为还要研究哪些内容?

生:判定。

师:平行四边形还有其他性质,我们下节课研究,进而再研究判定。

【设计意图】通过小结,梳理本节课所学知识,使学生对本节课所学的知识结构、思想方法有一个清晰的认识,构建起自己的知识体系,培养学生总结的能力与反思的习惯。

(六)目标检测,及时反馈

1. 如图 2-38,□ABCD 的对角线 AC、BD 相交于点 O,则图中全等三角形的对数为(   )。

A. 2   B. 3   C. 4   D. 5

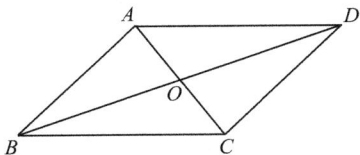

图 2-38

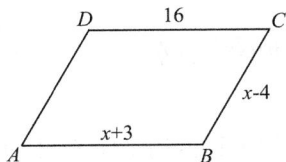

图 2-39

2. 如图 2-39,在 □ABCD 中,已知 AB,BC,CD 三条边的长度分别为($x+3$),($x-4$),16,则这个四边形的周长是_____。

3. 在 □ABCD 中,∠A = 40°,则 ∠C 大小为(   )。

A. 40°   B. 80°   C. 140°   D. 180°

4. 如图 2-40,在 $\square ABCD$ 中,DE 平分 $\angle ADC$,$AB = 2$,$BE = 1$,则 $\square ABCD$ 的周长是(　　)。

A. 6　　　　　　　　B. 8　　　　　　　　C. 10　　　　　　　　D. 12

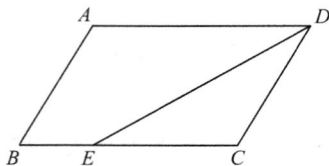

图 2-40

5. 如图 2-41,点 $A(-4,0)$,$B(-1,0)$,将线段 AB 平移后得到线段 CD,点 A 的对应点 C 恰好落在 y 轴上,且四边形 $ABDC$ 的面积为 9,则 D 点坐标为(____,____)。

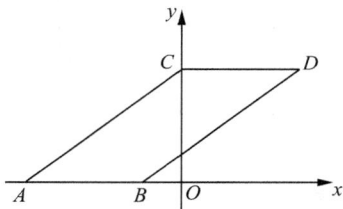

图 2-41

【设计意图】此环节通过学情分析,找到学生的薄弱点和易错点,为下一节课的学情分析,提供可视化数据。

三、问题解析

1. 教学平行四边形定义时,很多教师都是出示生活中的实物图片,让学生找出平行四边形,然后根据小学已有的知识经验,直接给出平行四边形定义,这样做的好处是简单干脆,节约时间,但定义是直接给出的,学生往往理解不深刻。本节课设置了学生把两张对边平行的纸条叠放在一起的实践活动,如果两张纸条不等宽,可以得出平行四边形、矩形,如果两张纸条等宽可以得到菱形、正方形。数学活动的设置不只培养了学生动手能力,更重要的是学生通过操作,体验感知平行四边形,深刻理解平行四边形两组对边平行这一本质属性,同时也感知了矩形、菱形、正方形,为下一步的学习打下基础。

2. 在以往的教学中,度量对边长度、对角度数,往往因工具产生的误差,会出现对边不等、对角不等的情况,这样学生对自己的猜想会产生怀疑,也影响教学进程。本节课运用了现代信息技术——几何画板,通过几何画板的度量,结果精确无误,同时可以任意调整平行四边形的形状,在图形变化的情况下,对边相等、对角相等的结论不变,不但验证了学生的猜想,也为学生下一步的推理证明增强了信心。

3. 平行四边形性质的证明,学生往往想不到如何添加辅助线,所以添加辅助线是整节课的难点。为了突破这个难点,本节课安排了一个数学活动,即用两个全等的三角形拼成一个平行四边形,这样的活动安排使大部分学生都想到了辅助线的做法——连接对角线。

四、建构体系

学生在小学就已经认识了平行四边形并了解了它的相关性质,初中阶段研究平行四边形与小学最大的不同是构建平行四边形相关知识的逻辑结构体系,利用平行线和全等三角形的相关知识用逻辑推理的方法研究平行四边形的性质,为下一步学习矩形、菱形、正方形打下基础。

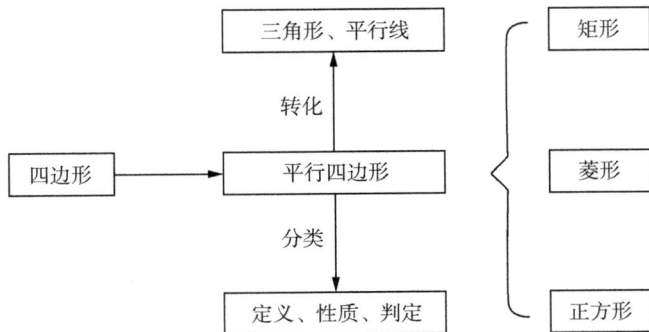

图 2-42

五、素养落实

本节课重视数学活动经验的积累,强调数学知识的学习过程,学生经历探究全过程,通过独立探究、合作探究、深入探究等多样的活动方式积累了丰富的数学活动经验,突出"四基""四能"。通过两次"观察、猜想、验证、证明"的探究活动,合情推理与演绎推理两者互为交织,互相促进,促进学生推理能力的发展,凸显了几何学习的研究方法,在"探究"过程中促进学生深度学习。在数学活动中,学生用数学的眼光去观察问题,用数学的思维去思考问题,在平行四边形性质的证明以及在平行四边形性质应用的过程中,学生学会用数学的语言去表达。本节课注重信息技术与数学教学的融合,让抽象变得生动,让数学课堂活起来、动起来,把数学知识真正地用起来。

第三部分　典型课例研究——专题课

　　数学专题课是针对某一特定数学领域或问题的课程,旨在深入探讨该领域或问题的相关知识、方法和应用。通常数学专题课包括讲座、讨论、实践和研究等多种形式,通过探究具体的数学问题,培养学生的数学思维能力、创新能力和解决问题的能力,提高学生的数学素养。

　　研究一节专题课,应重点关注以下几点。

　　首先看能否深化学习。专题课可以帮助学生对学科知识进行深度学习,对难以掌握的知识点进行有针对性的讲解和练习,有助于增强学生的学习效果。第一,可以引导学生自主学习。鼓励学生通过阅读教材、参考资料、自己思考等方式,自主掌握知识,激发他们的学习兴趣和学习动力。第二,可提供一些具有挑战性的问题,让学生思考、探究,通过解决问题来深化对知识的理解。第三,引导学生彼此交流、讨论,分享自己的思考和解决问题的方法,促进他们之间的互动和合作。第四,通过实践探究来深化学习,如模拟实验、数学建模等,让学生亲身参与进来,从而更深刻地理解知识和掌握技能。第五,采用多种教学方法和手段,如动画、视频、游戏等,激发学生的学习兴趣和动力,增强学习效果。第六,及时对学生的学习情况进行反馈和指导,帮助他们发现问题、纠正错误,增强学习效果和提高学习质量。

　　其次看能否补充知识。专题课可以对学生在正常课程中未能涉及的知识点进行补充,拓展学生的知识面,帮助学生更好地掌握学科内容。

　　再次看能否提高能力。专题课可以通过对学科知识的深入探讨和实践,提高学生的思维能力、创新能力、解决问题的能力等。

　　最后看能否拓宽视野。专题课可以带领学生走出单一的学科框架,拓宽学生的视野,对学生未来的职业和人生规划有积极的影响。

总的来说,专题课可以帮助学生更好地学习、掌握和应用学科知识,提高学生的学习能力,对学生的综合素质提升有重要的作用。

数与代数

数学思维和建模能力的培养

——"一元一次方程模型的应用之工程问题"课例研究

一、研究背景

本节课是人教版《义务教育教科书(五·四学制)数学七年级上册》第十一章"一元一次方程"的一节专题课,其教学内容为"工程问题模型"。

方程是人们探索世界的有力数学工具。在解决许多日常生活问题时,常常需要根据其中的等量关系建立方程并解方程。学习本课前学生已经学过解一元一次方程和由实际问题列一元一次方程,本节课是在此基础上进一步学习如何用一元一次方程解决工程问题。本节课的学习可以进一步加深学生对工作总量"1"的理解,并拓展列一元一次方程解决实际问题的思维方法,逐步提升学生"数学抽象与数学建模"的素养,为学生以后学习用二元一次方程组、分式方程以及一元二次方程解决实际问题打下良好的基础。

七年级学生的抽象逻辑思维在逐步建立,对数学有强烈的好奇心和求知欲,敢于发表自己的想法,有一定处理问题的能力。本节课的学习要求学生具有较强的分析能力,需要具备从具体的情境中用数学的眼光发现问题和提出问题的能力,需要从数学角度看待实际问题,分析工程问题的等量关系,建立一元一次方程模型,进而拓展数学思维。

二、教学实录

(一)浅层铺垫,筑牢基础

问题 1:某校想利用暑假对操场的塑胶跑道进行重新铺设,已知跑道总长为 360 米,甲工程队计划平均每天修 20 米,计划完成这项工程需多少天?

生:$360 \div 20 = 18$(米)

师:这个题要解决工程问题,工程问题涉及哪几个量?

生:工作总量、工作时间和工作效率。

师:他们之间的关系是什么?

生 1:工作总量=工作效率×工作时间。

生 2:工作时间=工作总量÷工作效率;工作效率=工作总量÷工作时间。

【设计意图】从简单的实际问题入手,引导学生复习旧知识,并在此基础上进行变形,使其成为学习知识和解决问题的切入点,促进知识的系统化,发展学生的思维能力。

问题 2:已知甲工程队修操场跑道,需要 18 天完成,则该工程队 1 天的工作量是多少?

学生先独立思考。

师:本题求的甲工程队工作 1 天的工作量,就是求工程问题中的哪个量?

生:求工作效率。

师:要求工作效率,必须知道哪两个量?

生:工作总量和工作时间。

师:工作时间是多少?

生:18 天。

师:工作总量知道吗?题中告诉修操场跑道,这项工作是一个具体的量吗?

生:不是。

师:那我们不妨假设工作总量为 S,那么工作效率如何表示呢?

生：工作效率为 $\dfrac{S}{18}$。

师：现在工作总量、工作时间、工作效率三个量我们都知道了。那么我们再看这个公式：工作总量＝工作效率×工作时间，那么 $S = \dfrac{S}{18} \times 18$，约分后得到一个式子 $S = S$。这说明什么呢？

生：说明 S 不能求出具体数值。

师：这里面 S 只是一个代替数的字母，可以用任何一个字母来代替。为了简便，通常在解决工程问题时，我们会用单位"1"来代替 S，也就是把工作总量看作整体 1。那么甲工程队的工作效率就是什么？

生：$\dfrac{1}{18}$。

师追问 1：若修这条跑道，乙工程队单独完成只需要 12 天。那么乙工程队的工作效率是多少？

生：$\dfrac{1}{12}$。

师：工作 3 天甲、乙各自完成的工作量是多少？

生：甲完成 $\dfrac{1}{18} \times 3 = \dfrac{1}{6}$，乙完成 $\dfrac{1}{12} \times 3 = \dfrac{1}{4}$。

师：那工作 x 天甲、乙各自完成的工作量是多少？

生：甲完成 $\dfrac{1}{18}x$，乙完成 $\dfrac{1}{12}x$，共完成 $\dfrac{1}{18}x + \dfrac{1}{12}x = \dfrac{5}{36}x$。

师追问 2：如果甲、乙两队合修这条跑道需要多少天完成？

师：如何入手分析这道题？

生：本题需要求的是工作时间。需要知道工作总量和工作效率。题中没有给出具体的工作总量，所以将其看作单位 1。甲、乙合作的工作效率是 $\dfrac{1}{18} + \dfrac{1}{12} = \dfrac{5}{36}$，合作的时间是 $1 \div \dfrac{5}{36} = 7.2$（天）。

师：其他人呢？

生 1：我是列方程解决的。相等关系是：甲的工作量＋乙的工作量＝1。设两队

合作需要 x 天完成,根据等量关系可列方程 $\frac{1}{18}x + \frac{1}{12}x = 1$,解得 $x = 7.2$。

生2:相等关系还可以是:甲、乙合作的工作效率×工作时间=1。设两队合作需要 x 天完成,根据等量关系可列方程 $(\frac{1}{18} + \frac{1}{12})x = 1$,解得 $x = 7.2$。

师:先回顾用一元一次方程解决实际问题的关键是什么?

生1:分析实际问题当中的已知量和未知量。

生2:找出相等关系。

生3:适当设出未知数,列出方程。

【设计意图】这道题由"单独做"变成"合作",难点是"找工程问题中的相等关系,建立一元一次方程模型"。因此为了突破教学难点,先通过简单问题回顾工程问题涉及的相关数量关系,并引导学生审题,通过题中的关键词或关键句找到已知量和未知量,根据数量关系表示相关的量,最后利用等量关系,列出方程。在启发学生用数学的思维思考问题的同时提升学生"数学抽象、数学建模"的素养。

(二)转化探究,初步运用

变式1:学校计划修建塑胶跑道,甲工程队单独做需要18天完成,乙工程队单独做只需要12天,甲、乙两队合修4天后,乙队因另有任务安排,剩下工作由甲队完成,则修好跑道还需要几天?

师:我们从问题中的已知量和未知量,等量关系,设出未知数,列出方程,解方程,答题这几个角度分析一下本题。

生1:题中没有给出总工作量,看作单位1,已知甲、乙单独完成总工作量的时间分别为18天,12天,相当于已知他们的工作效率分别为 $\frac{1}{18}$,$\frac{1}{12}$,还已知两队合作4天。需要求余下的任务甲队单独做完需要的工作时间。

生2:题中的相等关系为:甲乙合作的工作量+乙独做的工作量=工作总量。

生3:相等关系还可以是:甲的工作量+乙的工作量=工作总量。

生4:设修好跑道还需要 x 天,根据等量关系,得 $(\frac{1}{18} + \frac{1}{12}) \times 4 + \frac{1}{18}x = 1$,解得 $x = 8$,答:修好跑道还需要8天。

生5:设跑道修好还需要 x 天,根据等量关系,得 $\frac{1}{18}(x+4)+\frac{1}{12}\times 4=1$,解得 $x=8$,答:修好跑道还需要8天。

【设计意图】问题2是简单合作的工程问题,而变式1是较复杂的实际问题,找到问题中的等量关系学生容易产生困惑。因此,分析时要对应工程每一阶段的工作效率和工作时间来确定独做或合作的工作总量,准确找到等量关系,问题的设计为学生思考搭建了台阶。

(三)知识迁移,能力提升

变式2:8月20日,学校开始重修塑胶跑道这项工程。已知甲队单独完成要18天,乙队单独完成要12天。工程前期准备和验收预计共需3天,甲乙两队合修3天后,甲队因另有任务安排而离开,剩下工作由乙队完成。学校9月1日开学能使用新的塑胶跑道吗?

师:根据对前面问题的研究结果及本题的叙述,先说一说,我们已知了哪些条件?

生:总工作量是单位1,甲、乙的工作效率分别为 $\frac{1}{18}$,$\frac{1}{12}$。两队先合作3天,余下的工作由乙队单独完成。

师:如何验证9月1日开学能否使用呢?

生:如果工程在8月31日完成了,9月1日开学能使用,否则不能。

师:题目是需要求哪个量呢?

生:求乙还需要多少天完成整个工程。

师:同学们分析的思路和表达都很清晰。下面我们来具体分析解答这道题。

生:设修好跑道还需要 x 天,根据"甲乙合作的工作量+乙独做的工作量=工作总量"的等量关系,得 $\left(\frac{1}{18}+\frac{1}{12}\right)\times 3+\frac{1}{12}x=1$,解得,$x=7$。

师:8月31日能完成吗?

生:从8月20日开始工作,到8月31日共12天,工程前期准备和验收需3天,甲乙两队合修3天,乙队单独修7天,共需13天,所以9月1日开学不能使用。

变式3：如果学校要求恰好在9月1日开学时，跑道投入使用，该如何安排两队的工作时间呢？

师：同学们先独立思考，再小组交流。

小组1：从8月20日开始工作，到8月31日共12天，工程前期准备和验收需3天，修建时间为9天。先安排两队合作，再由乙队单独完成剩余部分。设甲乙合作 x 天，则乙需要单独再修 $(9-x)$ 天。$(\frac{1}{18}+\frac{1}{12})x+\frac{1}{12}(9-x)=1$，解得 $x=4.5$。所以，甲乙先合作4.5天，乙再单独修4.5天，跑道可以在9月1日开学时投入使用。

小组2：先安排两队合作，再由甲队单独完成剩余部分。设甲乙合作 x 天，则甲需要单独再修 $(9-x)$ 天。$(\frac{1}{18}+\frac{1}{12})x+\frac{1}{18}(9-x)=1$，解得 $x=6$。所以，甲乙先合作6天，甲再单独修3天，跑道可以在9月1日开学时投入使用。

【设计意图】在系列变形中，不断改变条件，让问题纵向加深，引导学生认识到，遇到较为复杂的实际问题时，可以先分步思考问题中基本的、简单的等量关系，再综合各个等量关系列出方程。利用数学方法解决问题，逐一击破难点。开放性问题、发散性练习的设计，既是对课堂的挑战，也是对学生的挑战，这样既检验学生的综合能力，又增强学生应用数学的意识，可以进一步提升学生的"数学抽象、数学建模"的素养。

（四）复习回顾，归纳总结

师：通过本节课的学习，你们有什么收获？

生1：当题中没有明确给出总工作量的时候，可以将其看作单位1。

生2：在分析应用题的时候要先分析题中的已知量、未知量，再分析数量关系。

生3：工程问题的数量关系：工作总量＝工作效率×工作时间，工作时间＝工作总量÷工作效率，工作效率＝工作总量÷工作时间。

生4：解应用题的一般步骤是：1.审题，分析题意，寻找等量关系；2.设未知数；3.根据等量关系列出方程；4.解方程，求出未知数的值；5.作答。

【设计意图】通过课堂小结，回顾知识内容，总结解题方法，形成认知结构，促进学生知识内化,引导学生透过现象看本质,找到知识的核心所在,深化理解学习内容,为学生后续的学习奠定基础。

三、问题解析

《义务教育数学课程标准(2022年版)》要求:使学生体验从实际背景中抽象出数学问题,构建数学模型、寻求结果、解决问题的过程。因此,在备课中教师用实际问题作为教学情境,层层增加条件或改变问法,激发学生兴趣,引发学生思考,培养学生从数学的角度看待问题。在问题的设计和变形中,从简单到复杂,从封闭到开放,为不同认知基础的学生提供相应的学习机会。不同梯度的问题设计,让不同的学生有不同的收获。基础问题的设计,面向全体学生,重在巩固基本知识。最后设计开放问题,给学生更大的发挥空间,面向部分优生,重在发展其智力和拓展思维,培养创新能力。这样的递进式题目变形设计,既有利于检测教学目标是否达成,又有利于培养学生初步的应用能力,达到学习的最基本要求,让不同的学生有不同的收获。

四、建构体系

数学源于生活,也将回归于生活,教学中注重引导学生学会将实际问题"数学化",通过数学提升处理实际问题的能力。

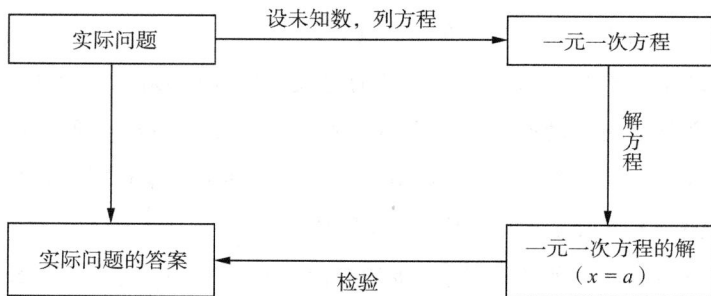

图 3-1

五、素养落实

教师从实际问题导入新课,引导学生回顾已经学过的知识,从熟悉的知识入手,层层递进,进而引导学生从不同的角度分析问题和解决问题,经历一个"数学建模"的过程,获得分析问题和解决问题的一些基本方法,体验解决问题方法的多样性,发展创新意识,学会与他人合作交流,增强自信心,使学生乐学、善学。

数形结合思想:"数轴"让抽象"参数"变直观

——"含参数的一元一次不等式(组)的解法"课例分析

一、研究背景

本节课是人教版《义务教育教科书数学七年级下册》第九章专题课含参数的一元一次不等式(组)的解法。本节课是学生在学习了不等式的性质、一元一次不等式(组)的概念及解法的基础上,为了达到复习巩固并提高学生数学思维水平和解题能力的目的,进行的总结与拓展,具有复习小结、启发学生思维的重要作用。基于以上分析确定本节课的教学重点为:会解含参数的一元一次不等式(组);已知含参数的一元一次不等式(组)的解或解集情况,会求参数的取值范围。教学难点为:借助数轴分析不等式(组)中参数的取值范围。教师在课堂中要注意引导学生总结归纳,培养学生探究与独立思考的学习习惯,使学生逐步熟悉和掌握数形结合的思想方法,提高分析问题和解决问题的能力。

二、教学实录

(一)情境导学

温故知新:复习一元一次不等式组的解集。

教师提出问题,学生口答,教师注意根据学生的回答帮助学生分类表述。

【设计意图】为了帮助学生回忆已学内容,课程开始前先复习一元一次不等式组解集的四种情况,用数轴表示不等式组的解集,为接下来的探究奠定知识基础。

(二)探究与思考

问题1:已知不等式的解集,求参数范围。

例1 若不等式 $(a-5)x<1$ 的解集为 $x>\dfrac{1}{a-5}$,则 a 的取值范围是_____。

分析:解不等式 $(a-5)x<1$

两边同时除以 $(a-5)$,得 $x>\dfrac{1}{a-5}$

则 $a-5<0$,$a<5$。

师:为什么不等式的符号发生了改变?什么情况下会改变?

生:当不等式两边除以同一个负数,不等号的方向改变,所以 $a-5<0$。

方法小结:利用解集对照法求字母参数的范围。在系数化1时,根据不等号方向是否改变,利用不等式的性质2或性质3确定系数的正负,从而求出字母参数的取值范围。

【设计意图】通过例题的分析,帮助学生利用不等式的性质2和性质3,求参数的取值范围。及时小结,帮助学生梳理解题思路,实现从题目到方法的过渡,培养学生归纳总结的好习惯。

问题2:已知不等式组的解集,求参数范围。

例2 不等式组 $\begin{cases} x>a \\ 3x+2<4x-1 \end{cases}$ 的解集为 $x>3$,则 a 的取值范围是_____。

分析:

(1)分别解两个不等式组,得 $\begin{cases} x>a \\ x>3 \end{cases}$

(2)对照不等式组解集第一种情况"同大取大"可得,a 的大致范围:$a<3$;(解集对照法)

（3）判断是否取端点值 $a=3$：采用"假设法" $x>3$。

多媒体展示或板书：当 $a=3$ 时，原不等式组的解 $\begin{cases} x > a \\ x > 3 \end{cases}$ 符合题意，则 $a \leqslant 3$。

【设计意图】通过例题的分析以及多媒体动画展示解题思路，帮助学生采用"解集对照法"求参数的取值范围。把解题过程分解为几个步骤，旨在降低题目难度，逐步启发学生深入思考问题，学会分析已知条件，得出结论。

方法小结：解集对照法。

前两种类型题目最关键的在于"对"，把解出来的解集和题干的解集对照，根据不等式的性质和不等式组的四种解集情况，确定字母的值或取值范围。

问题 3：有解无解问题（借用数轴）。

例 3　不等式组 $\begin{cases} x \leqslant m \\ x > 11 \end{cases}$ 无解，则 m 的取值范围是＿＿＿＿＿＿＿＿＿。

分析：借助一个非常好用的工具——数轴。

师：在数轴上画出无解的情况，并标注 m 和 11 的位置。判断 m 和 11 的大小关系。

生 1：若 m 比 11 大，则不等式组有解。

生 2：因为 m 在 11 的左侧，所以 $m<11$。

师：判断是否取端点值 $m=11$：采用"假设法"。

动画展示：当 $m=11$ 时，原不等式组是 $\begin{cases} x \leqslant 11 \\ x > 11 \end{cases}$，此不等式组无解，符合题意，则 $m \leqslant 11$。

【设计意图】对借助数轴例题进行分析，达到数形结合的学习目的。利用数轴表达不等式组的解集能够帮助学生直观得到参数的大致取值范围，使学生体会数形结合思想在解决数学问题时的优越性，提高学生的数学素养。

方法小结：借用数轴，数形结合。

把已知或能求得的解表示在数轴上，将含参数的解集在数轴上移动，观察满足要求时字母的取值范围，尤其要注意端点的取舍（假设法）。

问题 4：已知整数解，求参数范围

例 4　若不等式 $4x-a \leqslant 0$ 的正整数解为 1 和 2，则 a 的取值范围是＿＿＿＿＿＿＿。

分析:

(1)解不等式并在数轴上画出它的解集。$x \leq \dfrac{a}{4}$;

(2)把正整数解1,2在数轴上标出来;

(3)思考:整数3在数轴的什么位置?$\dfrac{a}{4}$ 在哪两个整数之间?可得:$2 < \dfrac{a}{4} < 3$;

(4)判断是否取端点值:采用"假设法",令 $\dfrac{a}{4} = 2$ 或 $\dfrac{a}{4} = 3$,看原不等式的解集是否成立。

(三)讨论交流,归纳知识

师:你认为解决这类问题分为几步?

生:借用数轴,数形结合;确定参数大致范围;判断端点值的取舍。

【设计意图】通过小结,再次巩固与含参数的一元一次不等式(组)有关的四类问题及解决方法,突出重点。总结解题步骤和数学思想方法,实现本节课的升华,从能力、情感、态度等方面关注学生对课堂的整体感受。

(四)启发猜想,变式拓展

练习1:若不等式组 $\begin{cases} \dfrac{3x-1}{3} > 1 \\ x > a \end{cases}$ 的解集为x>2,则a的取值范围是_____。

练习2:不等式组 $\begin{cases} 2x > 3x - 3 \\ 3x - a > 5 \end{cases}$ 有实数解,则a的取值范围是_____。

练习3:已知,关于x的不等式组 $\begin{cases} x - a \geq 0 \\ 2x - 1 < 5 \end{cases}$ 的整数解有5个,则a的取值范围是_____。

【设计意图】布置课后思考题,继续用数形结合法解决问题,巩固本节课知识,拓展学生数学思维。

三、问题解析

通过日常练习,教师发现学生会解一个具体的不等式,对于含字母参数的不等式解集如何表示不能够马上确定。对于给出解集(整数解),让求字母的值或者取值范围的题目,学生能够找到字母参数的大致范围,但是端点值的确定需要分情况讨论。为了解决以上问题,巩固本章重点内容,提高学生解决问题的能力,帮助学生更好地体会数形结合等思想方法的魅力,本节专题课显得尤其重要。学生已经会解具体的一元一次不等式及不等式组,本节课梳理并总结了与含参数的一元一次不等式(组)有关的四种类型的题目,以分类教学为主线,启发式教学为原则,强化思维的逻辑性,引导学生总结出解决此类难题的逻辑顺序和解题步骤,遵循"小步子走"策略,将每道例题分解成几个小问题,在"最近发展区"设置问题,化难为易,降低课堂难度,能够激发学生学习兴趣。借助数轴,让学生直观地理解不等式(组)的解集情况,将代数问题直观化,达到了化难为易的目的。

例题分析时教师要充分借助多媒体动画或白板板书,采用数形结合思想,注意精细设问,层层引导,结合学生的知识储备,降低题目难度,切不可直接讲题。本节课属于专题课,主要是归纳提升,这对一些学生是难点。在实际教学中,也可以设置一节专题课,讲练结合。同时,对于课后练习题,考虑到难度较大,也可根据教学班的实际情况对练习的题目进行取舍。

四、建构体系

含参数的一元一次不等式(组)解法的一般步骤

1.用参数表示解集	→	2.借助数轴,数形结合	→	3.确定参数大致位置	→	4.判断端点值的取舍
解		画		定		端

图 3-2

五、素养落实

本节课对重难点问题进行梳理总结,有助于拓展学生的数学思维。设置丰富的多媒体动画,用不同形状、颜色进行标注,充分刺激学生的感官,把晦涩难懂的题目转化为直观的图、式等,增强教学效果,使学生提高自身分析问题、解决问题的能力,养成良好的学习习惯。

自主探索与合作交流是学生学习的重要方式,考虑到本节课属于专题课,旨在帮助学生体会并会运用数形结合、分类讨论等思想方法,对于部分学生有难度。因此,本节课学生采用独立思考与探讨交流结合的学习方式,与教师共同完成四类题目解题步骤的探究。除了总结解题步骤以外,学生还深入体会了数形结合、分类讨论等数学思想在数学学习中的重要性,发展合情推理能力。

培养抽象思维,增强模型意识

——"二次函数图象与系数的关系"课例研究

一、研究背景

本节课属于初中阶段数与代数领域中"函数"主题中的一节专题课,学生已经学完一次函数和二次函数,对函数有了一定的学习能力和知识储备,在此基础上利用已有的认知探究二次函数图象与系数之间的关系。

《义务教育数学课程标准(2022年版)》中对这一部分的学业要求是:会通过分析实际问题的情境确定二次函数的表达式,体会二次函数的意义;会利用一些特殊点画出二次函数的草图;通过图象了解二次函数的性质,知道二次函数的系数与图象形状和对称轴的关系。会根据二次函数的表达式求其图象与坐标轴的交点坐标;能够根据二次函数图象说出图象的开口方向,画出图象的对称轴,得出二次函数的最大值或最小值。

二、教学实录

师：请一位同学在黑板上的平面直角坐标系中任意画一条抛物线，然后各小组同学根据抛物线的图象，试试都能获得多少信息，各小组组长汇总所得信息，并选一名代表进行展示和讲解。

【设计意图】通过简单的二次函数图象设计开放性问题，通过小组合作互助，共同整理更多信息，既是对相关知识点的复习和巩固，又体现小组互助的学习方式，更渗透了数形结合思想，让学生明确数形之间的对应关系。

通过几个小组的展示和互相补充，同学们基本了解了开口方向、对称轴、与 y 轴交点位置和与 x 轴交点个数对应的数量关系。此时，教师进一步设计更具体的问题进行知识追问。

师：同学们请看这个二次函数 $y=ax^2+bx+c$（$a\neq0$）图象，你们能发现哪些与系数有关的结论呢？（如图 3-3）

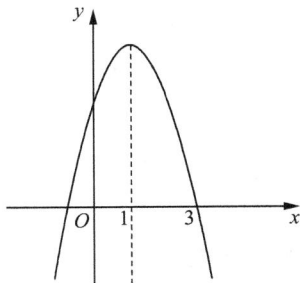

图 3-3

【设计意图】将问题设计成有具体对称轴和与 x 轴交点坐标的函数图象，利用开放式问题情境，培养学生们的发散思维能力。注重对学生思维方式的引导和训练，同时启发和引领学生对所得结论进行合理的分类整理。

生1：由前面整理的知识得到：$a<0,b>0,c>0,b^2-4ac>0$。

生2：由对称轴 $x=1$ 得到 $-\dfrac{b}{2a}=1$，进而得到 $2a+b=0$。

生3：由抛物线与 x 轴交点坐标$(3,0)$以及对称性可得另一个交点坐标$(-1,0)$。

师:那你能把你得出的结论转化为数量关系式吗?

生:$9a+3b+c=0$ 和 $a-b+c=0$。

师:你真的太聪明了,反应真快。在数学上,我们要用数学语言表达现实世界。

师:同学们,你们能够通过小组研讨并设计一个分类标准,将我们所得到的结论进行分类并进行阐述吗?

小组1:我们按照字母个数进行分类:一、1个字母:开口方向对应 a,对称轴对应由 a 得 b,与 y 轴交点坐标位置对应 c;二、3个字母:与 x 轴交点个数对应 b^2-4ac,与 x 轴交点横坐标的值对应 a,b,c 的数量关系;三、2个字母:对称轴对应 a 与 b 的数量关系,再与含3个字母的数量关系进行整合,可以得到 a 与 c、b 与 c 之间的数量关系。

师:其他小组还有补充吗?

【设计意图】通过设计的问题情境,让学生学会用数学的眼光观察现实世界,进而学会分类方法,同时进一步启发,让其他小组进一步补充和完善知识点,构建知识体系。

小组2:老师,我们补充一点,不一定是抛物线与 x 轴的交点横坐标,才能得到 a、b、c 的一些关系式,对于 x 的一些特殊值,可以找到抛物线对应点的纵坐标的位置,也可以得到关于 a、b、c 的一些关系式。

师:这两个小组总结得都很好,很有见解,但我们怎么运用呢? 你们能举出一些抛物线的图象,根据你们的总结方法进行讲解吗?

【设计意图】对学生的表现及时进行评价和鼓励,同时又提出让学生进行举例讲解,就是给学生更多的机会去表达自己的观点,阐述自己的见解,让学生用数学的语言表达自己的数学思维过程,培养学生深入分析问题和解决问题的能力。

小组3:老师,我们小组想试试。

师:太好了,现在让第3小组来给大家展示,其他小组可以补充。

小组3:现在我们组给大家展示一个二次函数图象(如图3-4),由我们小组成员为同学们进行讲解。

生1:根据开口向下得到 $a<0$,对称轴为直线 $x=-1$,得到 $-\dfrac{b}{2a}<0$,进而得到 $b<0$,我们组把这个知识

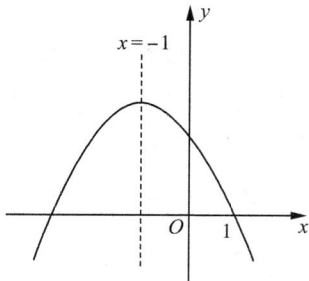

图3-4

概括为"左同右异中为0"。我们在进行整理的时候发现并验证了这个结论：当对称轴在 y 轴左侧时，a、b 符号相同，当对称轴在 y 轴右侧时，a、b 符号相反，当对称轴为 y 轴时，$b=0$。由抛物线与 y 轴交点在 y 轴正半轴，得到 $c>0$。

生2：抛物线与 x 轴有两个交点可得 $b^2-4ac>0$；抛物线与 x 轴交点坐标为（1，0）得到 $a+b+c=0$；根据对称性得到抛物线与 x 轴另一个交点坐标为（-3，0），进而得到 $9a-3b+c=0$。

生3：我补充一下，当 $x=2$ 时，对应的函数值为负数，即 $4a+2b+c<0$；当 $x=-2$ 时，对应的函数值为正数，即 $4a-2b+c>0$，我们还能得出类似的结论。

生4：由对称轴直线 $-\dfrac{b}{2a}=-1$ 可得 $b=2a$，将 $b=2a$ 代入 $a+b+c=0$ 以及 $4a+2b+c<0$ 可得：$3a+c=0$、$8a+c<0$ 等。

师：第3小组展示得非常清晰和准确，既有图象还有讲解，更对函数图象与系数关系做了细致的分类，这个学习过程其实就是从易到难，这其实就是我们的认知规律，从简单到复杂。还有哪组有什么见解或者想法吗？

小组4：老师，我们组画了一个二次函数图象（如图 3-5），想让同学们试试，都能得到哪些结论？

师：太好了，哪些小组想试试？

生5：第4小组的同学真的太聪明了，这个图象既有上一个函数图象的一些基本特征，又有不同的地方，我们组先讨论一下再回答问题。

【设计意图】通过问题的引领，学生知道提出问题是分析问题和解决问题的前提条件。在日常教学中，教师要多设置能够促进学生思维发展的教学环节，指导和培养学生深度学习的习惯，提升学生的高阶思维能力。

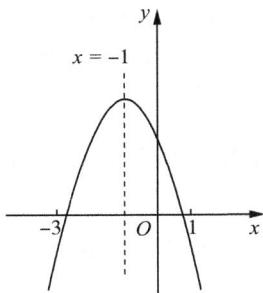

图 3-5

师：看看哪个小组发现不同的结论？

小组5：我们小组有发现，让我们小组成员进行展示吧。

生1：我们得到：$a+b+c<0$，$4a+2b+c<0$，$4a-2b+c>0$，$9a-3b+c<0$。

生2：我们还得到：二次函数的最大值是 $a-b+c$。

生3：我们还能根据对称轴 $x=-1$，得到 $b=2a$，进而会得到很多结论。

师：同学们表现得非常好，既发现了相应结论又进行了归纳总结，那你们可以谈一下今天在这节课的收获吗？

生1：我学会了通过观察二次函数的图象发现有关二次项系数 a，一次项系数 b 和常数项 c 之间的数量关系，包含等量关系和不等关系。

生2：我感悟到数形结合思想在函数图象与系数关系中的应用，体会到图象与坐标轴的位置关系与各项系数之间的内部联系。

师：同学们说得都很好，本节课也反映出咱们同学对学习的热情和肯学习的态度，在学习过程中有方法、有思想、有收获。函数图象的研究就是要学会在数与形之间相互转化，更希望同学们在今后的学习中，不断完善自己的知识体系，储备知识内容，并且在思想、方法和学习习惯上继续取得进步。

三、问题解析

授课过程中遇到最大的问题就是如何引导学生通过函数图象建立起图象与系数之间的关系，也就是如何引导学生理解和运用数形结合思想。教师最大的作用就是通过问题情境设计、图象设计来引导和指导学生，让学生在学习过程中学会分类的方法，以及会运用数形结合思想解决实际问题。

四、建构体系

二次函数 $y=ax^2+bx+c\,(a\neq0)$ 的图象是一条抛物线，可用五点法画出草图，其中顶点坐标 $(-\dfrac{b}{2a},\ \dfrac{4ac-b^2}{4a})$，对称轴是直线 $x=-\dfrac{b}{2a}$。当 $a>0\,(a<0)$ 时开口向上（下），在对称轴的左侧，y 随 x 的增大而减小（增大），在对称轴的右侧，y 随 x 的增大而增大（减小）。当 $x=-\dfrac{b}{2a}$ 时，y 有最小（大）$\dfrac{4ac-b^2}{4a}$。当 $x=0$ 时，求得函数与 y 轴的交点 $(0,c)$；当 $y=0$ 时，可求得函数与 x 轴交点的横坐标。

函数图象非常直观形象，含有丰富和有价值的信息，用好这些信息有助于培养和提高同学们分析问题、解决问题的能力。抛物线 $y=ax^2+bx+c\,(a\neq0)$ 与 a,b,c 关系归纳如下。

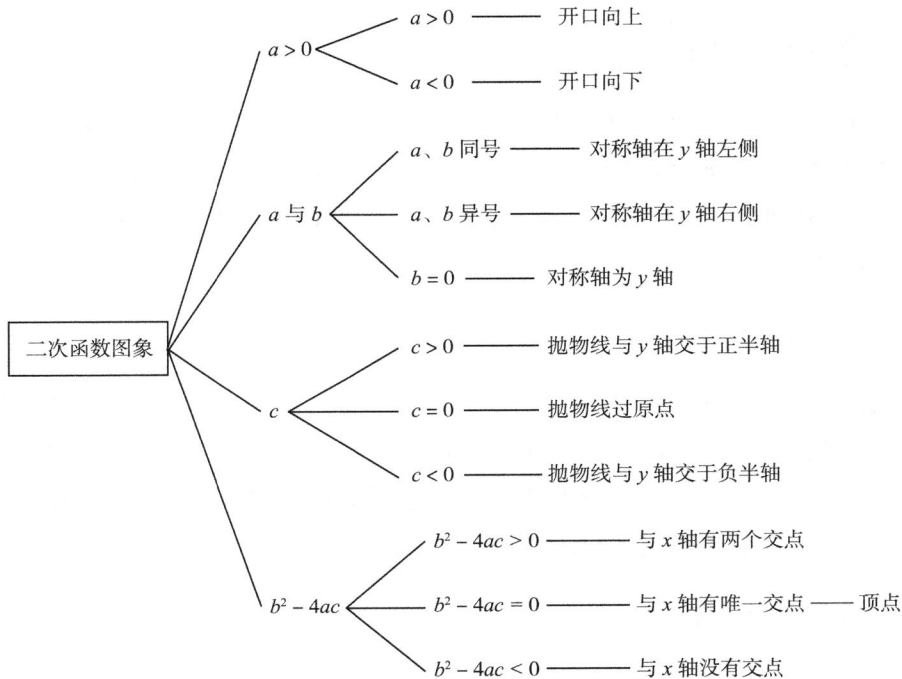

图 3-6

五、素养落实

本节课体现了初中数学的核心素养:抽象能力、几何直观、运算能力、模型观念和创新意识。

(一)抽象能力

学生通过对二次函数图象中蕴含的系数之间的数量关系和空间位置的抽象,得到数学的研究对象。学生能够从数学情境中抽象出核心变量、变量的规律及变量之间的关系,并能够用数学符号表达等量关系或者不等关系,还能够从具体二次函数图象问题的解决过程中概括一般结论,形成数学的方法和策略,进而感悟数学抽象,感悟用数学的眼光观察现实世界的意义,形成数学想象力,增强学习数学的兴趣。

(二)几何直观

本节课让学生运用函数图象描述和分析问题,通过观察二次函数图象与坐标轴的位置关系感知各种几何图形及其组成元素,依据图形的特征进行分类,建立形与数的联系,构建二次函数图象的直观模型,从二次函数图象的几何直观去把握数学问题的本质,明晰数学思维的路径。

(三)运算能力

学生能够明晰通过运算解决二次函数图象所蕴含的系数的数量关系问题,选择合理简洁的运算策略解决问题。教师设置问题情境让学生通过运算促进数学推理能力的发展。学生提升运算能力有助于促使他们形成规范化思考问题的品质,养成一丝不苟、严谨求实的科学态度。

(四)模型观念

从具体数学情境中抽象出数学问题,用数学符号建立二次函数系数之间的数量关系和变化规律,求出运算结果并讨论,有助于学生深刻理解数学意义。

(五)创新意识

学生能够主动尝试从数学情境中发现和提出有意义的数学问题,初步学会通过具体的二次函数图象的实例,运用归纳和类比的方法发现数学规律,得出数学结论并通过计算加以验证。在此过程中,学生能够踊跃地探索一些开放性的、非常规的数学问题,有助于形成独立思考、敢于质疑的科学态度和理性精神。

创设情境,构建模型

——"二次函数的实际应用"课例研究

一、研究背景

本节课是人教版《义务教育教科书(五·四学制)数学九年级上册》第二十八章的一节专题课,其教学内容为"二次函数与实际问题"。

二次函数是整个初中阶段非常重要的一种函数,也是初中数学学习的重点和难点,新课标要求学生能通过实际问题的分析确定二次函数表达式,体会其意义,能根据图象的性质解决简单的实际问题。本节课的目的在于让学生通过使用二次函数的知识解决实际问题,进一步培养学生建构数学模型解决实际问题的能力。

九年级学生在学习了一次函数、反比例函数和二次函数的图象与性质后,对函数思想已经有初步认识,对分析问题、解决问题的方法已经能够初步模仿。本节课的内容是通过建立数学模型来强化二次函数的运用,加深学生对二次函数数学意义的认识,掌握数学建模的方式,提升数学思维,灵活运用数形结合的数学思想方法。

二、教学实录

(一)情境引入

观看视频,内容为篮球运动员的投篮、实心球投掷以及展示优美的拱桥等。

师:篮球场上,运动员手中的篮球划过一个完美的"弧线"进入球筐,让人心潮澎湃。同学们观察并思考一下,篮球的运动路径,是数学意义上的弧线吗?

生:不是。

师：你是怎样判断的呢？

生：弧是圆的一部分，而篮球不能划过一个圆回到手中，所以，运动路径不可能是弧。

师：那这个路径更接近于哪个图形？

生：抛物线。

师：在现实生活中，我们常常会遇到与二次函数及其图象有关的问题，利用二次函数的有关知识研究和解决这些问题，具有很现实的意义。

（二）题型分类

1. 运动类——落地模型

例1　小明在体育训练中掷出的实心球的运动路线是如图3-7所示的抛物线形，若实心球运动的抛物线的解析式为 $y = -\dfrac{1}{9}(x - 3)^2 + \dfrac{25}{9}$，其中 y 是实心球飞行的高度，x 是实心球飞行的水平距离，则小明此次掷球的成绩是多少？

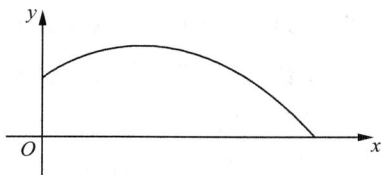

图 3-7

师：同学们思考一下，小明的投掷成绩是怎样计算的？

生：球落地的点，到脚的距离。

师：将这个实际问题转化为数学问题，相当于是求哪个量？

生：求抛物线与 x 轴的交点到原点的距离。

师：抛物线与 x 轴有几个交点？是求哪个交点到原点的距离？怎样求呢？

生1：抛物线与 x 轴有两个交点，是求正半轴的交点到原点的距离。

生2：令 $y = 0$ 得到一元二次方程 $-\dfrac{1}{9}(x - 3)^2 + \dfrac{25}{9} = 0$，解得 $x_1 = 8$，$x_2 = -2$，从图上可以看出，小明的成绩是抛物线与 x 轴正半轴的交点到原点的距离。所以 $x_2 = -2$ 舍去，那么小明此次掷球的成绩是8米。

【方法梳理】在落地模型中,球到地面即停止,所以高度和时间不能取负数,在图象上只存在第一象限的部分,求解时只需将 $y=0$ 代入解析式,即可求出 x 的值。

2. 运动类——特殊值模型

例2 一位篮球运动员投篮,球沿如图 3-8 所示的抛物线 $y=-\frac{1}{5}x^2+x+\frac{9}{4}$ 运行,然后准确落入篮筐内,已知篮筐的中心离地面的高度为 3.05 米,则他距篮筐中心的水平距离 OH 是多少米?

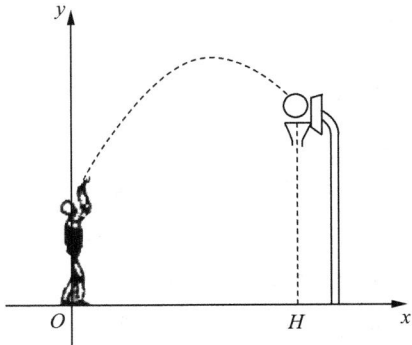

图 3-8

师:同学们,本题中的点 H 不是抛物线与 x 轴的交点了。将这个实际问题转化为数学问题,相当于求哪个量?

生:把篮筐看作一个点,篮筐的中心离地面的高度为 3.05 米,也就是这个点的纵坐标为 3.05,本题相当于已知这个点的纵坐标,求这个点的横坐标。将 $y=3.05$ 代入解析式,可以得到一元二次方程 $-\frac{1}{5}x^2+x+\frac{9}{4}=3.05$,化简得 $x^2-5x+4=0$,因式分解得 $(x-1)(x-4)=0$,解得:$x_1=1,x_2=4$,由图可知,H 对应的横坐标是 4。故他距篮筐中心的水平距离 OH 是 4 米。

【方法梳理】在特殊值模型中,将问题抽象成数学问题就相当于已知一个点的横坐标或者纵坐标,求对应的纵坐标或横坐标,只需要将自变量或函数值代入解析式,求出对应值,并根据实际问题对解进行取舍。

师:以上问题都是形状是抛物线的类型,将运动路径对应的抛物线解析式给出,转换成求抛物线上点的坐标,与自变量和函数值进行关联。实际生活中,还有一些问题,体现的是所涉及的量之间存在二次函数关系。请看下列问题。

3. 运动类——最值模型

例3　飞机着陆后滑行的距离 S(米)关于滑行的时间 t(秒)的函数解析式是 $S = -\dfrac{3}{2}t^2 + 60t$,则飞机着陆后滑行到停止,滑行的距离为多少米?

师:同学们思考,这道题是求哪个量呢?

生:求函数值 S。

师:已知哪个量,才能求函数值呢?

生:自变量 t 的值。

师:自变量 t 的值是多少呢?

生:也是未知量。

师:本题需要求的是函数值,但此时对应的自变量也是未知的,这就让我们的思路陷入了困境。那我们能不能再换个角度去思考呢?同学们来思考,飞机什么时候会停止呢? 停止的时候,滑行的距离会达到多少呢?

生:飞机停止时,滑行的距离会达到最大。所以本题转化为数学问题是求 S 的最大值。此时, $S = -\dfrac{3}{2}t^2 + 60t = -\dfrac{3}{2}(t - 20)^2 + 600$,所以,当 $t = 20$ 时,S 取最大值,此时 $S = 600$,即飞机着陆后滑行到停止,滑行的距离为 600 米。

变式1:我们在春节的时候都看过礼炮。当一种礼炮的升空高度 h(米)与飞行时间 t(秒)的关系式是 $h = -\dfrac{2}{3}t^2 + 8t + 2$,若这种礼炮在升空到最高点时引爆,则从点火升空到引爆需要的时间为多少秒?

师:这个问题与上个题有什么联系?

生:上一题是飞机在水平方向走到最大距离停止,本题是礼炮上升到最大高度爆炸,本题转化为数学问题是求 h 取最大值时对应的自变量 t 的值。原二次函数可化为 $h = -\dfrac{2}{3}t^2 + 8t + 2 = -\dfrac{2}{3}(t - 6)^2 + 26$,所以,当 $t = 6$ 时,h 取得最大值,也就是礼炮从点火升空到引爆需要 6 秒。

【方法梳理】在最值模型中,物体到达最高点即停止,刹车类问题是行驶至最大值即停止。此类模型中,到达最值后图象结束,只需要求出最值或者对应的自变量即可。

4.拱桥类模型

例4 一座桥的桥拱是近似的抛物线形,建立如图 3-9 所示的平面直角坐标系,其函数的关系式为 $y = -\frac{1}{25}x^2$,当水面离桥拱顶的高度 DO 是 4 米时,水面宽度 AB 为多少米?

师:哪位同学来分析一下这道题。

生:题中 $DO = 4$,相当于给出了点 D 的纵坐标为 -4,

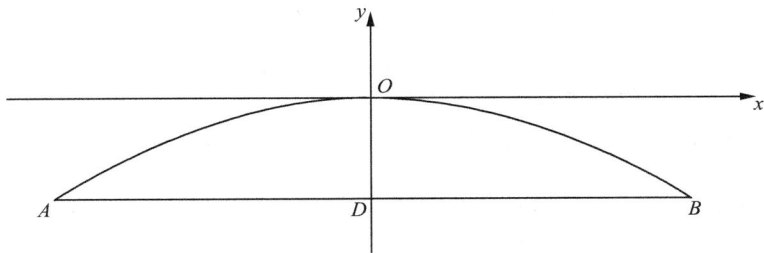

图 3-9

因为 AB 平行于 x 轴,点 A,点 B 的纵坐标均为 -4,把 $y = -4$ 代入关系式,解得 $x = \pm 10$,所以 $A(-10, -4)$,$B(10, -4)$,那么 $AB = 20$。即水面宽度 AB 为 20 米。

变式 2:在跳绳时,绳甩到最高处时形状可近似看作如图 3-10 所示的抛物线,已知甲、乙两名学生拿绳的手间距为 6 米,距地面均为 1 米,绳的最高点距离地面的高度为 4 米,以水平的地面为 x 轴,垂直于地面且过绳子最高点的直线为 y 轴,建立如图示所示的平面直角坐标系。

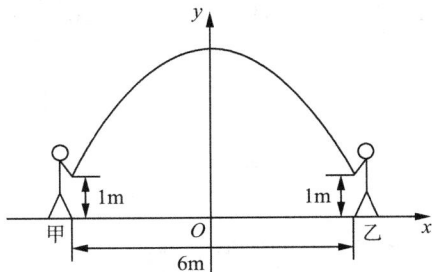

图 3-10

①求抛物线的函数表达式;

②身高为 1.57 米的小明此时进入跳绳,他站直时绳子刚好通过他的头顶,小明与甲的水平距离小于小明与乙的水平距离,求小明离甲的水平距离。

师:请同学们将实际问题转化为数学问题进行分析。

生:由抛物线的轴对称性可知甲、乙两人到 y 轴的距离相等及两人之间的距离为 6,绳的最高点距离地面的高度为 4 可知,抛物线经过点 $(-3,1)$,$(3,1)$,$(0,4)$,设抛物线的函数表达式为 $y = ax^2 + bx + c$,将三个点的坐标代入可得三元一次方程

组 $\begin{cases} 9a - 3b + c = 1 \\ 9a + 3b + c = 1 \\ c = 4 \end{cases}$,解得 $\begin{cases} a = -\dfrac{1}{3} \\ b = 0 \\ c = 4 \end{cases}$,所以抛物线的函数表达式为 $y = -\dfrac{1}{3}x^2 + 4$;

生:求小明离甲的水平距离相当于求在 x 轴上的两个点之间的距离,将小明的头顶看作一个点,身高为 1.57 米的他站直时绳子刚好通过他的头顶,说明这个点的纵坐标为 1.57,将 $y = 1.57$ 代入 $y = -\dfrac{1}{3}x^2 + 4$,得 $-\dfrac{1}{3}x^2 + 4 = 1.57$,解得 $x = \pm 2.7$,因为小明与甲的水平距离小于小明与乙的水平距离,所以 $x = -2.7$,$-2.7 - (-3) = 0.3$,那么小明离甲的水平距离为 0.3 米。

【方法梳理】将实际问题抽象为数学问题,利用关系式求特殊点的横纵坐标。

5. 面积类模型

例 5　有长为 12 米的篱笆,现一面利用墙(墙的最大可用长度 a 为 5 米)围成一个如图 3-11 的矩形花圃,设花圃的宽 AB 为 x 米,面积为 S 平方米。

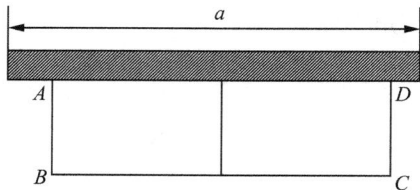

图 3-11

①求 S 与 x 的函数关系式及 x 的取值范围;

②要围成面积为 9 平方米的花圃,AB 的长是多少米?

③当 AB 的长是多少米时,围成的花圃面积最大?

师：本题三问转化为数学问题需要求的是哪些量？与题中哪些已知量有关？

生1：第一问是求函数关系式及自变量的取值范围，因为 $BC=AD$，而 AD 的长不能超过5，这样就限定了自变量的取值范围不能超过5。

生2：第二问相当于已知函数值 $S=9$ 时，求自变量 x 的取值范围。

生3：第三问相当于求当函数值 S 取最大值时，对应的自变量 x 的值。

生4：由题意可得 $BC=12-3x$，$S=AB \cdot BC=x(12-3x)=-3x^2+12x$；因为 $0<BC\leqslant5$，即 $0<12-3x\leqslant5$，解得 $\dfrac{7}{3}\leqslant x<4$，则 x 值的取值范围为 $\dfrac{7}{3}\leqslant x<4$。

生5：当 $S=9$ 时，即 $-3x^2+12x=9$，解得 $x_1=1，x_2=3$，因为 $\dfrac{7}{3}\leqslant x<4$，所以 $x=3$，即 AB 的长是3米。

生6：$S=-3x^2+12x=-3(x-2)^2+12$，因为 $a=-3<0$，抛物线开口向下，所以抛物线上的点离对称轴越远，函数值越小，因为 $\dfrac{7}{3}\leqslant x<4$，所以当 $x=\dfrac{7}{3}$ 时，S 取最大值，为 $-3\times\left(\dfrac{7}{3}-2\right)^2+12=\dfrac{35}{3}$，即当 AB 的长是 $\dfrac{7}{3}$ 米时，围成的花圃面积最大。

变式3：某校要进行校园绿化，规划出矩形苗圃 $ABCD$，苗圃的一面靠墙，墙最大可用长度为12米，另三边用木栏围成，中间也用垂直于墙的木栏隔开分成面积相等的两个区域，并在如图 3-12 所示的两处各留1米宽的门（门不用木栏），修建所用的木栏总长为28米，设矩形 $ABCD$ 的一边 CD 长为 x 米.

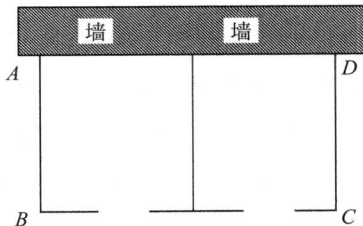

图 3-12

①用含 x 的式子表示矩形 $ABCD$ 的另一边 BC 的长；

②若矩形 $ABCD$ 的面积为63平方米，求 x 的值；

③当 x 为何值时，矩形 $ABCD$ 的面积最大，最大面积为多少平方米？

师:苗圃的两个门对哪个量产生影响?是怎样的影响?

生:对 BC 边的表示有影响,比不留门多 2 米。

师:请同学们按以上分析解答此题。

生1:因为修建所用的木栏总长为 28 米,且两处各留 1 米宽的门(门不用木栏),所以 $BC = 2 + 28 - 3x = 30 - 3x$。

生2:墙最大可用长度为 12 米,所以 $2 < BC \leqslant 12$,即 $2 < 30 - 3x \leqslant 12$,解得:$6 \leqslant x < \dfrac{28}{3}$,根据图形可列方程得 $x(30 - 3x) = 63$,解得 $x_1 = 3$(舍),$x_2 = 7$,所以 x 的值为 7。

生3:设矩形的面积为 S 平方米,则 $S = x(30 - 3x) = -3x^2 + 30x = -3(x - 5)^2 + 75$,因为 $-3 < 0$,且 $6 \leqslant x < \dfrac{28}{3}$,所以当 $x = 5$ 时,S 有最大值,最大值为 75。

师:以上两题的第三问均是关于矩形的最大面积的问题,通过这两道题的计算,你们有什么重要发现吗?

生:当矩形的周长确定时,矩形特殊化为正方形的时候面积最大。

【方法梳理】解决面积类模型问题时,需要将求面积涉及的边长准确地表示出来,再根据面积公式列函数关系式,根据题目要求求函数值、自变量或者最值。还要根据实际情况对结果进行取舍。

6. 销售类模型

例6 某公司经销一种商品,每千克成本为 50 元。市场调查发现,在一段时间内,销售量 y(千克)随销售价 x(元/千克)的变化而变化,具体关系式为 $y = -2x + 240$。设这种商品在这段时间内的销售利润为 w(元),请解答下列问题:

①求销售利润 w(元)与销售价 x(元/千克)之间的关系式;

②如果物价部门规定这种商品的销售价不得高于 90 元/千克,该公司想要在这段时间内获得 2 250 元的销售利润,那么应将销售价定为多少?

③当销售价 x 取何值时,销售利润 w 的值最大?最大值为多少?

师:第一问求的是利润与售价的关系,同学们先思考,利润的求法有几种?

生1:单件利润乘以数量。

生2:总售价减去总进价。

师：本题更适合用哪个关系求？

生：单件利润乘以数量。

师：哪位同学来分析一下这道题？

生1：本题给出了销售价为 x 元，成本为 50 元，可表示出单利润为 $(x-50)$ 元，而数量也与 x 有关，关系为 $y=-2x+240$，所以可得 $w=(x-50)(-2x+240)=-2x^2+340x-12\,000$；

整理得，w 与 x 之间的关系式为 $w=-2x^2+340x-12\,000$。

生2：第二问求的是利润，相当于给出 $w=2\,250$ 时求对应的 x 的值，因此将 $w=2\,250$ 代入，可得 $-2x^2+340x-12\,000=2\,250$，解得：$x_1=75$，$x_2=95$，因为这种商品的销售价不得高于 90 元/千克，所以 $x=75$，因此应将销售价定为 75 元/千克。

师：第三问的问题很直接。就是求最大值。哪位同学试一试？

生：$w=-2x^2+340x-12\,000=-2(x-85)^2+2\,450$，因为 $-2<0$，所以当销售价 $x=85$ 时，销售利润 w 的值最大，最大值为 2 450 元。

变式4：某商品的进价为每件 40 元，当售价为每件 50 元时，每个月可卖出 210 件，如果每件商品的售价每上涨 1 元，则每个月少卖 10 件（每件售价不能高于 65 元）。

①每件商品的售价定为多少元时（x 为正整数），每个月可获得最大利润？最大的月利润是多少元？

②若在销售过程中每一件商品都有 $a(a>0)$ 元的其他费用，商家发现当售价每件不低于 58 元时，每月的销售利润随 x 的增大而减小，请直接写出 a 的取值范围。

师：请同学们带着以下几个问题先认真阅读，独立思考，在小组分享交流。

问题1：题目涉及哪些变量？哪个是自变量？有哪些量随之发生了变化？

问题2：如何表示每月题目中的各个量？

问题3：价格调整有没有限制？如果有，如何确定取值范围？

问题4：如何定价才能获得最大利润呢？

【学生活动】学生先独立思考，再小组交流分享。

生1：本题涉及每件商品上涨的价格及售价，每个月销售的件数，每个月获得的利润。其中售价，每个月销售的件数，每个月获得的利润均随着上涨价格的变化而变化，所以每件商品上涨的价格是自变量。

生2：设每件商品的售价上涨 x 元，每个月的销售量为 y 件，y 与 x 的函数关系式为 $y = -10x + 210$。每件售价不能高于 65 元，所以 $50 + x \leqslant 65$，解得 $x \leqslant 15$，则 $0 < x \leqslant 15$。题目中还限定 x 为正整数，所以 x 可以取 $0 < x \leqslant 15$ 范围内的正整数。

生3：设每个月利润为 w 元，$w = (-10x + 210)(50 + x - 40) = -10x^2 + 110x + 2\ 100 = -10(x - 5.5)^2 + 2\ 402.5(0 < x \leqslant 15$ 且 x 为正整数$)$，因为 $a = -10 < 0$，所以当 $x = 5.5$ 时，w 有最大值 $2\ 402.5$，因为 $0 < x \leqslant 15$ 且 x 为正整数，

当 $x = 5$ 时，$50 + x = 55$，$w = -10 \times (5 - 5.5)^2 + 2\ 402.5 = 2\ 400$（元），

当 $x = 6$ 时，$50 + x = 56$，$w = -10 \times (6 - 5.5)^2 + 2\ 402.5 = 2\ 400$（元），

所以当售价定为每件 55 元或 56 元，每个月可获得最大利润，最大的月利润是 $2\ 400$ 元。

生4：$w = (210 - 10x)(50 + x - 40 - a) = -10(x - 21)(x + 10 - a) = -10x^2 + (110 + 10a)x + 2\ 100 - 210a$，所以函数图象的对称轴为：$x = \dfrac{1}{2}(21 + a - 10) = \dfrac{11 + a}{2}$，售价每件不低于 58 元时，即 $x \geqslant 58 - 50 = 8$，又 $0 < x \leqslant 15$ 且 x 为整数，因为 $8 \leqslant x \leqslant 15$，且 x 为整数，w 随 x 的增大而减小，所以 $7 < \dfrac{11 + a}{2} \leqslant 8$，解得 $3 < a \leqslant 5$，所以 a 的取值范围为 $3 < a \leqslant 5$。

师：通过同学们的分析，老师发现，大家基本掌握了分析问题的角度和方法，为我们今后数学的学习奠定了坚实基础。同学们再思考一下，如果调整价格变为"每件商品的售价每下降 1 元，则每个月多卖 10 件"，那么又该如何表示题目中涉及的各个量呢？每件商品的价格下降，总利润还能取得最大值吗？

【方法梳理】在解决销售类模型问题时，主要是分析问题中的已知条件，找到求利润的较好的方式，再根据数量关系列出函数关系式。在解决问题时，还要充分考虑实际问题中使得数据有意义的要求。

（三）课堂小结

师：在本节课的学习中，你们处理上述问题运用了什么知识？体现了什么样的数学思想？在处理问题过程中使用了什么方法？

【设计意图】引导学生从知识、方法、数学思想方面进行归纳总结，使学生在知

识上完善,在方法上拓展,在数学思想上提升。

三、问题解析

在二次函数学习的过程中,由于二次函数的内容和生活化的问题关系较近,所以数学中有很多二次函数与实际问题相融合的习题,但有时候问题的背景偏离学生实际,在学生将其抽象成数学问题时容易产生障碍。所以教师在教学设计中所选择的问题均是学生生活中常见,能够理解,或者有生活经验的实际问题,便于学生理解和掌握。

四、建构体系

数学从生活中来,也将走入生活中去。将实际问题转化为数学问题,可以提升学生认识、理解和处理实际问题的能力。教师从实际问题出发,设计了二次函数与实际问题相融合的习题,从熟悉的知识和生活情境入手,对题目进行分类,使学生经历"数学抽象"和"数学建模"的过程,学习分析问题和解决问题的一些基本方法,发展数学思维。

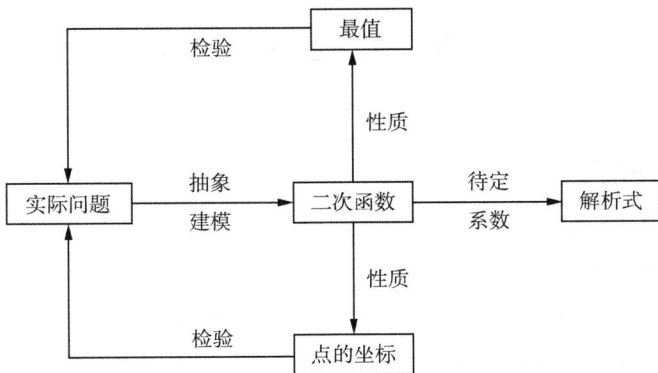

图 3-13

五、素养落实

初中数学学习的目标之一就是让学生在学习的过程中既掌握知识又提高分析问题和解决问题的能力,而且要让他们在解决实际问题的过程中,拓展数学思维。本节课以六种常见的二次函数实际问题为内容,使学生明晰用二次函数解决实际问题的基本思路和步骤:理解问题→分析问题中的变量和常量及它们之间的关系→用函数关系式表示它们的关系→用数学方法求解→检验结果的合理性。在二次函数学习的过程中,我们需要运用数学知识来解决现实生活中的问题,所以在学习时务必找清变量,提高解决现实问题的效率,这也符合新课标中知识与技能呈螺旋式上升的原则和规律,也是学生思维拓展、能力提升的有效途径。

图形与几何

动手实践思维碰撞,问题导向综合育人

——"折纸探镶嵌"课例研究

一、研究背景

本节课为数学活动课,以实现素养导向下的综合育人和实践育人为目标,在"平面镶嵌"问题的探究过程中加入折纸元素,为学生提供独立思考和团队协作的机会,使学生亲自动手实验得出结论。

本节课为人教版《义务教育教科书数学八年级上册》第十一章三角形的数学活动内容,在此之前,学生已经学习了三角形的内角和、多边形的内角和等知识。通过这个课题的学习,学生可以经历从实际问题抽象出数学问题、建立数学模型、

综合应用已有知识解决问题的过程,从而加深对相关知识的理解,提高思维能力,获得分析问题的方法,对于今后利用数学解决实际问题具有重要的意义。

学生在学习本节课前已经学习了正多边形的概念、多边形的内角和定理、正多边形的内角计算公式等相关知识,熟悉了图形的三大运动变换,具有一定的动手操作和团队合作探究能力,这都是本节课探究的重要基础。

学生在七年级下册已经学习了二元一次方程的有关知识,会利用不定方程解决实际问题并进行方案设计,因此在本节课中对学生进行适当引导便可让其自主尝试利用方程思想进行平面镶嵌条件的内在探究。

八年级学生对平面镶嵌了解较少,所了解的内容基本上来自对生活实例的感性认识,对内在规律的了解不够深入。学生对实践活动有强烈的好奇心,乐于探索新知,因此本节课的引入部分更注重与实际生活的连接。

二、教学实录

(一)欣赏图形,巧得定义

师:数学的作用,是为我们解释这世界上的许多为什么。为什么冬天小猫睡觉总是把身体蜷成一个球形?为什么车轮形状是圆的?为什么我们教室的地面是这样铺设的?数学在我们的生活中随处可见,不知道同学们有没有发现它呢?本节课我们就来利用同学们课前准备好的用折纸得到的正多边形,一起来探究我们教室的地面为什么是这样铺设的,其中又蕴含哪些数学知识呢?让我们一起进入本节课的学习——折纸探镶嵌。

师:我们一起来欣赏一下这些图片,是不是很漂亮呀!(展示图片)

生:好神奇呀!图形竟然都能挨在一起!

师:是呀,也就是图形之间没有空隙,除此之外,还有哪些特点呢?

生:不重叠!都是一样的图形!

师:非常细心严谨!都是一种图形经过不同运动变换后拼接的。从数学的角度看,用一些不重叠摆放的多边形把平面的一部分完整覆盖,叫做用多边形平面镶嵌,用多边形平面镶嵌要注意符合同学们总结的两大特点:不重叠,完整覆盖。

（书写板书）

（二）团队合作，共探缘由

师：请同学们观察，我们教室的地面是由哪种平面图形拼接而成的呢？

学生齐声：正方形。

师：同学们真细心，那么像我们的教室这样用一种正多边形进行平面镶嵌，需要满足怎样的条件呢？下面就让我们一起举例讨论探究，在正三角形、正方形、正五边形、正六边形和正八边形中，哪种正多边形能镶嵌成一个平面图案呢？

生1：我认为像我们的教室地面一样，正方形可以进行平面镶嵌，因为四个正方形就可以拼成一个更大的正方形，以此类推肯定是可以进行镶嵌的。

生2：我认为正三角形也可以进行平面镶嵌，因为两个正三角形可以拼接成一个平行四边形，平行四边形就可以一直重复延续下去。

师：非常棒！将两个正三角形拼接成平行四边形，这就是运用了我们数学中转化的思想！那么其他的正多边形能否进行平面镶嵌呢？请同学们以小组为单位，运用课前准备的折纸材料拼一拼、试一试，并通过讨论将表格补充完整，同学们开始吧！

正多边形的边数	正多边形内角度数	能否镶嵌成完整平面	一个顶点周围正多边形的个数
3			
4			
5			
6			
8			

学生以小组为单位进行动手实践，教师深入各小组进行引导，把控各小组讨论进度并确保所有学生参与进课堂。

师：同学们讨论得很火热呀，哪个小组愿意来为我们展示一下你们小组拼接的结果呢？

小组 1：我们小组发现正五边形似乎无法实现平面镶嵌，无论怎么摆放，在前三个正五边形摆放好以后剩下的位置都不能插进去第四个正五边形了（展示如图 3-14）。

小组 2：我们小组用正六边形尝试了平面镶嵌，成功了！我们发现在一个顶点周围可以摆放 3 个正六边形（展示如图 3-15）。

师：同学们动手能力非常强，我们班同学参考正多边形折叠步骤准备的图形都非常标准呀！

小组 3：我们小组通过实践操作发现正八边形似乎也无法进行平面镶嵌（展示如图 3-16）。

 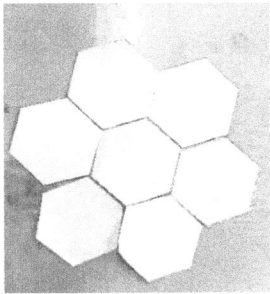 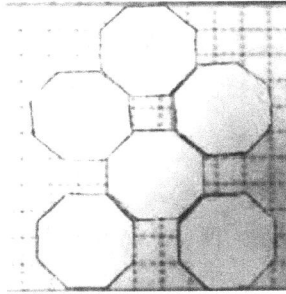

图 3-14 　　　　　　　　图 3-15 　　　　　　　　图 3-16

师：同学们都非常棒，我们一起将大家的发现整理一下，正三角形的一个内角是多少度呢？能否镶嵌成完整平面呢？同学们也可以动手画一画，在镶嵌的图形中一个顶点周围有几个正三角形呢？正方形、正五边形、正六边形、正八边形呢？

生：正六边形的一个内角为 $120°$，因为 n 边形内角和为 $(n-2) \times 180°$，所以六边形内角和就是 $720°$，一个内角为 $120°$。通过拼接发现一个顶点周围有 3 个正六边形。（书写板书）

师：我们发现正三角形、正方形可以进行平面镶嵌，通过折纸拼接发现正六边形也可以，但正五边形和正八边形不可以，同学们觉得正多边形能否实现平面镶嵌到底跟什么因素有关呢？

生 1：应该跟边数有关，偶数边可以镶嵌，奇数边不可以。

生 2：但是正三角形可以呀！

生3:或许是跟角的度数有关？

生4:每一个顶点处都有整数倍个正多边形,也就是他们一个内角的度数都可以整除360°。

师:嗯,非常细心呀！要用一种正多边形镶嵌成一个平面图案的关键是要看360°能否是这个正多边形一个内角度数的整数倍。是几倍,一个顶点处就有几个这种正多边形。因此镶嵌的条件就是一个顶点处所有多边形内角的和为360°。

(三)发挥想象,再探组合

师:同学们集思广益,已经探究出了班级地砖铺设中蕴含的秘密了,可是我们校门外人行道上的地砖可是由两种边长相等的正多边形铺设的,那么用边长相等的哪两种正多边形,可以进行平面镶嵌呢？请同学们以小组为单位,利用课前准备的图形和老师为大家准备好的正三角形、正方形,发挥想象力,动手操作,摆一摆、试一试吧！

学生以小组为单位进行动手实践,教师深入各小组进行引导,把控各小组讨论进度并确保所有学生参与进课堂。

师:同学们讨论得很热烈,哪个小组愿意为我们展示一下你们拼接的图形呢？

小组1:我们是利用正三角形和正方形进行平面镶嵌的(展示如图3-17),每个顶点处有三个正三角形和两个正方形。

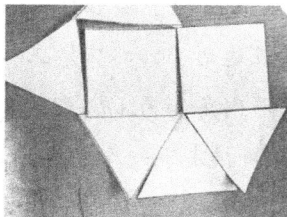

图3-17

图3-18

师:你们小组是如何找到的这种拼接方式呢？

小组1:我们是尝试出来的。

师:动手能力很强！其他小组呢？还有其他组合方式吗？

小组2:我们是利用正三角形和正六边形进行平面镶嵌的(展示如图3-18),

每个顶点处有两个正三角形和两个正六边形。

师:也很棒! 那你们小组是如何找到这种拼接方式的?

小组2:我们小组刚开始也是进行尝试,发现可以这样组合,但是在为组内其他同学解释的过程中,我们发现两个正六边形的内角和两个正三角形的内角和刚好是360°,所以从数量关系这个角度也可以得到这种拼接组合。

师:这个小组用我们常用的动手组合的方式探究,又结合我们上一环节讨论出的平面镶嵌条件,从角度的数量关系进行验证,对新知识的利用灵活且非常严谨,我们是不是要掌声鼓励呀!

利用角度之间的数量关系,我们可不可以直接对一个顶点处边长相等的两种正多边形数量利用方程思想进行讨论呢? 我们以同学们发现的利用正三角形和正方形拼接为例进行讨论,哪位同学想试一下?(书写板书)

生:设公共顶点处有 m 个正三角形,n 个正方形,便可以得到 m 个 $60°$ 加 n 个 $90°$ 等于 $360°$,利用二元一次不定方程的讨论过程先化简,$2m+3n=12$,m,n 为正整数,所以 $m=3$ 时 $n=2$。也就验证了这种镶嵌方法。

师:非常好! 看来这位同学对我们上学期学的利用不定方程解决实际问题的方法掌握得很好嘛,能灵活地运用所学的知识! 因此一个顶点处排列三个正三角形和两个正方形便可以进行平面镶嵌,有两种排列顺序。请同学们运用方程的思想类比这位同学的讨论过程,讨论运用正三角形与正六边形的平面镶嵌,一个顶点处还可以有怎样的排列方式呢? 运用正五边形与正六边形平面镶嵌又是什么情况呢?

生:一个顶点处除了可以放置两个正三角形和两个正六边形,还可以放置四个正三角形和一个正六边形。

师:同学们同意吗? 都同意? 好,所得的化简后的二元一次方程是什么呢? 同学们都一样吗? 嗯,看来是真的会用这种方法了! 正五边形与正六边形呢?

生:运用正五边形与正六边形无法进行平面镶嵌,因为所得的二元一次方程无正整数解。

师:非常棒! 本节课中我们涉及的探究两种边长相等的正多边形平面镶嵌方法有:动手操作和利用方程思想进行讨论。同学们对这两种方法的运用越发熟练,我们要不要来挑战用边长相等的三种正多边形进行平面镶嵌呢？那我们举例讨论，一个公共顶点处，几个边长相等的正三角形、正方形、正六边形可以进行平面镶嵌？

生：设在一个顶点周围有 a 个正三角形，b 个正四边形，c 个正六边形，则有 $60°a+90°b+120°c=360°$，化简可得 $2a+3b+4c=12$。

师：请同学们独立讨论此不定方程解的情况，哪位同学愿意来分享一下你的讨论结果？

生：当 $a=1$ 时，可得 $b=2$，$c=1$，因为 a,b,c 均为正整数，但是 $a=2,3,4$ 时无解。在一个公共顶点处一个正三角形、两个正方形和一个正六边形可以进行平面镶嵌。

师：可见这种方程思想不仅可以运用于两种边长相等的正多边形镶嵌，对于多种边长相等的正多边形镶嵌也同样适用。这就是通过同学们共同努力得到的平面镶嵌部分图形，漂亮吧！这就是数学的几何美。（展示镶嵌后的图形）

（四）多彩作业，减量增效

师：我们生活中常见的足球也是运用几何图形拼接而成，不知道同学们有没有注意观察呢？它是由什么图形拼接而成的呢？（出示足球图片）

生：是由边长相等的正五边形和正六边形拼接而成的。

师：可是在之前探究中我们发现正五边形不能单独进行平面镶嵌，正五边形和正六边形也无法进行平面镶嵌，为何足球能用这两种图形拼接而成？

生：我们这节课学的是平面镶嵌，足球不是平面。

师：非常细心！我们本节课所研究的规律是建立在平面镶嵌的基础上，而足球是立体图形，所以不满足平面镶嵌的条件。那么今天的探究作业就是请同学们课后查阅相关资料，利用正五边形和正六边形以小组为单位合作做一个纸足球。除此之外巩固作业为：请同学们运用今天所学的内容尝试解决自己在课前准备单中书写的待解决问题，完善提醒并重新对知识点的理解接受程度进行自我评价。

（五）总结交流，自我反思

师：通过本节课的探究学习，相信同学们都有很多思考和收获吧，快来分享一下吧。

生1：我巩固了正多边形的内角和公式和对不定方程解的知识。

生2：我了解了运用平面图形进行平面镶嵌的条件。

生3：我学会了运用之前学的不定方程讨论平面镶嵌的条件。

生4：我在和老师、同学们一起探究了两种边长相等的正多边形平面镶嵌的情况之后，学会了运用这种方法探究三种边长相等的正多边形平面镶嵌的知识。

师：老师很高兴可以听到同学们有这么多收获，有巩固了知识的，有学会了新的解决问题方法、学会知识迁移的，有体会了类比思想的。本节课我们了解了一种新的图形拼接方式——平面镶嵌，总结出它的两个必备特征，通过多边形内角和及正多边形内角的计算，采用动手拼图和方程思想两种方式探究一种、两种、三种正多边形平面镶嵌的情况，了解平面镶嵌的内在要求。大家共同突破本节课难点，许多同学为我们分享了他们对于一些问题的思考方式和方法，在这个过程中他们不仅收获了知识，也对问题产生了更多思考，提升了表达能力。希望同学们在今后的学习过程中，在自己努力进步的同时可以在力所能及的范围内带动身边的小伙伴们一起进步，老师也期待着同学们有更多精彩的思维碰撞。好，我们本节课就进行到这里，下课！同学们再见。

三、问题解析

1. 学生对平面镶嵌知识了解较少，运用数形结合思想探究平面镶嵌内在条件较困难

在与学生交谈的过程中教师了解到学生对平面镶嵌的知识基本上都来自对生活实例的感性认识，而对其内在规律的了解不够深入。但学生对实践活动有强烈的好奇心，乐于探索新知，因此教师计划从学生所处的环境引入本节课，更注重情境与实际生活的连接。在课堂探究过程中尽量让班级所有学生都参与进来，让学生在动手操作和团队协作的同时不经意地对本节课知识进行思考。

2. 设置小组讨论活动

在锻炼学生动手操作能力的同时也让学生真正参与到课堂中来。学生既可以

更深刻地了解镶嵌的含义和条件,也可以达成参与目标,让学生在讨论过程中进行思维的碰撞,暴露其错误理解,调动他们探究的内动力。在学生具有一定的迁移能力和对镶嵌条件初步认识的基础上,通过参与讨论,引导学生利用方程思想解决数量关系问题。使学生体验解决问题方法的多样性,培养其解决问题的能力。

3. 学生对几何变换知识掌握程度不同,需根据学生实际情况调整教学环节

教师布置了课前阅读任务,学生对本节课所要涉及的知识点有初步了解后,尝试对所涉及问题进行思考,对每一个知识点的掌握情况进行自我评价,并通过课前任务的完成情况将自我学习效果进行反馈。教师对学生的自我评价反馈结果统计如图3-19,可以明显看出学生对几何变换知识的掌握不够到位,因此对教学环节进行了调整。

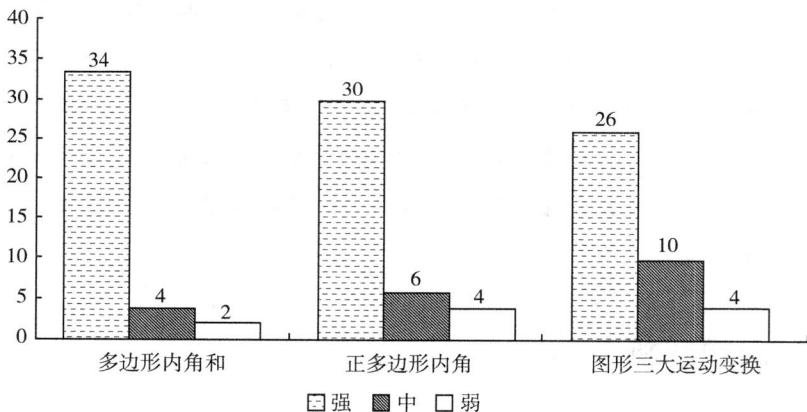

图3-19

在用一种正多边形和两种边长相等的正多边形进行平面镶嵌时,对正五边形和正六边形进行了讨论,在此基础上设置了扩展问题"在之前探究中我们发现正五边形不能单独进行平面镶嵌,正五边形和正六边形也无法进行平面镶嵌,为何足球能用这两种图形拼接而成?"使学生产生思维冲突,进行思考,从而引导学生明确本节课学习内容是建立在平面的基础上而非立体几何,让学生带着问题和兴趣课下查阅资料后进行扩展探究,在培养学生筛选信息能力的同时发展其空间观念,为高中学习立体几何做铺垫。

四、建构体系

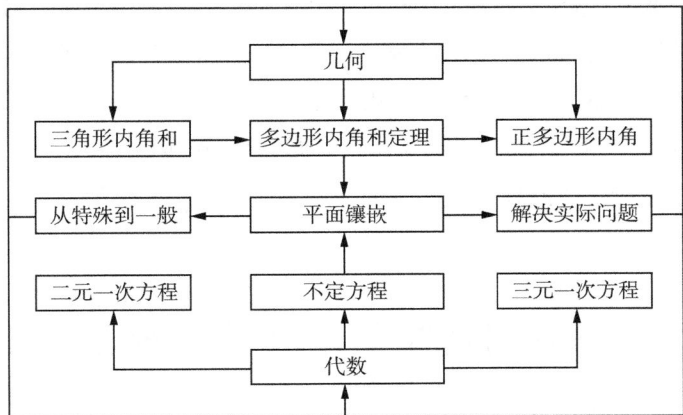

图 3-20

五、素养落实

(一) 自我评价,反思质疑

本节课通过课前布置的任务清单,使学生根据课前任务完成过程中对知识点的理解接受程度进行自我评价,让学生初步了解本节课应掌握的知识,便于教师了解学生学习效果。让学生自己解决问题,是对本节课知识消化吸收程度的重要检验依据,这有利于培养学生创造问题、解决问题的能力。学生及时对所接受的知识进行自我评价,便于总结不足之处,提升学习效率,养成认真勤奋、反思质疑的学习习惯。

(二) 动手探究,思维碰撞

本节课通过小组合作探究的方式使所有学生参与进课堂,沉浸于探究,旨在使学生在相互讲解、共同讨论的过程中进行思维碰撞,体会知识的迁移,探索平面镶嵌的内在本质,在实际参与中体验解决问题方法的多样性,逐渐提升其合作探究、解决问题的能力,发展空间观念,多方向全面发展。

(三)艺术欣赏,综合育人

由本节课课前准备任务中涉及的折纸元素引出折纸作品,通过对折纸艺术作品的欣赏使学生感受数学与艺术的完美融合,实现综合育人目的。习题的配备可以让学生感知并描述图形的运动和变化规律,感悟数学的严谨性,初步形成逻辑表达与交流的习惯,有助于学生逐步养成重论据、合乎逻辑的思维习惯,形成实事求是的科学态度与理性精神。

追寻问题本质,树立模型观念

——"求等腰直角三角形的顶点坐标"课例分析

一、研究背景

本节课是在学生学习了三角形、全等三角形和轴对称这三章知识的基础上,进一步在坐标系内研究特殊的等腰直角三角形的坐标问题。根据八年级学生的心理特征和人教版《义务教育教科书数学八年级上册》的内容,确定本节课的教学重点是利用基本型和基本型的结论将问题转化,从而求出点的坐标。教学难点是添加辅助线,构造基本型,利用数形结合的方法把未知转化为已知。通过小组合作学习,提高学生的合作能力、沟通能力,鼓励他们积极思考,主动探索。

二、教学实录

活动一 激活经验,知识重构

问题1:

如图3-21,$\angle ACB = 90°$,$AC = BC$,$AD \perp CE$,$BE \perp CE$,垂足分别为 D,E,$AD =$

2. 5 cm,*DE* = 1. 7 cm,求 *BE* 的长。(此题选自人教版《义务教育教科书数学八年级上册》第 56 页复习题)

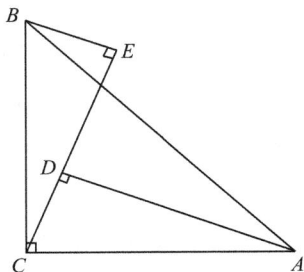

图 3-21

师:图中有哪些全等三角形?

生:△*CDA* ≌ △*BEC*。

师:题中已知的两条线段和所求未知线段有怎样的数量关系?

生:*BE* = *AD* - *DE*。

师生活动:教师用几何画板边演示、边提问,学生观察、思考、口答。

【设计意图】学生已经学习过三角形的有关知识,并系统地学习了全等三角形的概念、性质及判定等知识,从学生熟悉的问题入手,激发学生学习的兴趣,培养探究意识。

活动二 积累经验,提出问题

教师活动(几何画板演示):如图 3-22,经过等腰直角三角形 *ACB* 的直角顶点 *C* 作一条旋转的直线 *MN*,分别过点 *A* 和点 *B* 作旋转的直线 *MN* 的垂线,垂足分别是 *D* 和 *E*。

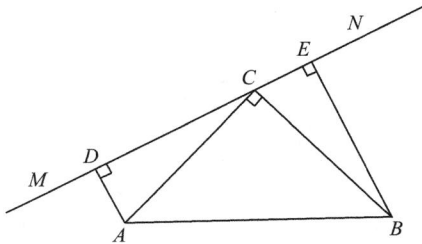

图 3-22

问题2：

师：直线 MN 与斜边 AB 相交时会有哪些情况？

生：交点在线段 AB 上，或交点在线段 AB 或 BA 的延长线上。

师：当直线 MN 与斜边 AB 的交点在 BA 的延长线上时，图中有哪两个三角形全等？

生：$\triangle CDA \cong \triangle BEC$。

师：从中可以得出哪些相等线段？

生：$AD=CE,CD=BE$。

师：那么线段 AD、BE、DE 有怎样的数量关系呢？

生：$DE=BE+AD$。

师生活动：教师用几何画板边演示、边提问，学生口答；在教师的逐步引导下，学生口述完整证明过程，教师规范板书证明过程。

问题3：

师：说明若要证明线段的和差关系，我们应该怎么做？

生：寻找全等三角形，转化相等线段。

【设计意图】（1）让学生感受到几何的动态美，了解直线的运动，理解当图形位置关系发生改变后，全等三角形的结论不变，只有线段之间和差关系发生了改变；（2）规范证明书写过程，熟练运用所学知识解决数学问题，体会从一般到特殊，从已知向未知的转化思想，培养学生的几何直观和逻辑推理能力。

问题4：

师：如图 3-23，当直线 MN 与斜边 AB 相交时，类比问题2和问题3，你可以得出什么结论？请证明你的猜想。

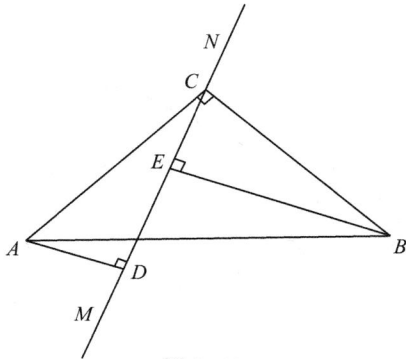

图 3-23

生：$DE=BE-AD$。

师生活动：教师用几何画板边演示、边提问，学生口答；学生口述完整证明过程，教师规范板书证明过程。

【设计意图】(1)进一步理解当图形位置关系发生改变后，全等三角形的结论不变，只有线段之间和差关系发生了改变；(2)运用已有的数学知识，对某一类几何问题进行深入研究，得出一定的数学结论，积累经验，形成通法，从而解决一类问题；(3)体会类比与转化的数学思想，培养学生的几何直观、逻辑推理及数学建模的数学核心素养。

师：这两个图形经常出现，为了记忆方便，我们对其命名为"一线三垂直"基本型。观察黑板上的两个图形，你们认为什么是"一线"？什么又是"三垂直"呢？

生："一线"是指经过直角顶点的一条直线，"三垂直"是指这条直线上的三条垂线。

师：图中的"三垂直"都是直角的特殊情形。今后还会研究非直角的情形。如果将"一线三垂直"基本型放到坐标系中，那么可以解决什么问题呢？

求等腰直角三角形的顶点坐标问题。（教师板书课题）

活动三　迁移经验，分析问题

问题5：

如图 3-24，已知 $A(0,4)$，$B(-2,0)$，$\angle ABC=90°$，$AB=BC$，求点 C 的坐标。

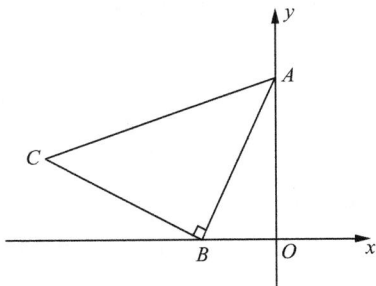

图 3-24

师：图中的三角形是什么形状？已知是什么，求什么？

生：等腰直角三角形，已知等腰直角三角形两个顶点的坐标，求第三个顶点的坐标。

师：已知两个顶点是什么顶点？

生：直角的顶点，底角的顶点。

师：如何求点坐标呢？

生：向 x 轴作垂线（或添加辅助线）。

师：添加辅助线的原因是什么？

生：求点坐标的通用方法。

师：这样添加辅助线，你发现我们得到了什么基本型？

生："一线三垂直"基本型。

师：那么你能发现图中哪个是"一线"，哪个是"三垂直"吗？

生："一线"是指 x 轴，"三垂直"是指图中坐标轴的夹角，等腰直角三角形的顶角，以及添加辅助线时作的垂直。

师：这个问题如何求解？

学生到板展示，其他学生在课堂练习本上书写过程，教师巡视、个别指导，小组代表讲解，师生共同纠错、评析。

师：哪位同学能总结一下解决这类问题的方法？

生：由等腰直角三角形底角顶点向 x 轴作垂线段，构造"一线三垂直"基本型，利用全等实现边的等量转化。将求坐标的问题转化为求线段长的问题。

情况预设：学生可能总结不到位，教师适时进行补充。

【设计意图】（1）引导学生经历类比与转化的过程，借助对上述基本型的理解，依据平面直角坐标系中求点坐标的通法，构建"一线三垂直"基本型，实现相等线段的互相转化，得出线段的和差关系，数形结合，达到解决问题的目的；（2）注重引导学生理解数与形的相互转化，分析图形中的"一线"与"三垂直"、全等三角形、线段的和差关系等，这是解决这类问题的一般步骤；（3）让学生巩固学过的知识，构建知识体系，总结通性通法，形成解题经验，体会类比与转化的数学思想，培养学生的几何直观和逻辑推理的数学核心素养。

活动四　运用经验，解决问题

问题6：

刚才的问题是图形中有两个垂直条件，再作一条垂直的辅助线，实现"三垂直"，如果现在只有坐标系中的一个垂直，如何添加另外两个垂直，构造"三垂直"呢?

变式1:如图3-25,已知$A(0,4)$,$B(-2,0)$,以AB为直角边作等腰直角三角形ABC,使$\angle ABC=90°$,则点C的坐标为_____。

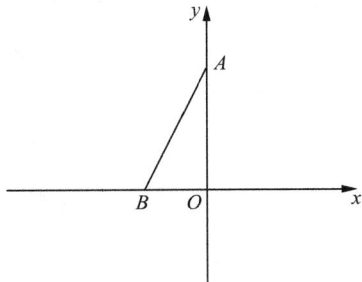

图3-25

师:题目已知一个垂直是什么?

生:坐标系中的垂直。

师:第二个垂直应该依据哪个条件进行构造?

生:等腰直角三角形,$\angle ABC=90°$。

师:如何构造$\angle ABC=90°$的等腰直角三角形?

师生活动:学生自主探究;1分钟后分小组研究讨论,教师巡视,小组交流;学生代表到板画图、展示解题过程和简述方法,师生共同点评。

师:说明我们在构造"一线三垂直"基本型时,要先找到"一线",再找出"三垂直",如果垂直条件不足,就要根据已知条件构造垂直:一是运用三角形的直角顶点,二是运用直角坐标系求点坐标的通法,将求坐标的问题转化为求线段长的问题。

【设计意图】(1)从学生最近的发展区出发,将问题进一步深化,条件开放,引导学生借助已有的解题经验,运用现有已知条件,弥补缺少的条件,分步构造基本型,那么如何构造$\angle ABC=90°$的等腰三角形,就成为了解此题的关键。过点B作AB的垂线,再以点B为圆心,AB长为半径画弧,分别交AB垂线于C_1和C_2;(2)创设条件开放问题,培养动手操作能力及发现问题、提出问题、分析问题、解决问题的能力,领悟由未知向已知转化、分类讨论、数形结合的数学思想,培养学生的几何直观、逻辑推理及数学建模的数学核心素养。

变式2:如图3-25,已知$A(0,4)$,$B(-2,0)$,以AB为直角边作等腰直角三角形ABC,则点C的坐标为_____。

师:小组讨论交流一下,思考怎样画图,怎么解答本题。

师生活动:学生自主探究;1分钟后分小组研究讨论,教师巡视,小组交流;学生代表到板画图、展示解题过程和简述方法。

【设计意图】条件逐步开放,问题进一步深化,扩大构造垂直的范围,加深分类讨论的程度,让学生分组交流,共同合作,进一步培养学生的动手操作能力及发现问题、提出问题、分析问题、解决问题的能力。培养学生思维的严谨性,增强学习的自信心,力争做到"乐学""会学""学会"。再次巩固基本模型,使学生领悟由未知向已知转化及分类讨论、数形结合的数学思想,培养学生的几何直观、逻辑推理及数学建模的数学核心素养。

师生活动:师生共同总结等腰直角三角形求顶点坐标的解题步骤:

(1)分类讨论,定点位置;(2)构造基本型,求点坐标。

变式3:如图3-25,已知$A(0,4)$,$B(-2,0)$,以AB为斜边作等腰直角三角形ABC,则点C的坐标为_____。

师生活动:学生独立思考,添加辅助线,尝试解决问题,教师巡视,小组交流,学生展示讲解,设未知数,利用方程解决问题的方法是本题的难点。

【设计意图】此题的难点是利用已知点的坐标,不能直接求出目标三角形的线段长度,需要利用图形中线段关系列方程解决问题。此题有一定难度,因此需要小组交流合作完成。

情况预设:学生以AB为等腰直角三角形的斜边画图时,可能产生困扰,教师借助变式2的解题过程中已经画好的图形,引导学生由点A作垂线段画出等腰直角三角形,再寻找线段的数量关系。

师:通过以上例题和变式问题的探究,请同学们总结一下,已知等腰直角三角形在坐标系中坐标轴上两个点的坐标,求第三个顶点坐标有什么方法?

【设计意图】引导学生类比归纳解题经验方法,如果已知一个锐角和一个直角三角形顶点坐标,则能直接转化为目标三角形的两条直角边,进而利用"一线三垂直"基本型实现线段的等量代换,从而直接求出点坐标;如果已知两锐角顶点坐标,则不能直接转化为目标三角形的两条直角边,那么需要设未知数表示线段长度,找出等量关系列方程(或方程组),从而间接求出点坐标。无论是否设未知数,都需要利用数形结合的思想解决问题,进一步积累利用数形结合的思想解决问题的经验。在设未知数时,可以设一元,也可以设二元,可以直接设点的坐标,也可以设线段长度,各有利弊,让学生在对比中自己体会,找出适合自己的方法。

活动五 积累经验,整体把握

问题7:

1. 本节课学了哪些主要内容?

2. 你学习了哪些方法?

3. 本节课蕴含了哪些数学思想?

问题8:

课后思考题:已知 $A(0,4)$,$B(-2,0)$,以 AB 为边作等腰直角三角形 ABC,则点 C 的坐标为_____。

【设计意图】(1)通过小结引导学生回顾本节课的学习过程,使学生梳理本节课所学内容,重构知识框架,掌握本节课的核心内容求等腰直角三角形顶点坐标的方法。在动态形成新知识结构的过程中,使学生形成稳固的活动经验,体会数形结合、类比与转化及方程的思想。(2)问题8的发散性较强,对学生掌握的数学知识综合程度要求较高,需要学生运用前面获得的经验,设计深入的探究方法。教师鼓励学有余力的学生完成,使不同的学生都有不同的收获。

活动六 巩固成果,灵活运用

(1)如图3-26,若 $A(-1,0)$,$B(4,1)$,$\angle C=90°$,$AC=BC$,点 C 在第一象限,则 C 点的坐标为_____。(此题为 A 层基础作业:各组 6 号—8 号做此题)

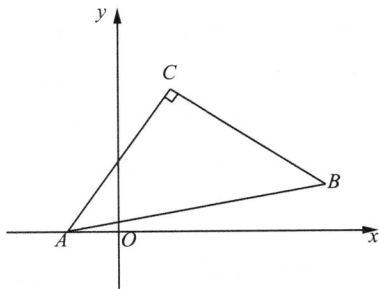

图 3-26

(2)如图3-27,若 $A(1,-4)$,$B(6,-1)$,$\angle B=90°$,$AB=BC$,则 C 点的坐标为

_____。（此题为 B 层拓展作业：各组 1 号—5 号做此题）

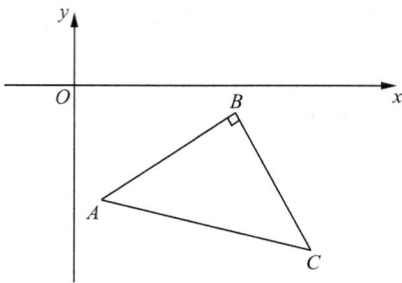

图 3-27

【设计意图】通过布置作业，教师及时获知学生对本节课知识的掌握情况，从而适当地调整教学进度和教学方法，并对学习有困难的学生给予指导。

三、问题解析

在前面的学习中，学生已经基本掌握了三角形、全等三角形和轴对称的基本知识和基本辅助线的添加方法，对几何推理有了一定的了解，但在复杂图形中识别基本图形和利用基本图形解决问题都处于初级阶段。学生由于添加辅助线的经验不足，对于何时需要添加辅助线，如何添加辅助线仍没有规律性的了解。事实上，添加辅助线本身就是一项探究性的数学活动，是获得证明所采取的一种尝试，可能成功，也可能失败。

本节课的教学重点是利用基本型和基本型的结论将问题转化，从而求出点的坐标。教学难点是添加辅助线，构造基本型，利用数形结合的方法把未知转化为已知。教学重点是通过基本型的引入，让学生对基本型和基本型的结论有更充分的认识和了解，通过例题教学和变式教学将所求问题转化为基本型，从而使问题得到解决。突破难点的关键是：让学生真正认识和理解基本型，利用基本型的结论去解决问题。

数学知识构建趋于结构化，而教学设计是课堂教学的预设方案。教师在教学设计时应加强知识的整体性、结构性，围绕核心设计具有一定结构的问题链，注重审视各问题的价值，环环相扣，步步递进，引导学生主动思考问题之间的内在联系，挖掘数学学习本质,构建知识体系。

四、建构体系

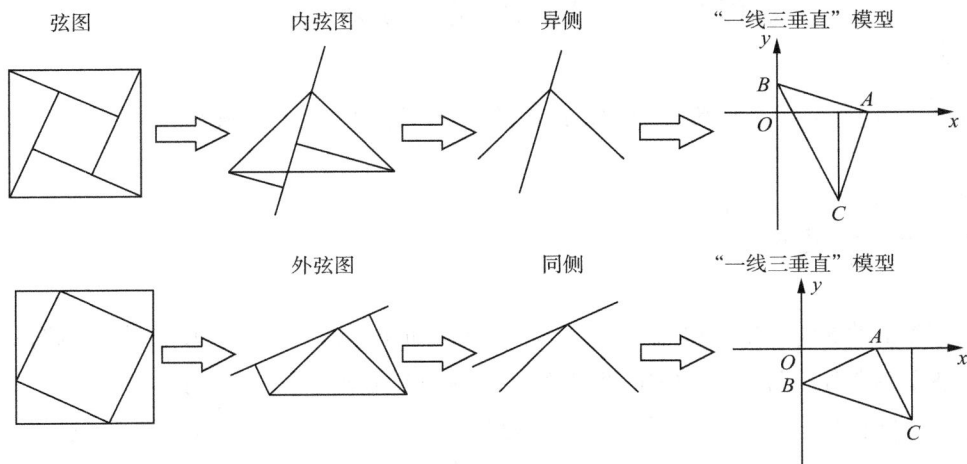

弦图　　　　内弦图　　　　异侧　　　　"一线三垂直"模型

外弦图　　　　同侧　　　　"一线三垂直"模型

图 3-28

五、素养落实

本节课通过探索添加辅助线构造"一线三垂直"基本型的通性通法,培养学生"会用数学的眼光观察现实世界",即数学抽象、直观想象和创新意识,旨在引导学生通过数学的眼光来发现现实世界中的数量关系和空间形式,理解所学的数学知识的现实背景,并通过抽象使之数学化,从而能发现和提出有意义的问题,进行数学探究,并用数学的方法加以解决。

学生通过类比探究,学习了在平面直角坐标系内构造"一线三垂直"基本型,并能合乎逻辑地解释或论证数学的基本方法与结论,探究数学问题中蕴含的数学规律,经历数学再发现的过程,总结步骤形成自己的解题经验,培养逻辑推理能力,"会用数学的思维思考现实世界"。

学生利用已有的数学基本知识和基本技能,解决新的问题,在问题解决的过程中建立新旧知识间的联系,形成新的知识网络,体会类比与转化、数形结合、分类讨论、方程等数学思想,形成模型观念和应用意识,"会用数学的语言表达现实世界"。

创设问题情境,培养数形结合思维

——"等腰三角形分类讨论之动点问题"课例分析

一、研究背景

本节课属于初中阶段图形与几何领域中"图形的性质"主题中的一节专题课,学生在学完全等三角形的性质定理,三角形全等的判定定理,等腰三角形的定义、性质定理、判定定理及轴对称性质等基本知识的基础上,对等腰三角形的相关知识有了一定的知识储备,在此基础上利用分类讨论的思想探究等腰三角形底边与腰、顶角与底角,以及锐角等腰三角形、直角等腰三角形和钝角等腰三角形之间的内在关系。

《义务教育数学课程标准(2022年版)》对这一部分的内容要求是:理解等腰三角形的概念,探索并证明等腰三角形的性质定理:等腰三角形的两个底角相等;底边上的高线、中线及顶角平分线重合。探索并掌握等腰三角形的判定定理:有两个角相等的三角形是等腰三角形。

理解轴对称图形的基本图形运动,知道轴对称图形的基本特征,会用轴对称的运动认识、理解和表达等腰三角形中相应的现象;理解等腰三角形的对称性。

二、教学实录

师:哪位同学能说一下,如何将等腰三角形分类?

生:等腰三角形如果按角分类可分为锐角等腰三角形、等腰直角三角形和钝角等腰三角形。如果按边分可分为不等边三角形和等腰三角形,等腰三角形又包括底边和腰不等的等腰三角形和等边三角形。

师:说得很全面,分类标准也很完整,既有按边分,又有按角分。那如果△ABC是等腰三角形,你们认为会分为几种情况?

生:我认为除了将△ABC按照边或者按照角进行分类以外,还可以根据具体的边或者角进行分类,比如按照具体边分为:AB＝AC 或 AB＝BC 或 BC＝AC,也可以按照角分为:∠A 是顶角,∠B 是顶角,∠C 是顶角。

师:他说得真好,既有概括式的分类,又有具体化的分类,希望同学们在学习过程中,考虑问题也要全面、完整、严谨。

【设计意图】复习巩固等腰三角形的分类知识,让学生了解分类的标准,同时促使学生全面、完整、严谨地分析数学问题。

师:下面检验你们学习能力的时刻到了。已知 $AB＝BC＝4$,$\angle ABC＝90°$,动点 P 从点 A 开始,沿 AC 边以每秒 2 个单位长度的速度运动,点 P 运动到点 C 停止。运动时间为 t 秒,则 t 为何值时,△ABP 成为等腰三角形?

【设计意图】此题为一个动点 P 在斜边上运动,A、B 是两个定点,使△ABP 成为等腰三角形,其顶点、腰都有不确定性,所以要分情况讨论。

师:哪位同学分析一下,此题的考查重点是什么?

生:我认为,由于三角形的腰和底都不确定,要分类讨论。

师:那各小组讨论一下,看看如何进行分类讨论? 看看哪个小组考虑得完整、全面。

小组1:我们组是这样解决的,当 AB 为腰时:(1)以 A 为顶点,$AP＝AB＝4$,此时,$t＝2$;(2)以 B 为顶点,$BP＝BA＝4$,由勾股定理可得 $AP＝4\sqrt{2}$,此时,$t＝2\sqrt{2}$;(3)当 AB 为底边时:点 P 为顶点,$PA＝PB$,由勾股定理可得 $PA＝2\sqrt{2}$,此时,$t＝\sqrt{2}$。综上所述,当 $t＝2,2\sqrt{2}$ 或 $\sqrt{2}$ 时,△ABP 成为等腰三角形。

师:回答得特别准确和完整,那能把你们解决问题的思路与同学们分享一下吗?

小组1:我们是按照这样的分类标准进行解决问题的:

$$\text{边}\begin{cases}\text{腰}\begin{cases}\text{顶角——顶点}\\\text{底角——顶点}\end{cases}\\\text{底边}\end{cases}$$

【设计意图】设置分类讨论标准,提高学生对数学问题多角度分析和思考的能力,促进学生多元思维的发展。

师：我完全同意第 1 小组同学们的见解，这样的分类方法在解决实际问题时，经常是以三角形三个顶点中的一个为等腰三角形的顶点. 比如 $\triangle ABC$ 为等腰三角形：(1) 若以点 A 为顶点，则 $AB=AC$；(2) 若以点 B 为顶点，则 $BA=BC$；(3) 若以点 C 为顶点，则 $CA=CB$。有了以上的分类标准，只要把动态问题转化为三个静态问题，分别画出图形即可解决问题。

师：根据前面例题的示范，哪位同学可以进行一下变式，来巩固一下刚才所总结的知识？

生：我将等腰直角三角形的条件改为：在 $\triangle ABC$ 中，$\angle ACB=90°$，$BC=6$ cm，$AC=8$ cm，动点 P 从 A 点出发，以 2 cm/s 的速度沿 AB 移动到点 B，则点 P 出发多少 s，$\triangle BCP$ 为等腰三角形。

师：这个题改编得很有创意，同学们好好体验一下，看看你们有哪些收获？

小组 2：我们类比前面问题的解决方法：(1) 当 $BP=BC=6$ cm，点 P 运动 3s；(2) 当 $PB=PC$ 时，由三角形中位线可得点 P 是 AB 的中点，则 $PB=5$ cm，点 P 运动 2.5s；(3) 当 $CP=CB=6$ cm，根据等腰三角形"三线合一"性质及勾股定理可得 $BP=7.2$ cm，点 P 运动 3.6 s。

小组 2：我们在本题的解答过程中，还运用了三角形中位线的性质、等腰三角形三线合一的性质以及勾股定理，我们感觉收获很大，对其他知识的运用有了一个很大程度的提升。

师：这两个小组的讨论和解析非常精彩，不仅解决了问题还总结了方法，更重要的是对知识的运用有了自己的感悟。下面请同学们及时巩固一下刚才所整理的知识和方法，小组展示结果。

巩固练习1：如图 3-29，在 $\triangle ABC$ 中，$AB=AC$，$\angle B=40°$，点 D 在线段 BC 上运动（点 D 不与点 B，C 重合），连接 AD，作 $\angle ADE=40°$，DE 与 AC 交于点 E。在点 D 运动的过程中，$\angle BDA$ 的度数为_____时，$\triangle ADE$ 为等腰三角形。

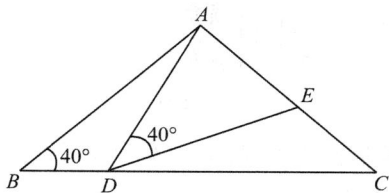

图 3-29

小组3:我们组从点 D 的运动位置与等腰三角形的判定定理角度进行了分析和研讨,我们利用三角形内角和及外角性质通过计算,认为有三种情况:(1)当 $DA=DE$ 时,可得 $\angle BDA=110°$;(2)当 $EA=ED$ 时,$\angle BDA=80°$;(3)当 $AD=AE$ 时,得 $\angle AED=40°$,又由题意可得 $\angle C=40°$,根据三角形外角性质,结果不成立。综上所述,$\angle BDA$ 的度数为 $110°$ 或 $80°$ 时,$\triangle ADE$ 为等腰三角形。

师:第3组展示得非常全面,首先是按照我们所掌握的方法解决问题,但在分类讨论的时候也要考虑数学问题的情境以及数学问题的存在性。

师:下面我们把问题情境设置在不同的数学背景里,在加强综合运用的同时增强我们对知识的深层理解,促进知识间纵向的联系。

巩固练习2:如图3-30,在平面直角坐标系内一点 $A(2,-1)$,O 为原点,点 P 是 x 轴上的一个动点,如果以点 P,O,A 为顶点的三角形是等腰三角形,那么符合条件的动点 P 的坐标是_____。

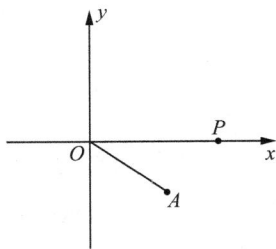

图3-30

小组4:我们组发现满足这样条件的点 P 有3个:(1)当 $AO=AP$ 时,由对称性可得点 P 坐标是 $(4,0)$;(2)当 $PA=PO$ 时,利用勾股定理可得 $OP=\dfrac{5}{4}$,则点 $p\left(\dfrac{5}{4},0\right)$;(3)当 $OP=OA$ 时,点 P 的坐标是 $(\sqrt{5},0)$。

生:老师,我们组有补充,刚才第4小组遗漏了一个点的位置,就是点 P 在 x 轴负半轴上时,$OP=OA$,此时点 P 的坐标是 $(-\sqrt{5},0)$。

师:这个同学补充得非常及时,当 $OP=OA$ 时,点 P 有两个位置,同学们要注意分析问题的完整性,我们继续解决下面的问题。

巩固练习3:如图3-31,A,B 两点在正方形网格的格点上,每个方格都是边长为1的小正方形,点 C 在格点上,且使得 $\triangle ABC$ 为等腰三角形,则符合条件的点 C

共有_____个。

小组5：我们组发现5个符合条件的点C位置，就是在AB所连线段的垂直平分线上，也就是满足$CA=CB$。

小组6：我们组发现9个符合条件的点C的位置，除了刚才第5组同学所发现的位于AB所连线段垂直平分线上的5个点以外，还有4个点，它们分别满足$BC=BA$和$AC=AB$，同学们请看图（如图3-32）。

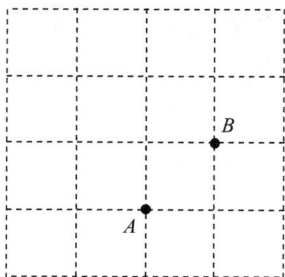

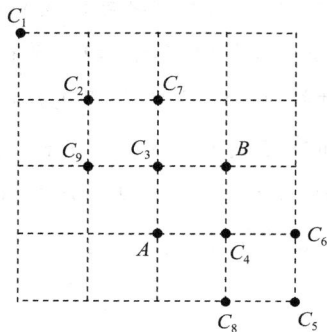

图3-31　　　　　　　　　　　图3-32

师：两个小组都从各自的角度去分析问题，虽然有的小组分析得不够全面，但他们仍然是运用了我们所掌握的方法，动点问题一定要综合考虑多种情况，特别是涉及等腰三角形问题时，更要考虑到分类标准和全面性。

三、问题解析

备课最大的问题就是如何选择不同的题型，把等腰三角形分类的动点问题所涉及的类型尽可能多地展示给学生们，以达到引导和启发学生的目的。

讲授的时候最重要的就是如何通过例题、习题启发和引导学生去发现问题、提出问题，进而培养他们分析问题和解决问题的能力。在探索解决问题的过程中，教师的作用就是不断纠正学生们在进行分类讨论时出现的考虑不完整、不全面的问题。通过教师的引领，学生再通过小组合作的方式，建立分类讨论的标准，并形成模型观念。在分类讨论的时候，首先要建立分类标准，这样才能全面分析和解决问题，而不能用题海战术练习。老师通过引领，让学生学会方法及运用所学方法解决数学问题,将复杂的数学问题转化为已有知识,构建数学知识体系。

四、建构体系

图形中的点、线的运动构成了数学中一个新问题——动态问题。它通常分为三种类型:动点问题、动线问题、动形问题。此类问题集代数、几何知识于一体,体现数形结合思想,有很强的综合性,对学生来说比较难,所以一部分学生看到此类问题就怕,直接放弃,也有部分学生对动点问题有一定认识,对分类能够进行简单尝试,但不完整。解决这类问题,关键是要把动态问题变为静态问题,抓住变化中的不变量,对基本图形进行充分的分析,画出符合条件的各种草图,分散难点,降低难度,将复杂问题简单化。

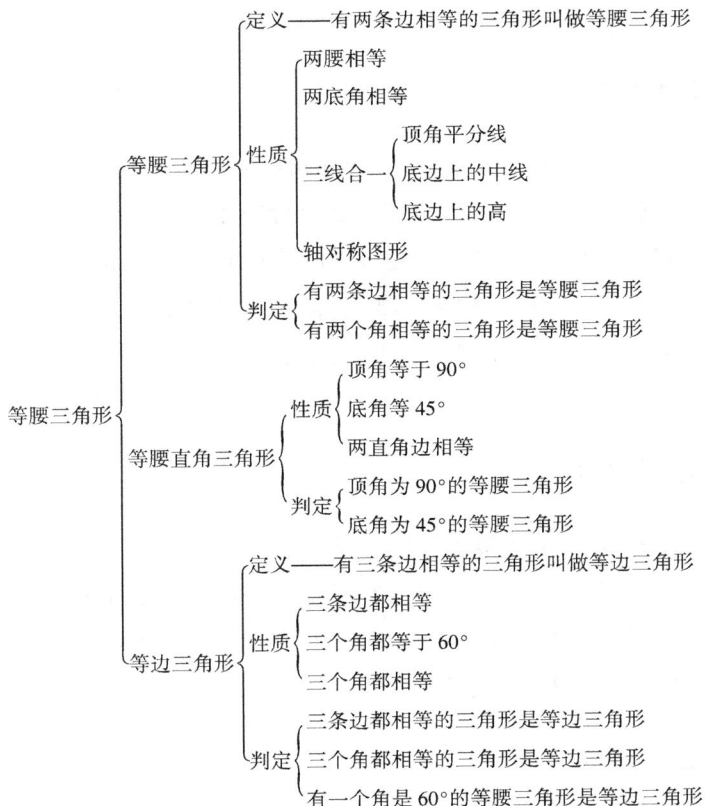

图 3-33

五、素养落实

本节课体现了初中数学的核心素养：抽象能力、几何直观、运算能力、空间观念、模型观念、应用意识和创新意识。

（一）抽象能力

学生通过等腰三角形分类之动点问题中所蕴含的数量关系和空间位置的抽象，得到数学的研究对象，建立分类标准。学生能够从数学情境中抽象出核心变量，理解变量的规律及变量之间的关系，进而学习数学的方法和策略，从中感悟数学抽象，感悟用数学的眼光观察现实世界的意义，形成数学想象力，提高学习数学的兴趣。

（二）几何直观

本节课让学生练习不同情境下的等腰三角形分类的例题、习题，增强学生分析问题的意识，使其养成良好的学习习惯。通过分析不同情境下的等腰三角形以及动点的运动位置，学生充分感知各种几何图形及其组成元素，能够依据图形的特征进行分类，建立形与数的联系，构建等腰三角形的直观模型，从锐角等腰三角形、直角等腰三角形和钝角等腰三角形的几何直观去把握数学问题的本质，明晰数学学习的路径。

（三）运算能力

通过本节课的学习，学生能够明确通过算术方法、方程方法及利用勾股定理的相关知识进行合理运算，选择合理简洁的运算策略解决问题，教师设置问题情境让学生通过运算增强数学推理能力和运算能力，有助于学生形成规范化思考问题的品质，养成一丝不苟、严谨求实的科学态度。

（四）空间观念

学生在本节课对等腰三角形的形状、大小及位置关系进行充分认识，可以根据不同等腰三角形的特征抽象出几何图形,根据几何图形想象出所描述的不同情况,能够想象出不同情况下等腰三角形相互间的位置关系,感知并能够描述出动点在运动和变化过程中的规律。本节课有助于学生理解数学问题情境下等腰三角形的形态和结构,为学生形成空间想象力奠定基础。

(五)模型观念

让学生从具体数学情境中抽象出数学问题,用数学符号建立等腰三角形不同分类标准的表达关系,求出运算结果并讨论结果所蕴含的数学意义。

(六)创新意识

学生能够主动从数学情境中发现和提出有意义的数学问题,通过不同数学问题情境下的等腰三角形的分类实例,运用归纳和类比的方法发现数学关系与规律,得出数学结论并通过计算加以验证。在此过程中,学生能够踊跃地探索一些开放性的、非常规的数学问题,有助于形成独立思考、敢于质疑的科学态度和理性精神。

发展数学思维,有效解决生活中的数学问题

——"平面内的最短路径问题"课例研究

一、研究背景

本节课是人教版《义务教育教科书(五·四学制)数学八年级上册》第二十章"轴对称"的一节专题课,其教学内容为"最短路径问题"。

本节课是在学习了基础事实"两点之间线段最短"和轴对称性质的基础上,探究如何综合利用知识处理平面内的最短路径问题。它是轴对称知识的延续,在知识和能力的转化上起到了桥梁作用。本节课的设计以实际问题为背景,让学生从复杂图形中抽象出"最短路径"问题的基本数学模型,体会轴对称的"桥梁"作用,

有利于学生系统学习知识,提升综合利用知识的能力。

八年级学生已经具有了一定的合情推理能力和逻辑推理能力,能应用线段公理、轴对称性质等知识处理简单问题,但思维还缺乏灵活性。本节课的设计旨在引导学生利用轴对称的性质,转化线段,感受到学习的快乐,提升学习兴趣,以达成提升学习能力的目标。

二、教学实录

师:数学源于生活也服务于生活,生活中的很多问题都可以用数学知识解决。让我们通过本节课的学习,体会"用数学的眼光观察现实世界,用数学的思维思考现实世界,用数学的语言表达现实世界"。

(一)"直线异侧两点模型"的建构

例1 如图3-34,自来水公司要在自来水主管道上修建一个泵站,分别向A、B两地供水,泵站修在管道什么位置,可使所用输水管线最短?

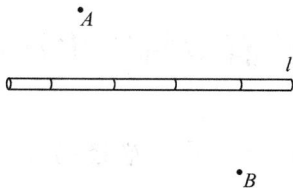

$$\overset{\cdot A}{}$$

$$\boxed{}\ l$$

$$\overset{\cdot B}{}$$

图 3-34

师:请同学们观察思索,将这个实际问题抽象为数学问题。

学生活动:学生反复叙述,规范语言,达成一致。

生:将A、B两地抽象为两个点,将管线抽象为一条直线l。上面问题就转化为:点A、B在直线l异侧,点P是直线上一个动点,当点P在直线l上什么位置时,$PA+PB$最小?(如图3-35)

师:请同学们将这个数学问题的图形画在题签上。这就是我们本节课要研究的问题——最短路径问题。

师:请同学们尝试解决这个数学问题。

生:连接 AB,与直线 l 的交点即为点 P(如图 3-36)。

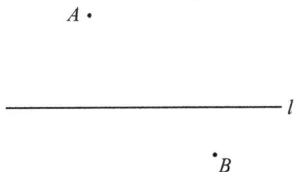

图 3-35

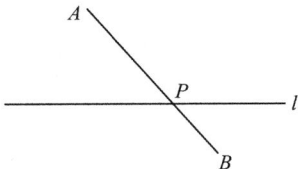

图 3-36

师:你能说说依据吗?

生:两点间线段最短。

【设计意图】通过一个很简单的实际问题,让学生认识到数学起源于生活,服务于生活,增强学生的应用意识,并引导学生将生活问题抽象成数学问题,渗透数学建模的思想,提升数学语言的表达能力。

(二)"直线同侧两点模型"的建构

变式:如图 3-37,如果 A、B 两地在自来水主管道的同一侧,将泵站修在管道什么位置,可使所用输水管线最短?

师:请同学们观察思索,将这个实际问题抽象为数学问题。

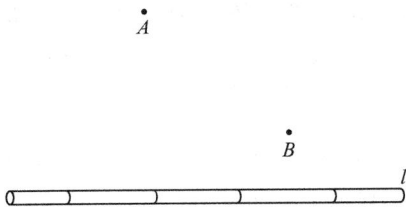

图 3-37

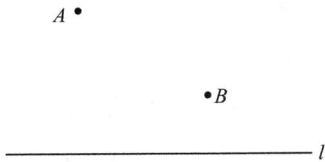

图 3-38

生:同样将 A、B 两地抽象为两个点,将管线抽象为一条直线 l。上面问题就转化为:点 A、B 在直线 l 同侧,点 P 是直线上一个动点,当点 P 在直线 l 上的什么位置时,$PA+PB$ 最小?(如图 3-38)

师:对于这个问题,同学们有什么想法呢?

学生活动:学生反复尝试,并相互补充。

生:在直线 l 上有无数个点,把任意一个点与 A、B 连接起来,两条线段长度之和,就是所修的渠道。现在问题是怎样在直线 l 上找出一点,使两条线段长度之和最小?

师:这也转化为求最短距离的问题了。如何解决呢?

生1:过点 A 作 $AH \perp l$,连接 BH(如图 3-39)。

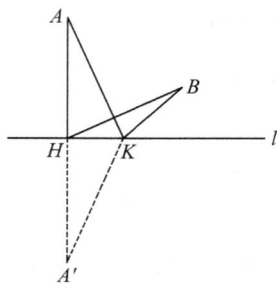

图 3-39

生2:我觉得他说得不对,因为我在点 H 的右侧取了一点 K,连接 AK,BK。此时,$AK+BK$ 的和比 $AH+BH$ 的和小。

师:你是怎样发现 $AK+BK$ 的和比 $AH+BH$ 的和小呢?

生:我是测量出来的。

师:那能不能尝试推理证明一下呢?哪位同学能证明这个结论呢?

生:延长 AH 至点 A',使 $HA'=HA$,连接 $AK,A'K,BK$,此时,直线 l 垂直平分 AA',由线段垂直平分线的性质可知,$AK=A'K,AH+BH=A'H+BH,AK+BK=A'K+BK$。我们曾经证明过这个基本图形的结论,$HA'+HB>A'K+BK$。也就是 $AH+BH>AK+BK$(如图 3-39)。

师:你利用了轴对称的知识及之前学习过的知识解决了新的问题,思路清晰,表达流畅。同学们再思考,点 K 是我们想找到的点吗?是否还存在一点 M,使得 $AM+BM$ 的和比 $AK+BK$ 的和更小呢?

生:存在。

师:在哪儿?

生:点 K 的右侧。

师:点 K 右侧所有的点都满足吗?

生:不是。

师:如果设点 P 在点 K 的右侧，$AP+BP$ 的大小是如何变化的呢？我们用几何画板演示一下。

教学演示:用几何画板演示，点 P 是直线 l 上点 H 右侧任意一点，随着点 P 向右移动，学生观察 $AP+BP$ 的值的变化。

生:$AP+BP$ 的大小是先小后大。说明有使 $AP+BP$ 最小的点 P 的位置。

师:通过我们前面的分析和尝试，你们发现解决问题的办法了吗？

生:由上一道题的启示，我想把这两个点也放置在直线 l 的异侧。

师:你的想法非常好，怎样才能实现呢？

生:作点 A 关于直线 l 的对称点点 A'，连接 $A'B$ 交直线 l 于点 P，则点 P 为建泵站的位置。

师:此时，$AP+BP$ 的值最小吗？如何证明呢？

生:在直线 l 上另外任取一点 E，连接 AE、$A'E$、BE、$A'P$，因为点 A'、点 A 关于直线 l 对称，点 P、点 E 在直线 l 上，所以 $PA=PA'$，$AE=A'E$，所以 $AP+BP=A'P+BP=A'B$，$AE+EB=A'E+BE$（如图 3-40）。

在 $\triangle A'BE$ 中，$A'E+BE>A'B$，即 $AE+BE>AP+BP$。因为点 E 是不同于点 P 的任意一点，说明此时 $AP+BP$ 的值最小。

师:只能作点 A 关于直线 l 的对称点来解决问题吗？

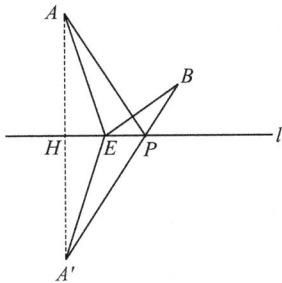

图 3-40

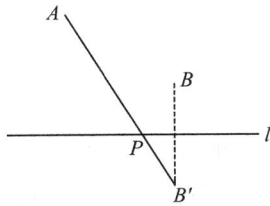

图 3-41

生:还可以作点 B 关于直线 l 的对称点 B'，连接 AB'，与直线 l 的交点也是所求作的点 P（如图 3-41）。

师:对比以上两道题，有什么区别和联系呢？并对解答方法进行总结。

生1:两道实际问题抽象成数学问题都是已知两个点、一条直线，求最短距离。

生2：第一题，两个点在直线的同侧，第二题，两个点在直线的异侧。

生3：求直线异侧的两点与直线上一点所连线段之和最小的问题时，只要连接这两点，与直线的交点即为所求的点。求直线同侧的两点与直线上一点所连线段之和最小的问题时，只要找到其中一个点关于这条直线的对称点，连接对称点与另一个点，与该直线的交点即为所求的点。

【设计意图】通过观察、叙述、画图、测量、计算等过程，培养学生把生活问题抽象为数学问题的能力。引导学生梳理总结，形成认知结构，用轴对称及两点之间线段最短的性质，将所求线段之和转化为一条线段的长，这是解决距离之和最小问题的基本思路。

（三）"相交线之间一点模型"的建构

例2　如图3-42，班级举行元旦联欢晚会，桌子摆成如图所示的AO，BO两排，AO一排的桌面上摆满了水果，BO一排的桌面上摆满了蛋糕，坐在C处的学生想先拿水果再拿蛋糕，最后回到C处的座位上，请你帮助他设计一条行走路线，使其所走的总路程最短。

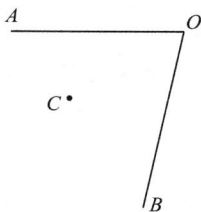

图3-42

师：经过前面解决问题的启示，同学们思考这道题该如何解答。

学生活动：学生先自主探索，再合作交流，找到做法，进行汇报。

教师活动：教师进行巡视，关注各个小组的研讨情况，适时点拨，帮助有困难的小组。

师：听到同学们讨论的声音越来越小，就知道大家已经讨论完成。谁来进行分享呢？

生1：本题转化为数学问题就是要在AO、BO上分别找到点D、点E，使得$CD+$

DE+CE 最小。

我来说作图的过程和方法。1. 作点 *C* 关于直线 *OA* 的对称点点 *M*；2. 作点 *C* 关于直线 *OB* 的对称点点 *N*；3. 连接 *MN* 分别交直线 *OA*、*OB* 于点 *D* 和 *E*，那么这位同学沿 *C*→*D*→*E*→*C* 的路线行走，所走的总路程最短(如图 3-43)。

生2：我来进行证明。连接 *CD*、*CE*。因为点 *M*、*C* 关于直线 *OA* 对称，所以 *DM* = *DC*，因为点 *C*、*N* 关于直线 *OB* 对称，所以 *EC* = *EN*，所以 *CD* + *DE* + *CE* = *DM* + *DE* + *EN* = *MN*。根据两点间线段最短，可知此时 *CD* + *DE* + *CE* 最小。因此，点 *D*，点 *E* 是所求作的点。

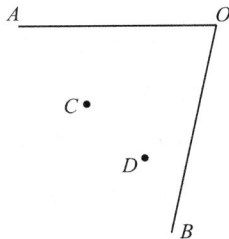

图 3-43

师：你觉得解决问题的关键是什么？

生：借助轴对称，利用两点间线段最短，把一些线段转移到同一条直线上。

(四)"相交线之间两点模型"的建构

变式：如图 3-44，若坐在 *C* 处的学生想先拿水果再拿蛋糕，然后将水果和蛋糕送给坐在 *D* 处的老师一些，然后再回到 *C* 处的座位上。请你帮助他设计一条行走路线，使其所走的总路程最短。

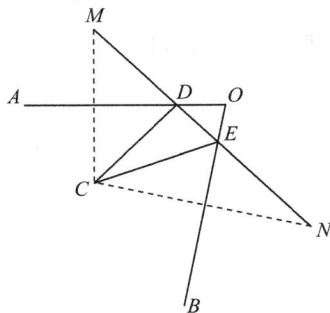

图 3-44

学生活动：学生先自主探索，再合作交流，找到做法，进行汇报。

生1：由于从老师的 *D* 处回到 *C* 处的距离固定，本题就是要在 *AO*、*BO* 上分别找到点 *E*、点 *F*，使得 *CE* + *EF* + *FD* 最小。

生2：作图方法是：1. 作点 C 关于 OA 的对称点 M，作点 D 关于 OB 的对称点 N；2. 连接 MN，分别交 OA、OB 于点 E、点 F，那么这位同学沿 $C \to E \to F \to D \to C$ 的路线行走，所走的总路程最短（如图3-45）。

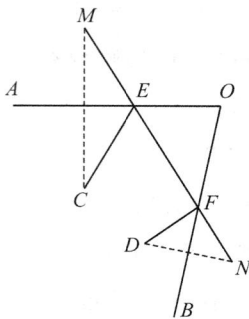

图 3-45

生3：证明方法是：连接 CE、DF。因为点 M、C 关于直线 OA 对称，所以 $EM = EC$，因为点 D、N 关于直线 OB 对称，所以 $DF = FN$，所以 $CE + EF + FD = EM + EF + FN = MN$。根据两点间线段最短，可知此时 $CE + EF + FD$ 最小。因此，点 E、点 F 是所求作的点。

师：对比这两道题，有什么区别和联系呢？并对解答方法进行总结。

生1：两道实际问题抽象成数学问题都是已知两条直线，求最短距离。

生2：第一题，两条直线之间只有一个点，第二题，两条直线之间有两个点。

生3：求两条直线上各有一个点，与两直线之间一点所连线段之和最小的问题，只要分别作这个点关于两条直线的对称点，连接两个对称点与两条直线的交点即为所求的点。求两条直线上各有一个点，与两直线之间两点所连线段的和最小的问题，只要分别作这两个点关于这两条直线的对称点，连接两个对称点与两条直线的交点即为所求的点。

师：由两点之间线段最短可知，求距离之和的最小问题，就是借助轴对称，把几条线段的和想办法转化在一条线段上，从而解决这个问题。运用轴对称性质，将多条线段转化成一条线段，所以作已知点关于某直线的对称点是解决这类问题的基本方法。

【设计意图】在建构模型过程中,锻炼学生类比和归纳总结的能力,培养学生数学建模能力,同时也使学生更加重视学习方法和数学思想方法的总结。在抽象出数学模型的基础上,深入引导学生分析模型,增强了学生建立模型的能力,有利于学生发现问题实质,增强从复杂图形中发现基本图形的能力。

(五)"平移线段模型"的建构

例 3　如图 3-46,A、B 两地在一条河的两岸,现要在河上建一座桥 CD,桥建在何处才能使从 A 到 B 的路径 $A \rightarrow C \rightarrow D \rightarrow B$ 最短?(假设河的两岸是平行的直线,桥要与河垂直)

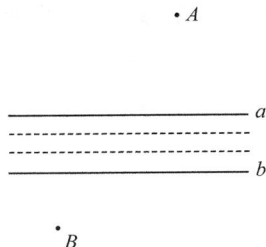

图 3-46

师:你们觉得这道题的已知条件与前面的哪道题类似呢?

生:第一题。

师:又有什么区别呢?

生:第一题的管线能抽象成一条直线,但本题是要在河上建一座桥,河宽是不能忽略不计的。所以河不能抽象成一条直线。

师:应该如何处理呢?

生:将河的两岸抽象成两条平行线。

师:你能将本题转换成数学问题吗?

生:在直线 a,b 上分别找点 C、D 使得 CD 垂直 a,且 $AC+CD+BD$ 最小。

师:你觉得解决这个问题的困惑是什么?

生:不知道如何处理河宽。

师:如果我们先忽略河宽,在直线 a 上找一点 C,使得 $AC+BC$ 最小,该如何找?

生：连接 AB，与直线 a 的交点即为点 C（如图 3-47）。

师：将这图形以 a 为分界线，分成上下两部分（如图 3-48、3-49），再将图向下平移，平移距离等于河宽。会出现什么图形？你得到了什么启示？

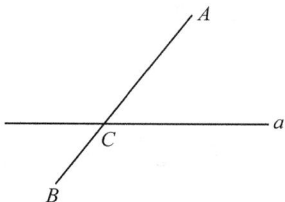 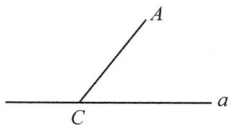 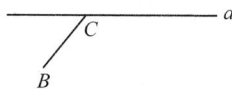

图 3-47　　　　　　图 3-48　　　　　　图 3-49

教学演示：教师用几何画板演示动态过程。展示如图 3-50。

生：想办法将 AC、BD 转化到一条线段上。

师：利用轴对称还能实现转化吗？

生：不能。但我想到了平移。

师：如何操作呢？

生：作图方法是：1. 过点 A 作 AG 垂直于河岸 a，且使 AG 等于河宽；2. 连接 BG 与河岸的一边 b 交于点 D；3. 过点 D 作河岸 b 的垂线交另一条河岸 a 于点 C。则 C、D 为所建的桥的位置。从 A 到 B 要走的路线是 $A \rightarrow C \rightarrow D \rightarrow B$（如图 3-51）。

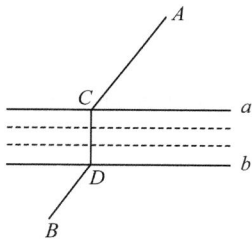 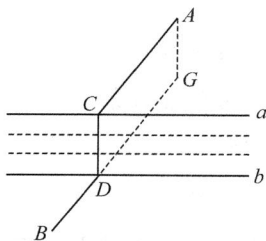

图 3-50　　　　　　　　图 3-51

师：因为 CD 是定值，所以要使路程最短，只要 $AC+BD$ 最短即可。由平移的性质可知，此时两线段应在同一平行方向上，平移 AC 到 DG，从 D 到 B 应是余下的路程，因此连接 BG 的线段即为最短的。

可见，平移这样的图形变换方式也可以帮助我们将两线段转化到一条线段上。

师：通过刚刚的研讨，你能总结一下解决此类问题时所采用的方法吗？

生：可以通过平移河岸的方法使河的宽度变为0，转化为求直线异侧的两点到直线上一点所连线段的和最小的问题。再平移河宽的距离。

【设计意图】经过设置问题、引导思索、多媒体演示等方法突出关键内容。对称性质灵活利用是个难点，仅靠学生是不能完成的，所以在教学中教师通过引领、点拨，并利用多媒体教学手段，对例题进行讲解和变式提升，最后再通过归纳总结来帮助学生牢固掌握解题方法，层层深入，逐一突破难点。

（六）课堂小结

师：在本节课的学习中，你们处理上述问题运用了什么知识？在处理问题的过程中运用了什么方法？运用上述方法的目标是什么？体现了什么样的数学思想？

【设计意图】引导学生从知识、方法、数学思想方面进行归纳总结，使学生完善知识结构，拓展学习方法，发展数学思维。

三、问题解析

在解答简单问题时，学生的思路往往是清晰、合乎逻辑且有效的，但在解答复杂问题时，学生往往无从下手，思维缺乏灵活性，被动性较强。所以在备课时，教师对于问题的设计要以实际问题为背景，以简单问题为生长点，注重知识的层层深入，引导学生去探究，去发现，去体会，去思考，把在简单问题中获取的经验和研究问题的方法运用到解决复杂问题中去，以达到"教"是为了"不教"的目的。引导学生将遇到的新问题与已经解决的问题进行对比和类比，让学生学会思考，以提升思维层次。在较难问题的解决方法上采用小组讨论的形式进行，引导学生会类比，会迁移，会思考，会归纳，给学生提供一个展示的舞台。培养学生应用数学知识解决实际问题的能力，使学生感受良好学习方法的重要性，激发学生持续学习的动力，让学生感受学习的快乐，重视数学知识的生活化、情境化。

四、建构体系

本节课的设计,从一个非常简单的实际问题入手,通过改变点的位置、点和线的数量等方式实现一题多变,来构造变式的系列问题,将问题不断地引向深入,增加问题的宽度和深度,培养学生思维的深刻性和延展性。"求直线异侧的两点与直线上一点所连线段之和最小的问题时,只要连接这两点,与直线的交点即为所求的点"这一解决问题的方法,是本节课知识的生长点。所有的变形题的解决方法最终都借助"轴对称"将最短距离问题回归到直线异侧的两点与直线上一点的问题上。

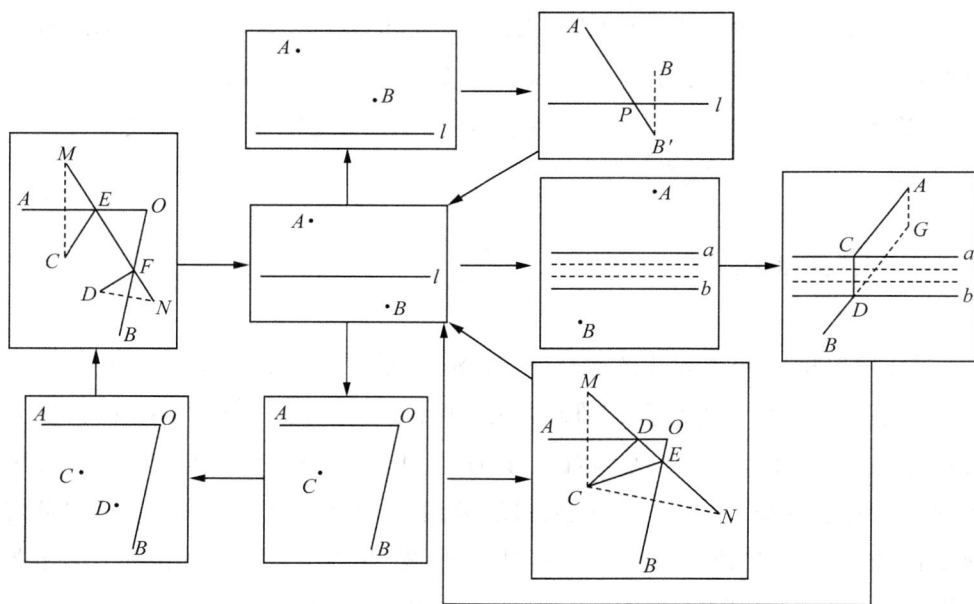

图 3-52

五、素养落实

根据学生的年龄特点、知识储备、能力水平,结合新课标要求,教师在设计本课时,主要采用了引导发现法。基于直观认识,在不同背景的实际问题中抽象出不同的数学问题模型,在解决问题时,让学生观察、发现问题,并进行合作交流,激发学生的学习兴趣,培养他们的自信心和合作精神。在对模型的分析和方法的总结过程中,学生体会了类比、转化的数学思想。

从数学思维的培养走向数学素养的提升

——"矩形的折叠与对称"课例研究

一、研究背景

轴对称是全等变换之一,它建立在全等形的基础之上,折叠是轴对称的一个重要应用。通过折叠很容易形成一些特殊的三角形和特殊的四边形,同时以折叠为背景的几何问题综合性强,图形较复杂,是培养学生识图能力和综合分析能力的良好载体。八年级的学生已经比较系统地学习了轴对称、全等、勾股定理、四边形等相关知识,具备了一定的识图和探究能力、逻辑推理及计算能力,但是对复杂图形及其数量关系的综合处理依然有困难,尤其是把复杂图形的探究问题转化为基本图形来解决的能力还有待提高。本节课的设计,以矩形折叠为背景,充分利用折痕位置的变化,来构建一系列变式问题,培养学生数学思维,提升学生数学素养。

二、教学实录

(一)动手操作,回顾对称

师:同学们,请将你们手中的矩形纸片折叠一次,有哪些典型的折叠方法?能得到哪些常见的图形?

学生活动:学生先自己动手折纸,然后上台展示,并说出得到的常见图形。

教师活动:根据学生折叠的图形,教师归纳出六种常见的典型折叠方法(如图 3-53)。

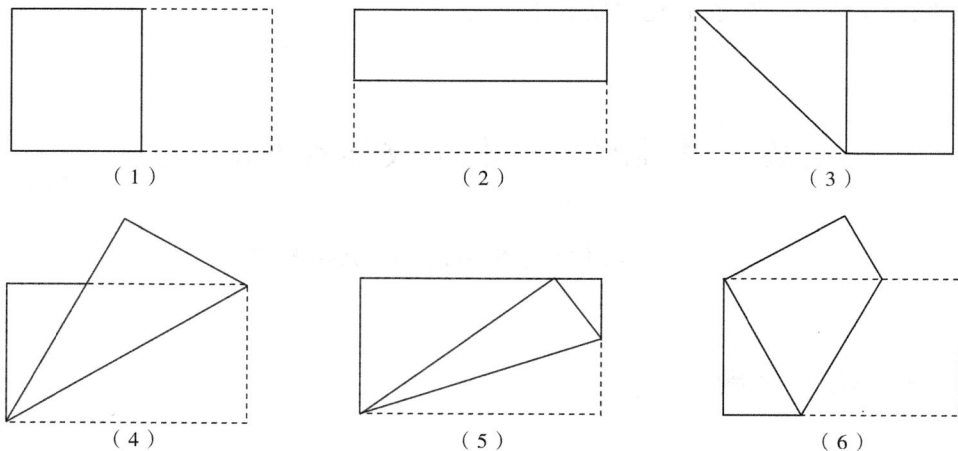

图 3-53

师:在这个过程中,你们想到了我们学习过的哪些知识?

生 1:我想到了轴对称图形、轴对称的定义、轴对称的性质、线段垂直平分线的性质。

生 2:我还想到了全等三角形的性质。

【设计意图】实验探究是推动数学思维发展及培养数学核心素养的重要途径,也是积累数学基本活动经验的重要方式之一。本节课从矩形纸片折叠活动展开变式训练,归纳出折叠后生成的具有代表性的图形,让学生在实践操作中既复习了旧知识,又对新知识产生学习兴趣。

(二)定向折叠,应用对称

师:请同学们将矩形纸片沿一条对角线翻折,将其抽象成几何图形画在题签上,并请一位同学将图形画在黑板上。

学生活动:学生先自己动手折纸,在题签上画出图形,一位同学在黑板上画图。

教师活动:将黑板上的图形标注字母。

师:同学们能描述一下黑板上图形的已知条件吗?

生:将矩形纸片 $ABCD$ 沿对角线 BD 翻折,点 C 落在点 E 处,BE 与边 AD 交于点 F(如图 3-54)。

【设计意图】要求学生动手进行折叠变换,画出折叠后的图形,直观地感受图形位置的变换,培养学生的几何直观。将图形画在题签上,并让学生用几何语言表述已知条件,注重培养学生的几何抽象能力和数学语言表达能力。

师:你能发现哪些特殊图形?(如图 3-54)

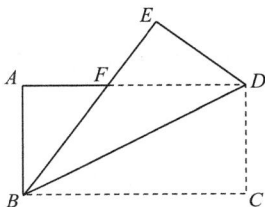

图 3-54

生:直角三角形 ABF,直角三角形 EFD,直角三角形 ABD,直角三角形 EBD,等腰三角形 BDF。

师:图形之间有特殊的关系吗?

生1:$\triangle ABF$ 全等于 $\triangle EDF$,$\triangle BCD$、$\triangle BED$、$\triangle DAB$ 两两全等。

生2:$\triangle BCD$ 与 $\triangle BED$ 关于直线 BD 成轴对称。

师:图中的哪些线段、角之间存在特殊的数量关系呢?是怎样的关系?

生1:图中所有直角都相等,对顶角相等。

生2:根据全等三角形的对应边相等、对应角相等,能得到 $AB=DE$,$AF=EF$,$BE=BC$,$BF=DF$,$\angle ABF=\angle EDF$,$\angle DBE=\angle DBC$。

生3:结合等量代换、矩形的性质和平行线的性质,还能得到 $AB=DE=CD$,$BE=BC=AD$,$\angle DBE=\angle DBC=\angle ADB$。

生4:由勾股定理可得,$AF^2+AB^2=BF^2$,$EF^2+DE^2=DF^2$,$BC^2+CD^2=BD^2$。

师:同学们说得可真好,关联起了很多知识。同学们再继续思考,如果老师给出图形中一些线段的长,例如,$AB=4$,$BC=8$,你们能用以上得到的线段的数量关系求出哪些线段的长呢?先独立思考,再小组进行交流,展示汇报。

生1:在 $Rt\triangle BCD$ 中,利用勾股定理可求 $BD=4\sqrt{5}$ 。

生2:因为 $BF=DF$,设 $AF=x$,$BF=DF=8-x$,在 $Rt\triangle BAF$ 中,利用勾股定理可

得 $x^2 + 4^2 = (8 - x)^2$，求得 $x = 3$，即 $AF = 3$，可求 $EF = 3$，$DF = BF = 5$。

【设计意图】沿对角线折叠后的图形源于教科书，根据轴对称的性质，学生通过观察很容易发现图中的等腰三角形、直角三角形和全等三角形。很容易想到利用勾股定理列方程求出线段长。此环节以直角三角形为背景，学生首先通过观察，找到特殊图形间的相互关系，进而找出组成特殊图形的基本元素线段和角之间的数量关系，从而解决求线段长的问题。这是我们研究复杂图形的基本思路，有利于培养学生的几何思维。

师：连接 EC 交 BD 于点 O，交 AD 于点 M。图中又出现哪些新的特殊图形？（如图3-55）

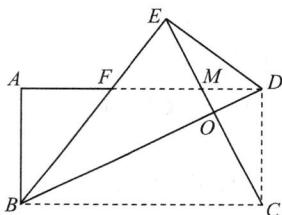

图3-55

生：△DEC，△EFM，△BEC 均为等腰三角形。

师：图形之间有特殊的关系吗？

生1：△DEB 与 △DCB，△BEO 与 △BCO，△DEO 与 △DCO 均关于直线 BD 轴对称。

生2：BD 垂直平分 CE。

师：图中的哪些线段、角之间存在数量关系呢，是怎样的关系？

生：除了上个图中找到的关系，还能得到 $EF = FM$，$EO = CO$，$\angle BEO = \angle BCO = \angle FME = \angle DMO$，$\angle DEO = \angle DCO$。

师：若 $AB = 4$，$BC = 8$，你们还能用这些线段的数量关系，求出哪些线段的长呢？先独立思考，再小组进行交流，展示汇报。

生1：根据 $EF = FM$，先求出 $FM = 3$，从而得到 $DM = 2$。在 Rt△MDC 中，利用勾股定理可求 $CM = 2\sqrt{5}$。

生2：利用 Rt△MDC 的面积可求 $OD = \dfrac{4\sqrt{5}}{5}$，继而求 $OB = \dfrac{16\sqrt{5}}{5}$。

生3：在 Rt$\triangle MOD$ 中,利用勾股定理可求 $OM=\dfrac{2\sqrt{5}}{5}$,作差可求 $OC=\dfrac{8\sqrt{5}}{5}$,那么

$OE=\dfrac{8\sqrt{5}}{5}$,从而得到 $EM=\dfrac{6\sqrt{5}}{5}$。

【设计意图】点 E、点 C 是一对对称点,连接 EC,根据轴对称的性质可得对应点所连线段被对称轴垂直平分,很容易发现新增的直角三角形和等腰三角形。在此基础上,提出问题串,步步追问,让学生进一步熟悉探究复杂图形的一般思路：发现特殊图形——发现图形间的关系——发现组成图形的基本元素线段和角之间的数量关系——解决求线段长的问题。最后设计开放性问题,考查学生从复杂图形中抽象出基本图形的能力,为下面的数学活动做铺垫。

师：将 $\triangle EDC$ 沿直线 EC 翻折。同学们可以动手折一折,再画出图形,也可以根据轴对称的相关知识直接画图。

学生活动：学生先自己动手折纸,然后在题签上画出图形或者直接在题签上画图。

师：若点 D 的对称点是点 G,点 G 落在哪儿?

生：点 G 落在 BD 上。

师：你是怎样判断的?

生：根据轴对称的性质,DG 被 CE 垂直平分。CE 垂直 DO,所以点 G 在 BD 上。

教师活动：在黑板上补充图形,标注字母。

师：根据图形,同学们先独立思考以下问题,再小组讨论交流(如图 3-56)。

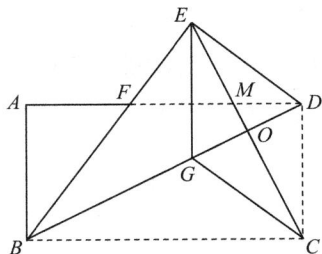

图 3-56

(1)图中又出现哪些新的特殊图形?

(2)你能发现这些特殊图形之间的关系吗?

（3）组成特殊图形的基本元素线段和角之间有什么关系呢？

（4）你能用这些特殊关系，探究 EG、GD、BD 之间的数量关系吗？

生1：图中新出现了一个菱形 $EGCD$。

生2：根据菱形的四条边都相等，可以得到 $EG=CG=CD=DE$，也等于 AB。

生3：根据菱形的对角线互相垂直平分，且每一条对角线平分一组对角，可以得到 DG、CE 互相垂直平分，$\angle EGO=\angle CGO=\angle EDG=\angle CDG$，$\angle GEO=\angle DEO=\angle GCO=\angle DCO$。

生4：在 $\mathrm{Rt}\triangle COB$ 中，利用勾股定理可得 $BC^2=OB^2+OC^2$。在 $\mathrm{Rt}\triangle BCD$ 中，利用勾股定理可得 $CD^2=BD^2-BC^2$，所以 $CD^2=BD^2-(OB^2+OC^2)=BD^2-OB^2-OC^2$。在 $\mathrm{Rt}\triangle COD$ 中，利用勾股定理可得 $CD^2=OD^2+OC^2$，两式相加得到，$2CD^2=OD^2+BD^2-OB^2$，而 $OB=BD-OD$，那么 $2CD^2=OD^2+BD^2-(BD-OD)^2$，整理可得 $CD^2=OD\cdot BD$，由 $OD=\dfrac{1}{2}DG$，$CD=EG$，得到 EG、GD、BD 之间的数量关系是 $2EG^2=DG\cdot BD$。

师：条理清晰，语言准确，表达流畅。

【设计意图】通过翻折 $\triangle EDC$ 再次变式。八年级学生还没有学习相似和三角函数，只能利用勾股定理，借助等线段长的转化，解决几何综合题中线段长和线段数量关系的相关问题。本题旨在培养学生从复杂图形中抽象出基本图形的能力，渗透转化的数学思想。

（三）变换折叠，延伸对称

师：将矩形 $ABCD$ 沿 BF 折叠，使点 C 落在 AD 边的点 E 处。若 $AB=8$，$BC=10$，类似例题的思路和方法探究线段长、线段之间的数量关系。先独立研究，再小组交流，再汇报研究方法和结论（如图3-57）。

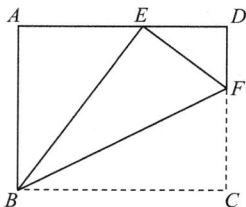

图3-57

生1:我们先求了 AE,DE,EF,CF,BF 的长。

生2:我们也将 $\triangle EFC$ 沿 EC 进行了折叠,点 F 落在 BF 上的点 G 处,我们还求了 OF,OE,BG 的长(如图3-58)。

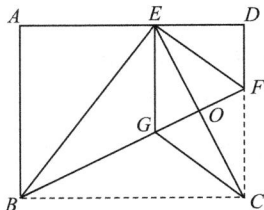

图3-58

【设计意图】通过折痕位置的改变,构造新的图形。让学生在前面研究问题的经验基础上继续进行研究,学生经历观察、归纳、猜想、验证的探究体验,通过对特殊情况下图形的翻折进行研究,寻找图形中可能含有的特殊关系,并且学生还会根据研究方法再次翻折变形,从而得到更多的结论和图形关系。学生在研究中获得了基本的研究方法,积累了基本的研究经验。

师:若已知 $BG=3\sqrt{5}$, $EG=5$,你们能求折痕 BF 的长和线段 AE 的长吗?

学生独立作答。

【设计意图】此问题是在上一个问题的基础上,将已知的条件和结论互换,使问题由浅入深层层递进,突破学生的思维定式,使学生的知识结构条理化、系统化和网格化,有利于培养学生思维的灵活性和深刻性。让学生在解决复杂图形中的线段关系时,能迅速抓住问题的本质,进而思考出相应的数量关系,有利于培养学生的数学直观、逻辑推理等核心素养。

师:如图所示,这也是我们共同总结的常见的矩形折叠问题。将纸片 $ABCD$ 翻折,使点 C 与点 A 重合,设折叠后点 D 的对应点为 E,折痕分别与 AD、BC 交于点 F、G。若 $AB=4$,$BC=8$,你们能用这些特殊关系,设计一道求线段长的数学问题吗?(如图3-59)

生1:我设计的问题是"求线段 AF 的长"。

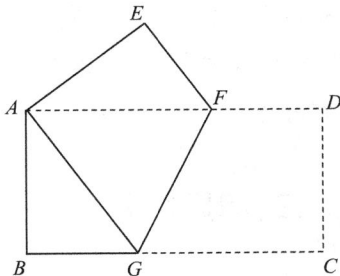

图3-59

生2:我设计的问题是"求线段 *FG* 的长"。

师:两位同学都设计了求线段的题目。这两道题目就作为今天的课后研究任务,请同学们计算线段 *AF*、*FG* 的长。另外,同学们还可以根据前面的研究经验,继续编写问题或进行题目变形。

【设计意图】通过改变折痕的位置进行变形训练。开放式的问题设计,不仅可以使学生在探究中体验研究方法,掌握解题策略,还可以提升学生的数学思维的深度,拓展学生思维的宽度,使学生获得长足的发展。

(四) 反思折叠,架构知识

师:通过本节课的学习,你们有什么收获?

生1:我觉得研究一些几何问题的方法是类似的,可以把方法迁移过去。

师:你收获了研究问题的方法。

生2:我知道了在解决复杂图形问题时,要先从复杂图形中抽象出基本图形,再建立图形中线段的关系。

师:你学到了解决复杂图形问题的一般策略。

生3:我学会了在求未知线段长时,一个直角三角形只知道一条边,但另两条边可以用同一个未知数表示,进而利用勾股定理建立方程,从而求出线段长。

师:你获得了解决问题的数学思想。

生4:我知道了利用特殊图形之间的全等关系,找到线段和角之间的关系,会用勾股定理、面积法等数学方法求线段长。

师:你获得了解决问题的直接途径。

【设计意图】让学生自己归纳总结,可以培养学生良好的归纳能力和数学语言表达能力,完善知识结构,巩固学习效果。经过梳理与反思,学生可以建构数学知识、方法、策略体系,养成善于反思的学习习惯,不仅在知识上和方法上得到收获,更在思想上也得到收获。

三、问题解析

"折叠"作为图形的运动形式,题型多样,变换灵活,且多以其为主要载体综合其他几何图形知识进行考查。因图形及其关系多变，又融合较多数学知识，所以此部分成为学生的学习难点。在备课中，教师意识到，学生在解决有关"折叠"的问题，不能只靠动手操作来解决，需要透过现象看到折叠问题的本质，才能迅速找到破解折叠问题的方法。那么折叠问题的本质是什么呢？常见的折叠都有哪些类型呢？有哪些常见的折叠问题和解决策略呢？带着这些问题，教师在教学流程设计和习题改编时，注重引导学生明确折叠问题的本质，掌握折叠问题的一般思路和方法，在解决问题的过程中采用"问题引领"的方式，重点引导学生寻找不变量，进行基本构图，使学生在解决问题的过程中体会变化中的不变，感悟转化、方程思想，归纳总结解决折叠问题的基本方法，积累活动经验。开放性的问题设计，使学生的数学思维得到锻炼，数学素养得到提升。

四、建构体系

本节课的设计，从动手实践出发，通过折叠、连接、再折叠等方式实现一题多变，不断改变折痕的位置，来构造变式的系列问题，利用这些知识之间的相互联系，有效地建立起位置与数量之间的对应关系，让学生在面对较为复杂的图形时，能迅速抓住问题的本质，进而思考出相应的数量关系，减缩思维过程。

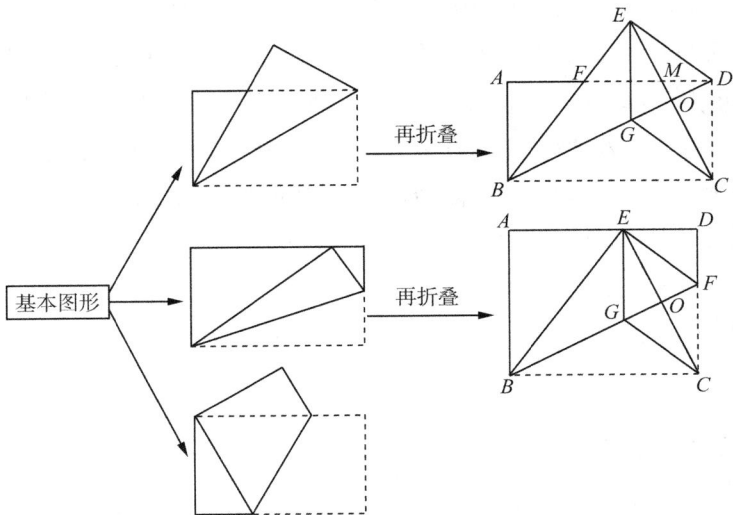

图 3-60

五、素养落实

在本节课的设计上,教师以矩形为载体改变折痕的位置来进行变式练习,精心设计数学活动,贯穿整节课进行研究学习,为后续学习埋下伏笔。在解决问题的同时,注重基本图形的辨析。通过一题多变,深入探究矩形折叠中产生的几何问题,并将方程的思想融入其中,增加了知识的宽度和深度,让学生在解决问题的过程中感悟轴对称的魅力,增强几何综合分析能力,培养和发展学生的数学直观等核心素养。

利用"化归"数学思想方法,培育"几何直观"核心素养

——"四边形与倍长中线问题探究"课例分析

一、研究背景

倍长中线的方法出现在人教版《义务教育教科书数学八年级上册》有关的习题中。在四边形或有关复合图形中中点的问题中经常出现,学生在学完特殊的平行四边形的基础上,可以对中点出现的情况进行系统归纳。基于以上分析,确定本节课的教学重点为:理解倍长中线的意义和添加辅助线的方法;学会辨别适用倍长中线法的图形特点。教学难点为:在复合图形中抽象出适用于倍长中线法解题的图形部分,正确作图。让学生初步体会转化、类比的数学思想并养成归纳问题的良好习惯,提高分析和解决问题的能力。

二、教学实录

(一)情境导学

师:当教师们在解决数学问题时,很多好的解法都是源于直观和联想,但是这

种联想首先要从题目条件的特征出发,不拘泥于固定的模型。当看到"中点"条件时,我们应该想到什么呢?

生:平分面积、倍长中线、中位线、直角三角形斜边中线等于斜边一半。

师:这节课我们就来探究中点问题中的"倍长中线"在四边形中的应用。

【设计意图】在解决三角形的问题中,遇到中点教师们会联想到"中线",从而用"倍长中线"来辅助解题;引导学生思考在平行四边形中遇到中点,可不可以也用与"倍长中线"类似的方法解题呢?

(二)探究与思考

例1 如图3-61,在□$ABCD$ 中,E 为 BC 的中点,过点 E 作 $EF \perp GE$ 分别交边 AB、CD 于点 F、G。若 $BF = 2$,$CG = 3$,求 GF 的长。

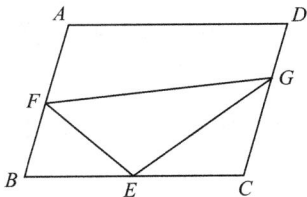

图 3-61

生:延长线段 GE 至点 H,连接 BH,构造全等三角形(如图3-62)。

师:这样做能确定 A、B、H 三点共线吗?

生1:分别延长线段 GE、AB 交于点 H,构造全等三角形(如图3-62)。

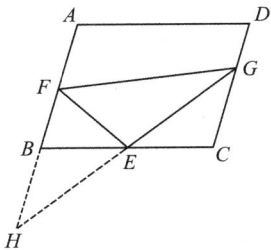

图 3-62

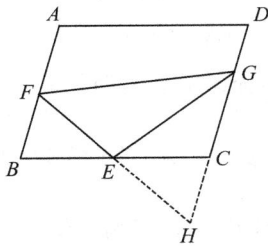

图 3-63

生2:多解,还可以延长线段 FE、DC 交于点 H,构造全等三角形(如图3-63)。

师:同学们的想法都很好,这么构造的依据是什么?如何证明全等?全等后能够得出什么结论？请同学们独立思考后在小组内交流想法。

【设计意图】引导学生归纳当平行四边形中出现"中点"时，可以采用倍长中线的方法来进行解题，通常延长两边相交，再证全等，避开需要证明共线的麻烦。

例2　如图3-64，菱形 $ABCD$ 中，E，F 分别是 BC，CD 的中点，过点 E 作 $EG\perp AD$ 于 G，连接 GF，若 $\angle A=80°$，求 $\angle DGF$ 的度数。

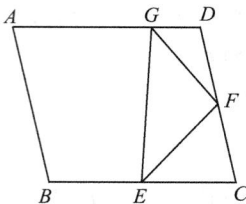

图3-64

学生活动：学生独立思考后，小组合作交流，选择1位同学讲解展示，其他同学补充。

生1：分别延长线段 GF、EC 交于点 H，易证△GDF≌△HCF，所以 $\angle DGF = \angle CHF$，$GF=FH$；

因为 $ABCD$ 是菱形，所以 $BC=CD$，$\angle ECD=\angle A=80°$；

因为 E、F 分别是 BC、CD 的中点，所以 $EC=CF$，$\angle FEC=50°$；

因为 $EG\perp AD$，F 是 GH 的中点，所以 $EF=FH$；

所以 $\angle CHF = \angle FEC=50°$，$\angle DGF = \angle CHF=50°$。

生2：也可以分别延长线段 EF、AD 交于点 H，易证△EFC≌△HFD，同理可得。

教师在这个过程中倾听学生的叙述是否标准，引导学生通过相互质疑解决思考难点，给学生充足的思考时间和动手空间。

（三）讨论交流，归纳知识

教师引导学生共同归纳小结：在解决平行四边形中与"中点"有关的问题时，"倍长中线"的方法不局限于普通的平行四边形，对于特殊的平行四边形——菱形也适用。而不论是普通的平行四边形还是菱形，它们都有一个共同特点，就是"平行"。因此，可以将这类方法的适用条件总结为：在题目中遇到"平行"与"中点"

时,可以采用"倍长中线"方法来解题。也就是见"平行""中点"想"倍长",解题主要步骤是:

第一步:延长两线段,使其相交;

第二步:证明三角形全等;

第三步:由全等得到线段或者角关系,进行解题。

【设计意图】及时归纳总结,帮助学生理清解题思路和解题方法,渗透化未知为已知的数学思想方法。

(四)启发猜想,变式拓展

例3 在矩形 $ABCD$ 中,E 为 BC 边中点,$DF \perp AE$ 于点 F,求证:$CF = CD$。

学生活动:学生审题,找出能用倍长中线法的条件,思考要转移哪条边或哪个角来解题。

教师活动:引导学生根据图形特点,认识:①平行线夹线段中点——直接延长中线与平行线相交,避免证明三点共线;②有垂直作为条件,倍长中线后还可构造直角三角形。

【设计意图】写出证明过程。学生经历知识的形成过程,加深了对知识的理解,并通过小结规范了倍长中线法的书写过程。进一步强化模型"平行夹线段中点"倍长中线的方法和平行线间有垂直,倍长中线后还可构造直角三角形的思维方式的训练。变式题难度有所增大,梯度较为合适。

这里的矩形条件多余,可拓展为平行四边形,得到更一般的结论。

变式1:如图3-65,在平行四边形 $ABCD$ 中,E 为 BC 边中点,$DF \perp AE$ 于点 F,求证:$CF = CD$。

师生活动:学生独立完成。教师巡视,及时帮助学生突破思维难点。

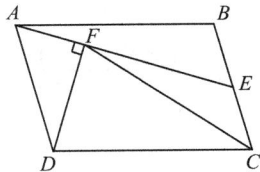

图 3-65

变式2：在正方形 $ABCD$ 中，其他条件不变，求证：$CF=CD$。

师生活动：学生讨论完成，展示答题过程。教师规范学生的叙述，并且启发学生思考变式问题的区别与联系。

【设计意图】从基础图形入手，学生根据条件用倍长中线法，转移相等的边和角，直观地得到一个直角三角形，用直角三角形斜边中线等于斜边一半等知识点，解决问题。

变式3：如图3-66，若 M、E 分别是 AB、BC 的中点，没有垂直条件呢？

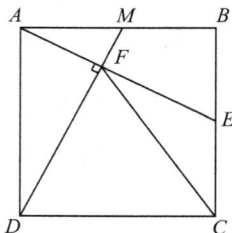

图3-66

师生活动：学生独立完成。教师协助指导。

【设计意图】启发学生思考此图中包含的一个重要的基本图形，即弦图由"垂直"可证"相等"，这是一个常用的结论。

例4　如图3-67，四边形 $ABCD$ 是正方形，点 E 在 BC 边上，$\triangle BEF$ 是等腰直角三角形，$\angle BEF=90°$，$BE=EF$，连接 DF，G 为 DF 的中点，连接 EG、CG，求证：$\triangle GEC$ 是等腰直角三角形。

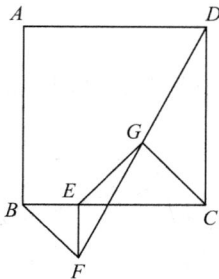

图3-67

变式 1:当△*BEF* 绕着点 *B* 以每次 45°角旋转时如图 3-68 和图 3-69,结论是否依然成立?

变式 2:当△*BEF* 绕着点 *B* 旋转到任意角度时,如图 3-70,结论是否依然成立?

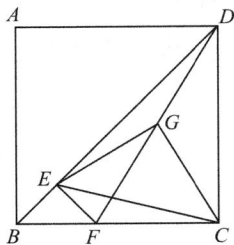 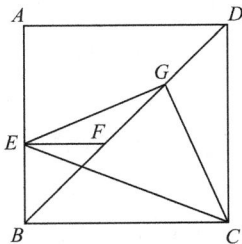 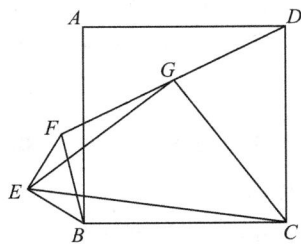

图 3-68   图 3-69   图 3-70

学生活动:学生讨论完成,展示答题过程(如图 3-71)。教师引导学生及时归纳总结有平行线,找平行线,没有平行线,构平行线,最终利用全等三角形及三线合一等知识求解,总结:平行+中点=全等三角形。

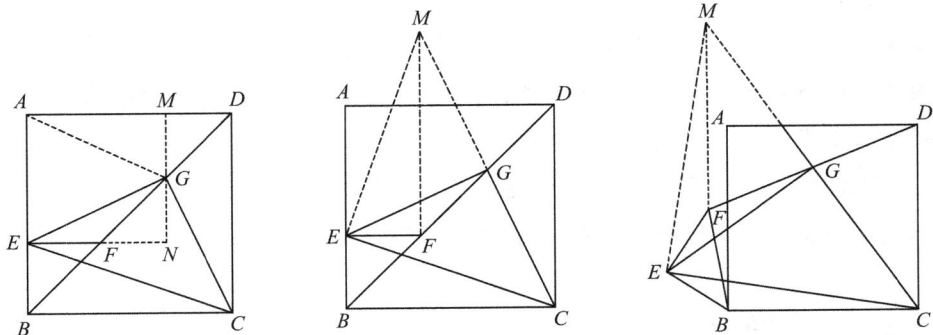

图 3-71

【设计意图】此题检验学生能否从复合图形中抽象出用倍长中线解题的基础图形部分,可以提高学生分析和解决问题的能力,同时培养合作精神。

(五)课堂小结

问题 1:四边形与中点问题的题目特征是什么?

生:有中点、中线或者过中点的线段,同时出现平行条件(一般平行会伴随特殊四边形,如平行四边形、菱形、正方形等)。

问题2:解决此类型问题的步骤是什么?

生:①延长两边相交;②证明全等;③转移线段或角。

师:第一步延长两边相交而不是倍长中线,可以避免证明三点共线。

①"中线"并不一定是三角形的中线,也可以是过中点的线段。

②倍长中线只是解题的第一步,目的是构造三角形全等,从而转移线段、转移角。

③模型说着简单,做题时候却是隐蔽的,常常需要构造,因此需要雪亮的眼睛来发现。

问题3:本节课你学到了什么?学生自由讨论回答。

生1:学习了通过延长与中点有关的线段构造全等三角形的方法。

生2:构造全等形可以把形内的线段或角的条件转移到一个图形中解决问题。

生3:四边形中的中点问题跟三角形中的中点问题类似,还有很多四边形的条件可以用来证明全等。

师:在三角形全等的证明中,我们经常会遇到证明两条线段相等,通常是采用两三角形全等得到对应线段相等。如果两条线段所在的三角形并不全等,或者要求两条线段与另一条线段的不等关系,题目中有三角形中线或中点这些已知条件,运用倍长中线法,可达到事半功倍的效果。

【设计意图】明确题型特征和解题的一般步骤和方法;让学生谈收获,进一步明确运用倍长中线法解题的方法;引导学生归纳题型特点和解题策略。

三、问题解析

在解决数学问题时,很多好的解法都是源于直观和联想,但是这种联想首先要从题目条件的特征出发,不能拘泥于固定的模型。当看到中点条件时,应该想到什么呢?这是学生在解决问题时遇到的第一个问题,教师引导学生如何快速找到解题思路,是遇到中点条件时的突破点。

在三角形或复合图形中有中点的问题经常出现,某边上中点或中线,是十分常见的条件。常采用延长中线一倍的办法,倍长中线的意思是:延长底边的中线,使所延长部分与原中线长度相等,再连接相应的顶点,从而构造出全等三角形,得出对应角、对应边都相等,进而进行边、角的转换运用。此方法的优点是通过构造全等三角形,进而得到平行线,利用中线的性质、辅助线、对顶角进而用"SAS"证明对应边之间的关系,可将分散的条件集中在一个三角形内解题,常常能出其不意,令思路顿时开阔。

在作倍长中线时,会面临艰难的抉择——连接倍长端点和三角形顶点时,到底是连接左边的顶点,还是右边的顶点呢? 面对这样的疑问,很多同学都望而却步了。其实很简单,仔细观察图形,倍长中线构造的全等三角形呈现一种中心对称的形式。所以,只要观察题中的条件和结论,和左边的线段有关,就连接右边,和右边的线段有关,就连接左边,没有相关条件,左右都可以。

找到全等只是一个台阶,要利用这个台阶,继续求出其他边或角。从课例可以看出,当发现题目中有中点或中线这类的已知条件时,要想到倍长中线这一思路,虽然不能保证每个含有中线的题目一定要用到倍长中线法,但在无从下手的时候,尝试一下倍长中线这条辅助线,也许就会有解题的思路。在实际解题过程中,遇到中线问题时,倍长中线法往往便是问题的切入点。

四、建构体系

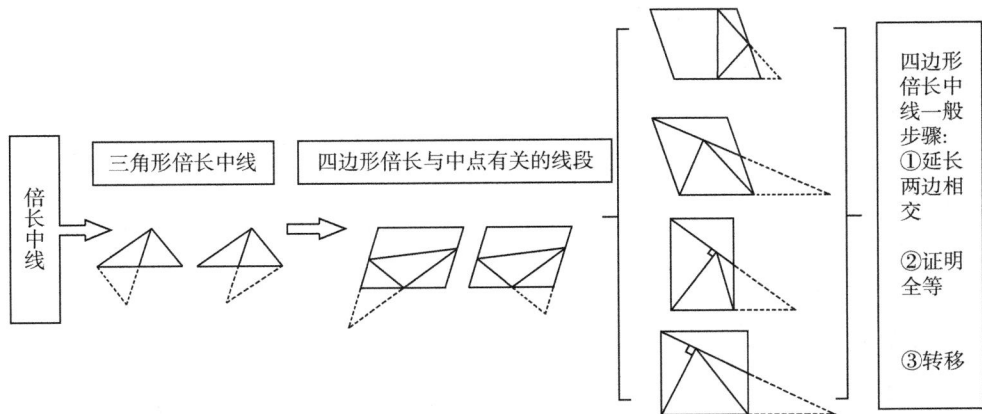

图 3-72

五、素养落实

由四边形中的中点问题引出本节课的内容,辨析不同的辅助线做法,构造图形的核心本质都是运用"倍长中线"的方法解决问题。三个不同四边形的例题,分别介绍了用中线或者是过中点的线段作倍长中线的方法,构造全等三角形,将已知中线或角的条件进行转移,进一步解决问题。学生通过变式训练题巩固了所学知识,加强对方法的掌握程度。

中线是三角形的重要线段之一,在涉及中线的几何问题时,我们常常采用"中线倍长法"添加辅助线,从而使问题得到解决。中线倍长法也是初三几何中旋转的一种解题思路,学生可以提前体会中心对称的思想,进一步体会化未知为已知的数学思想方法。学生通过本节课的学习增强了归纳问题的能力,同时也提高了思维水平,强化了应用数学知识解决同类问题的意识。

第四部分　典型课例研究——复习课

复习课是初中数学课堂教学的重要组成部分,其主要任务是帮助学生系统地梳理已学知识,并进行必要的整理、归纳、总结和提升。通过对所学知识进行归纳和整理,使之系统化、条理化、结构化,从而培养学生分析问题、解决问题的能力,形成数学核心素养。初中数学知识是以概念、法则、公式、公理等作为载体呈现的,它们既是数学知识体系的基石和核心内容,又是解决问题的工具。因此,必须重视对初中数学概念、法则、公式等知识的学习与掌握,而在学习过程中,我们又必须通过复习使之系统化和条理化。

一、正确认识复习课的重要性

学习的目的不是要应对考试,而是要将知识内化成个人的能力。那么首先就要解决记忆的问题,要想将知识记熟记牢,除了课上认真听讲,还需要进行必要的巩固和练习。我们中的大多数人做不到过目不忘,尤其是数学中的一些公式、公理、定理,以及我们总结的一些规律等,过了一段时间,很容易会被遗忘。为了降低知识的遗忘率,我们就需要经常对知识进行巩固复习或是应用。

另外,平时学生的学习是逐步完成的,对于知识的掌握大多是零散的、碎片化的。复习课的一个重要作用是引领学生巩固梳理已学的知识,使之形成知识网络,增强学生解决实际问题的能力,最终落实数学核心素养的目标。

二、要更新复习课的教育观念

数学课堂教学必须废除"注入式""满堂灌"的教法。复习课也不能由教师包讲，更不能成为教师展示自己解题"高难动作"的"绝活表演"，而是要让学生成为学习的主人，让他们在主动积极的探索活动中实现创新、取得突破，展示自己的才华和智慧，提高数学素养。复习课上有一个突出的矛盾，就是时间太紧，既要处理足量的题目，又要充分展示学生的思维过程，二者似乎是很难兼顾。我们可采用"访谈"法较好地解决这个问题，因大多数题目是"入口宽，上手易"，但在连续探究的过程中，常在某一点或某几点上搁浅受阻，这些点被称为"焦点"。我们大可不必在此处花精力去进行浅表性的启发诱导，好钢要用在刀刃上，要善于发动学生探寻突破口，通过访谈，集中学生的智慧，让学生的思维在关键处闪光，能力在要害处增长，弱点在隐蔽处暴露，意志在细微处磨砺。通过访谈实现学生间、师生间智慧和能力的互补，促进彼此心灵和感情的沟通。

三、复习课的教学要注意方法和技巧的运用

复习课上通常题量较大，这就要求教师将解题活动组织得生动活泼、情趣盎然。让学生领略到数学的魅力，这样才能有效地缓解学习疲劳，保持解题的"好胃口"。我们要使学生由"要我学"转化为"我要学"，课堂上要想方设法调动学生的学习积极性，创设情境，激发热情，有以下一些较为成功的做法：一是运用情感原理，激发学生学习数学的热情；二是运用成功原理，变苦学为乐学；三是在学法上教给学生"点金术"等。

在讲评试卷时，教师不应该也不必要平均使用力量，有些试题只需点到为止，有些试题则需要仔细剖析，对那些涉及重难点知识且对学生能力要求比较高的试题要特别注意，对于学生错误率较高的试题，则要对症下药。为此教师必须认真批阅试卷，对每道题的得分率应细致地进行统计，对每道题的错误原因准确地分析，对每道题的评讲思路要精心设计，只有做到评讲前心中有数，才会做到评讲时有的放矢。

方法是关键,思维是核心,渗透科学方法、培养思维能力是贯穿数学教学全过程的重要任务。通过解决问题,学生的思维能力得到发展,分析与解决问题的能力得到提高,对问题的化归意识得到加强。训练学生"多题一解"和"一题多解",不在于方法的罗列,而在于思路的分析和解法的对比,从而选择最简或最佳的解法。

综上所述,上好复习课,对学生系统学好数学,发展数学思维能力,是极为重要的,同时对教师弥补教学中的欠缺,提高教学质量也是不可缺少的环节。

数与代数

体会数式通性,发展抽象思维

——"整式的加减复习课"课例研究

一、研究背景

"整式的加减"是人教版《义务教育教科书(五·四学制)数学六年级下册》第八章的内容,属于义务教育阶段数与式的范畴。本章的主要内容是列式表示数量关系、整式的有关概念及整式的加减运算。用含有字母的式子表示数量关系是实际问题的进一步抽象,这样的式子更具有一般性。学习本章对学生后续的学习具有重要的作用,整式的加减运算是学习"一元一次方程"的基础,也是以后学习整式的乘除、分式和根式运算、方程以及函数等知识的基础,同时也是学习物理、化学等学科及其他科学技术不可缺少的数学工具。

六年级的学生思维活跃,学习热情高,他们已经学习过用字母表示数以及有理数的运算,但抽象能力不强,所以在教学上要注意与实际问题相联系,类比有理数进行学习,使学生体会从特殊到一般的思维过程。本节复习课帮助学生巩固概念、理清思路、构建知识框架。

二、教学实录

（一）知识回顾

师：同学们，今天这一节课我们一起来复习一下整式的加减这一章的内容。首先请同学们看这样的一个问题。

1. 某工厂第一季度甲车间生产 m 个口罩，乙车间生产的口罩数量是甲车间的 2 倍，丙车间生产的口罩数量比甲车间少 5 个。这个工厂第一季度共生产口罩多少个？

师：请同学们动笔试一试。

师：得出答案的同学请举手，找同学给大家讲一下。

生：求这个工厂第一季度共生产口罩多少个，那就是第一季度甲车间生产的口罩数量、乙车间生产的口罩数量还有丙车间生产的口罩数量之和。已知第一季度甲车间生产 m 个口罩，乙车间生产的口罩数量是甲车间的 2 倍，所以乙车间生产的口罩数量就是 $2m$ 个，丙车间生产的口罩数量比甲车间少 5 个，所以丙车间生产的口罩数量就是 $(m-5)$ 个，所以第一季度共生产口罩就是 $[m+2m+(m-5)]$ 个。

师：这位同学回答正确，那谁来告诉老师 $[m+2m+(m-5)]$ 是什么式子？

生：这是多项式，也是整式。

师：回答正确，那什么是整式呢？

生：单项式和多项式统称为整式。

师：那什么是单项式和多项式呢？

生：数或字母的积叫做单项式，单独的一个数或字母也是单项式，若干个单项式的和叫做多项式。

师：那这个多项式里都有哪些单项式呢？

生：m，$2m$。

师：它们的次数和系数分别是什么呢？

生：单项式 m，它的系数是 1，次数也是 1，单项式 $2m$，系数是 2，次数是 1。

师：回答正确，单项式的系数和次数是怎样定义的呢？

生:单项式中,其中的数字因数就是系数,所有字母指数的和就是单项式的次数。

师:大家回答得非常好,那我们再来挑战一下关于有理数的计算题目,请看题。

2. 下列运算正确的是(   )。

(A) $-5-1=-4$　　　　　　　　(B) $-1+5=-4$

(C) $0+7\frac{1}{2}=-7\frac{1}{2}$　　　　　　(D) $2-3\frac{2}{3}+1\frac{1}{3}=-\frac{1}{3}$

师:做完的同学请举手。

生:选 D。

师:请解释一下。

生:A 选项错,因为减去一个数等于加上这个数的相反数,$-5-1=-5+(-1)=-6$,B 选项错误,异号两数相加取绝对值较大的加数的符号,$-1+5=4$,C 选项错误,$0+7\frac{1}{2}=7\frac{1}{2}$。

师:感谢这位同学讲得如此详细,有理数的加法法则都有说明,大家听得也清楚,有理数的计算法则大家是一定要掌握的内容,这是初中最基础的计算,非常重要。

师:学习"整式的加减"这一章我们要具备以上的知识基础,整式及其相关的基本概念,还有有理数运算法则为本单元的学习奠定基础。除此之外,还要知道一个重要的知识点就是什么是同类项,请同学们看这样的一个题目。

3. 下列各组中的两个单项式是同类项的有(   )。

① $2x^2y$ 与 $-3x^2y$　　　　　　　② $3abc$ 与 $2ab$

③ $-3pq$ 与 $3qp$　　　　　　　　④ $-4x^2y$ 与 $5xy^2$

师:请大家仔细思考:哪一组是同类项呢?

生:①和③。

师:那请你跟大家说一下你的理由吧!

生:第一组字母都是 x、y,其中 x 的次数都是 2,y 的次数都是 1,所以 $2x^2y$ 与 $-3x^2y$ 是同类项。第二组字母不相同。第三组是同类项,字母都是 p、q,而且 p 的次数是 1,q 的次数也是 1,所以是同类项。第四组不是同类项,字母都是 x、

y，其中 x 的次数分别是 2 和 1，y 的次数分别是 1 和 2。因此，是同类项的只有①和③。

师：这位同学回答得很正确，那我们一起回顾一下同类项的概念。

生：所含字母相同，并且相同字母的指数也相同的项叫做同类项。

师：还要注意的是几个常数项也是同类项。那怎样合并同类项呢？继续看下面的题。

（二）巩固提升

4. 判断下列计算是否正确。

① $3a - a = 2$ ② $-2m^2n + \frac{1}{2}mn^2 - \frac{1}{2}m^2n = -2m^2n$

③ $-4 - 5 = -9$ ④ $-4x - 5x = -9x$

师：给大家 1 分钟时间，同学们做出判断。

生：③④正确。

师：回答正确，请说一说你的理由。

生：合并同类项是系数相加减，字母和字母的指数不变。①错误，$3a - a = 2a$，不得 2，所以①错误。②错误，$-2m^2n$，$-\frac{1}{2}m^2n$ 与 $\frac{1}{2}mn^2$ 不是同类项，不能合并，③④都是正确的。

师：确实是这样的，合并同类项后，所得项的系数是合并前各同类项的系数的和，且字母连同它的指数不变。

师：合并同类项也是本单元的重要内容，谁来跟大家分享一下怎样才能够准确地找出同类项并合并呢？谁有什么好的方法给大家分享一下。

生：我们在合并之前得先找出同类项。找到同类项的时候，我们可以先把是同类项的放在一组并画一画，底下可以画横线或者画虚线，再画双横线。同类项找出之后，我们再把同类项放在一组。然后，再把系数进行相加减。注意相加减的时候是数字因数，字母和字母的指数是不变的。

师：她提出了一个比较好用的方法，先标注，再移动，最后合并同类项，还告诉大家一个注意事项，是只把系数相加，字母和字母的指数不变，直接落下来就可以，给点掌声,谁再来说一说呢?

生:合并同类项这一步我们要随时检查,看看自己写得是否正确,因为有的时候出现笔误,最后导致错误,所以我们要随时检查,就可以避免一些错误的发生。

师:确实是这样的,这位同学也给大家提供了一个可以借鉴的方法,其实我们在计算的时候,非常容易出现这样或那样的错误,如果能养成随时检查的习惯,这对大家来说是非常有意义的,对解题有很大的帮助。其实在做其他科目题目的时候也是如此,所以,大家要有意识地去检查、检验。

师:其实我们现在无论是整式的定义,还是合并同类项,都是在为我们化简做准备,现在请同学们看这几个题目。

5. 化简。

① $+(+3)$　　② $+(-3)$　　③ $-(+3)$　　④ $-(-3)$

师:谁来试试?

生:①是 3,②是 -3,③是 -3,④是 3。

师:这位同学回答得非常准确,那你是根据什么来进行化简的呢?

生:其实我们在化简的时候,如果前面是加号可以直接省略,括号前是负号要变号。

师:那含有字母的整式大家会化简吗? 下面请大家来看这样几个题目。

6. 去括号。

① $+(2m-n)$　　　　　　② $-(-2x+3y)$

师:请同学们在练习本上完成,找两位同学到前面板书。

师:请这两位同学分别给大家讲一下你们是怎样化简的,化简的依据是什么?

生1:括号外是正因数,去括号后原括号内各项的符号与原来的符号相同,括号外是负因数,去括号后各项的符号与原来的符号相反。

师:正确。

生2:② $-(-2x+3y)$ 化简就是 $2x-3y$,依据是乘法分配律,括号外是 -1,用 -1 去乘括号里的每一项,用 -1 乘负 $2x$,再加上 -1 乘 $3y$,-1 乘 $-2x$ 就得 $2x$,-1 乘 $3y$ 就得 $-3y$,所以结果就是 $2x-3y$。

师:好,利用乘法分配律进行运算,可以得到去括号时符号的变化规律,谁来说一说?

生:如果括号外的因数是正数,去括号后原括号内各项的符号与原来的符号相同,如果括号外的因数是负数,去括号后原括号内各项的符号与原来的符号相反。

师:通过前面的复习,我想同学们有能力接受下面的挑战。

(三)应对挑战

7. 计算。

① $a + (5a - 3b) - 2(a + \dfrac{3}{4}b)$　　② $(5x - 3y) - 3(x^2 - 2y)$

师:给大家三分钟时间来做这两道题,然后找两位同学到前面板书。

师:第一位同学请说一下你的解题过程。

生:① $a + (5a - 3b) - 2(a + \dfrac{3}{4}b)$, a 加上括号 $5a$ 减 $3b$ 括回,减去二倍的括号 a 加 $\dfrac{3}{4}b$ 括回。第一步,先去括号,那也就等于 a 加上 $5a$ 减 $3b$ 减 $2a$ 减 $\dfrac{3}{2}b$,这里要注意的是 -2 乘 a , -2 乘 $\dfrac{3}{4}b$,或者要注意括号前面是负号,去括号后面要变号,然后再找同类项,合并同类项,也就是 a 加 $5a$ 减 $2a$,就是 $4a$, $-3b$ 减 $\dfrac{3}{2}b$,等于 $-\dfrac{9}{2}b$ 。

师:这位同学回答得很正确,也指出了大家需要留意的地方。回答正确的同学请举手。大多数同学完成得非常好,有错误的同学知道自己的问题出在哪里了吗?

生1:我在去括号的时候忘记变号了。

生2:我在合并同类项的时候系数错了。

生3:我没有确定好同类项,不是同类项的合并到一起了,看错了字母。

师:好,同学们注意解题的条理性,我们总结一下一般步骤,谁来说一说?

生:第一步去括号,第二步找同类项,把同类项放在一组,依次写好,最后再合并同类项。

师:我们再来看一下第二小题,这位同学做得是否正确?

学生齐声:正确。

师:看来大家对这部分化简的内容掌握得还是比较好的,那我们再来挑战一下化简求值的题目吧!

8. 化简求值。

$\dfrac{1}{2}x - 3(x + 2y^2) - 2(-2x - y^2)$，其中 $x = -1$，$y = \dfrac{1}{2}$。

师：大家认真书写过程，一会儿找同学展示讲解。

生：第一步，去括号得 $\dfrac{1}{2}x - 3x - 6y^2 + 4x + 2y^2$，第二步找同类项，把同类项放在一起画出来，$\dfrac{1}{2}x - 3x + 4x + 2y^2 - 6y^2$，第三步，合并同类项 $(\dfrac{1}{2} - 3 + 4)x + (2 - 6)y^2$，最后结果为：$\dfrac{3}{2}x - 4y^2$。当 $x = -1$，$y = \dfrac{1}{2}$ 时，原式 $= \dfrac{3}{2} \times (-1) - 4 \times (\dfrac{1}{2})^2 = -\dfrac{5}{2}$。

师：好，解答正确，错误的同学请改正。在做这个题目的时候有哪些地方是需要注意的?

生：第一步去括号时，有时漏乘，这里面有分数，在合并同类项时计算错误。

师：是的，大家还是要及时检查，养成良好的学习习惯。

师：这一章大家在做题的时候有的时候会遇到这样的问题：

9. 已知式子 $x^2 + 3x + 5$ 的值为 7，那么式子 $3x^2 + 9x - 2 = $ _____。

生：$x^2 + 3x + 5 = 7$ 可以得出 $x^2 + 3x = 2$，那么式子

$3x^2 + 9x - 2$

$= 3(x^2 + 3x) - 2$

$= 3 \times 2 - 2$

$= 6 - 2$

$= 4$

师：好，本题我们用整体代入的方法来解决。

师：本单元还需要大家掌握的内容就是解方程。请看这两道题目。

10. ① $3x - 7x = 6$　　　　② $3x + 2 - 5x = -3$

生：第一个解得 $x = -\dfrac{3}{2}$，第二个解得 $x = \dfrac{5}{2}$。

（四）课堂小结

师：时间过得很快，这节课马上就接近尾声了，通过本节课的学习你们有哪些收获和体会呢？还有什么困惑的地方吗？

生1：通过本节课的学习，我们对本章的知识更为系统地了解了，也把知识联系了起来，从整式的定义到加减运算，都是循序渐进的。

生2：本节课我觉得用数可以做的运算，现在用字母来表示也是可以实现的。

师：这两位同学概括得很好，无论是对知识的总结，还是对数式通性的感受都特别棒，那我们共同回顾一下本节课内容。（课件展示）

师：课后作业是练习小卷，基础题必做，提高题选做。下课，同学们再见！

三、问题解析

本节复习课是为了让学生巩固本章的基本概念，熟练进行运算，体会数式通性。因此，在教学过程中要有意识地类比有理数的加减运算，为后续学习整式的乘法提供思想方法。本节课内容较多，计算量也比较大，在课堂上应给学生更多的思考和总结的时间，更要注重小组合作，同学间互帮互助，使一些学生能够发现自己的不足之处并及时纠正和改进，进而提高课堂效率。

四、建构体系

用字母表示数、用式子表示数量关系更具有一般性，是我们对现实世界的进一步认识和抽象，类比有理数的学习，本章由实际问题引出概念、研究运算方法进而解决实际问题。

图 4-1

五、素养落实

《义务教育数学课程标准(2022年版)》指出,初中阶段核心素养主要表现在九个方面,本节课主要体现了学生的抽象能力、运算能力、推理能力、模型观念和应用意识。通过整式和整式的加减运算的教学,用式子表示实际问题的数量关系发展了学生的抽象能力和模型观念,促进应用意识的发展,也使学生进一步理解字母表示数的意义,通过基于符号的运算和推理,建立符号意识,感悟数学结论的一般性,理解运算方法与运算律的关系,提升学生的运算能力和推理能力。

培养学生"空间想象"能力

——"平面直角坐标系复习课"课例研究

一、研究背景

本节课是人教版《义务教育教科书(五·四学制)数学七年级上册》第十四章"平面直角坐标系"这一章的复习课。图形与坐标是义务教育阶段图形与几何领域中的三大主题之一,在初中数学中具有重要的地位。平面直角坐标系是数轴的拓展,是沟通几何与代数的桥梁,是数与形最完美的结合,是后续学习函数知识的基础。

本章的核心内容是平面上的点与用数对表示的坐标的一一对应,学生在学习本节课之前已经掌握了本章的基础知识,学过了在平面直角坐标系中求坐标轴上或平行于坐标轴的直线上两点间的距离及点到坐标轴的距离,对数字与图形已有一定的认识。本节课通过让学生求坐标系中三角形的面积,对本章内容进行复习和巩固,使学生加深对平面直角坐标系的认识,体会从特殊到一般和数形结合的数学思想方法,为后续学习一次函数和二次函数中已知坐标求面积做好准备。

七年级学生学习积极性高,乐于思考,勇于表现,因此在教学设计中,教师积极发挥学生的主动性,让学生更多地参与到活动中,自己发现和总结解题方法,达到了较好的教学效果。但学生的归纳概括能力还有待提升,所以教师要注意适时加以指导。

二、教学实录

本节课共分四个环节,设置的题目由浅入深,层层递进,激发学生的学习兴趣,使学生体会数形结合的数学思想,进而提高学生对知识的理解和运用能力,提升学生的逻辑思维能力。

环节一

1. 在平面直角坐标系中,已知点 $A(0,4)$,$B(5,0)$,$O(0,0)$,求 $\triangle AOB$ 的面积。

教师展示问题,学生独立思考在题签上作答,并找同学讲解解题过程,总结解题方法。

生:$OA=4$,$OB=5$,$\triangle AOB$ 的面积是 10。

师:你是如何得出 OA 与 OB 的长的?

生:因为 A、B 都是在坐标轴上,OA 的长就是4,OB 的长就是5。

师:好,他得出的结果是正确的,大家观察 O 与 A,O 与 B 的坐标有什么特点?OA、OB 的长与点的坐标有什么关系?

生:O 与 A 的横坐标相同,OA 的长就是用 A 的纵坐标减去 O 的纵坐标,O 与 B 的纵坐标相同,OB 的长就是用 B 的横坐标减去 O 的横坐标。

师:在这个题中,求出了 OA、OB 的长后,又是如何求出三角形的面积的呢?

生1:以 OB 为底、OA 为高,利用三角形面积公式底乘高除以2求得的。

生2:也可以以 OA 为底,OB 为高。

师:好,同学们说得都很好,那么谁来总结一下,我们在求平面直角坐标系中 $\triangle AOB$ 面积的具体方法是什么?

生1:利用坐标求线段的长,确定三角形的底和高。

生2:两个点在坐标轴上,两点构成的线段长能求出来。

师:同学们说得都很好,那如果我给出一点 $C(3,4)$,你们能否快速求出 AC 或

者 BC 的长呢?

生:AC 的长是 3,因为 A、C 的纵坐标相同,横坐标大的减去小的就是 AC 的长。

师:同学们,他说得对吗?

学生齐声:对。

师:好,我们知道了两个点的横坐标或者纵坐标相同时,可以求出以这两个点为端点的线段长,而这样的线段也是平行于坐标轴的线段。在求三角形面积时,一定要先明确三角形的底和高,牢记三角形面积公式。

环节二

2. 在平面直角坐标系中,已知点 $A(0,4)$,$B(5,0)$,请你给出一点 C,求出线段 AC 或 BC 的长,并求 $\triangle ABC$ 的面积。

生:我选的点是 $C(1,0)$,$BC=4$,$\triangle ABC$ 的面积是 8。

师:你为什么选择这点,请详细说一下你的解题过程。

生:我选 $C(1,0)$,线段 BC 就在坐标轴上,B、C 的纵坐标相同,BC 的长等于 B 的横坐标减去 C 的横坐标就是 4,$\triangle ABC$ 中,BC 为底、高是 OA,OA 的长是 4,所以 $\triangle ABC$ 的面积是 8。

学生讲解,教师板书解题过程。

师:这位同学说得非常好,大家要注意,这里钝角三角形的高是在三角形外部的。他把 C 点选到了 x 轴上,还有哪位同学想说一说你选择了哪个点?

生:我选的是点 $C(0,-2)$,AC 的长是 6,以 AC 为底,OB 为高,OB 的长是 5,所以三角形 ABC 的面积是 15。

师:同学们听明白了吗?

学生齐声:明白。

师:还有哪些同学想说一说。

生1:我选的是点 $C(0,1)$,AC 的长是 3,以 AC 为底,OB 为高,OB 的长是 5,所以 $\triangle ABC$ 的面积是 7.5。

生2:我选的点是 $C(-2,0)$,BC 的长是 7,以 BC 为底,OA 为高,$\triangle ABC$ 的面积是 14。

师:好,前面这些同学说得都很正确,他们都是把点选在了坐标轴上,那有没有同学选的点不在坐标轴上,而是在象限的。

生:我选的是点 $C(5,-4)$,BC 的长是 4,以 BC 为底,过 A 点作 BC 的垂线交 CB 延长线于点 D,D 的坐标是 $(5,4)$,所以 AD 长是 5,是三角形的高。所以 $\triangle ABC$ 的面积是 10。

师:同学们,他说得对吗?

生:对。

师:同学,你说一说,你为什么选择这样的点呢?

生:我选的是与 B 的横坐标相同的点,BC 平行于坐标轴,长度可求,而高线也是平行于坐标轴的线段,所以可以求出三角形的面积。

师:非常好,这位同学能够非常好地运用我们前面所学的知识,积极思考,通过实践,加深了对知识的理解。同学们观察,我们前面同学给出的这些点,组成的 $\triangle ABC$ 从图形上看具有什么样的特点?

生:三角形有一条边在坐标轴上,或者是平行坐标轴的。

师:好,那么我们现在知道了,在平面直角坐标系中,如果给出了三角形三个顶点的坐标,并且三角形至少有一条边是在坐标轴上或平行于坐标轴,那么我们就可以利用坐标来求出线段的长,进而求出三角形的面积。

环节三

3. 若已知平面直角坐标系中三角形的面积,能否求出三角形顶点的坐标呢?

(1)在平面直角坐标系中,已知点 $B(5,0)$,$C(-1,0)$,$\triangle PBC$ 的面积是 9。点 P 在 y 轴上,求 P 点坐标。

同学们互相讨论,学生代表举手回答问题。

生:我求出的 P 点坐标是 $(0,3)$。因为 B、C 在 x 轴上,BC 的长是 5 减去 −1 等于 6,以 BC 为底,OP 是高。根据面积是 9,可以得到 OP 长是 3,所以 P 的坐标是 $(0,3)$。

师:还有同学要补充吗?

生:我觉得 P 点坐标还可以是 $(0,-3)$,OP 的长也是 3。

师:根据前面两位同学的回答,P 的坐标是 $(0,3)$ 或 $(0,-3)$,大家同意吗?

学生齐声:同意。

师:为什么会产生双解呢?

生:坐标可以是负的,线段长一定是正的,y 轴上与 O 点距离是 3 的点有两个。

师:本题是已知三角形的面积和两个顶点的坐标,求另外一个点的坐标。解题的关键是明确三角形的底和高线长,进而确定点的坐标。

(2)在平面直角坐标系中,已知 $O(0,0)$, $M(1,2)$,点 N 在坐标轴上,$\triangle OMN$ 的面积是2,求满足条件的点 N 的坐标。

学生独立思考,再相互交流讨论,教师适当指导,学生代表展示所画草图,说明解题思路。

生:点 N 在坐标轴上,可能在 x 轴上也可能在 y 轴上。若在 y 轴上,以 ON 为底,M 到 y 轴的距离为高,高是1,面积是2,ON 长应该是4,所以 N 点坐标可求得是 $(0,-4)$ 或 $(0,4)$ 。

若 N 在 x 轴上,高是2,同理可得 N 的坐标是 $(2,0)$ 或 $(-2,0)$ 。

师:刚才这位同学把思路给了大家,大家课后再思考、讨论,完善解题过程。

师:对比前面的环节,我们要及时观察总结,三角形顶点坐标具有怎样的特点,顶点坐标与线段长、三角形面积是什么关系。同学们要学会解决此类问题的一般性方法和解题思路,同时要注意,画图是我们解决问题的一个关键环节。

环节四

4. 在平面直角坐标系中,已知点 $A(0,4)$, $B(5,0)$, $D(-4,-3)$,求 $\triangle ABD$ 的面积。

教师提示解题思路。学生小组合作,共同讨论,梳理解题思路,并派代表进行汇报。

师:同学们讨论得非常热烈,很多小组解决了这个问题,下面请第三小组派代表来汇报一下。

生:过点 D 分别作 x 轴和 y 轴的平行线,过点 A 作 x 轴的平行线,过点 B 作 y 轴的平行线,4条直线围成一个长方形,用长方形面积减去3个直角三角形的面积,就可以得到 $\triangle ABD$ 的面积。这3个直角三角形的边都是平行于 x 轴或者 y 轴的线段,线段长可求。

师:这个小组讨论得很充分,思路清晰明确,能把我们前面所学的知识很好地应用,这样求三角形面积的方法我们也称为割补法,以后我们还会用到。由于时间关系我们不再过多地展示,课后同学们尝试写一下解题过程,完成计算。

课堂小结

师:通过本节课的学习,你们有哪些收获?

生1:如果两个点的横坐标或者纵坐标相同,可以求这两点构成的线段长。

生2:坐标轴上或平行于坐标轴的线段,已知顶点坐标,可以求线段的长,进而求三角形的面积。

生3:由点的坐标可以求线段的长,对于三角形来说,已知面积也能求出点的坐标。

生4:对于边都不平行于坐标轴的,可以将三角形用一个长方形框起来,再减掉几个直角三角形的面积,就可以求出来了。

师:同学们说得都非常好,本节课通过已知某个三角形顶点坐标求出其面积,再由已知某个三角形的面积而求出其某个顶点的坐标。由浅入深,从特殊到一般,将复杂问题进行转化,这也是数学学习常用到的学习方法,数形结合的思想在平面直角坐标系中体现得尤为明显。

三、问题解析

平面直角坐标系与三角形面积看似简单,但由于学生接触几何时间较短,刚刚接触平面直角坐标系,第一次将数与形结合起来,不容易架构知识体系。主要有三处是学生最难理解的:一是根据当前知识,何时能求线段长?怎么求?二是当三角形的两边都不在坐标轴上或不与坐标轴平行时,如何求三角形面积?三是给出三角形面积如何求点坐标?

在备课之初,关于如何给出平面直角坐标系中的点,教师展开了讨论。方案一,为了同学们容易上手,应给出不同类型的三角形的顶点坐标,学生描点后求线段长再求面积;方案二,如果直接给出坐标系和3个点的坐标,让学生描点,确定三角形后求面积,容易限制学生的思维,可以先给出3个点,以达到描点的目的,剩余点可发散学生思维,让学生给出,而学生给点的过程就是在判断何时能求线段长的过程,给学生更多的思考空间,加深对平面直角坐标系点的坐标与线段长之间关系的理解。经讨论最终确定方案二。

在教学中,教师根据初中学生的心理特征,充分发挥学生的主体地位,激发学生的学习兴趣和空间想象力,在课堂的关键环节,教师舍得给学生充分的时间与空间进行交流。当学生出现问题时,教师不急于肯定或否定,而是适当地进行追问,把问题引向深处。教师的评价性语言可以更丰富和更具有激励性。本节课容量稍大,对于环节三、四的题目没有过多时间深入分析讨论,且题目有一定的难度。教师应侧重夯实学生基础,让学生对简单的知识更好地理解和运用后再进行提升,可能本节课的效果会更好。

四、建构体系

本章内容的核心是用有序数对来表示平面中点的位置,进而求线段长和平面图形的面积。反之由面积和线段长又可以求出点的坐标,进而确定点的位置。

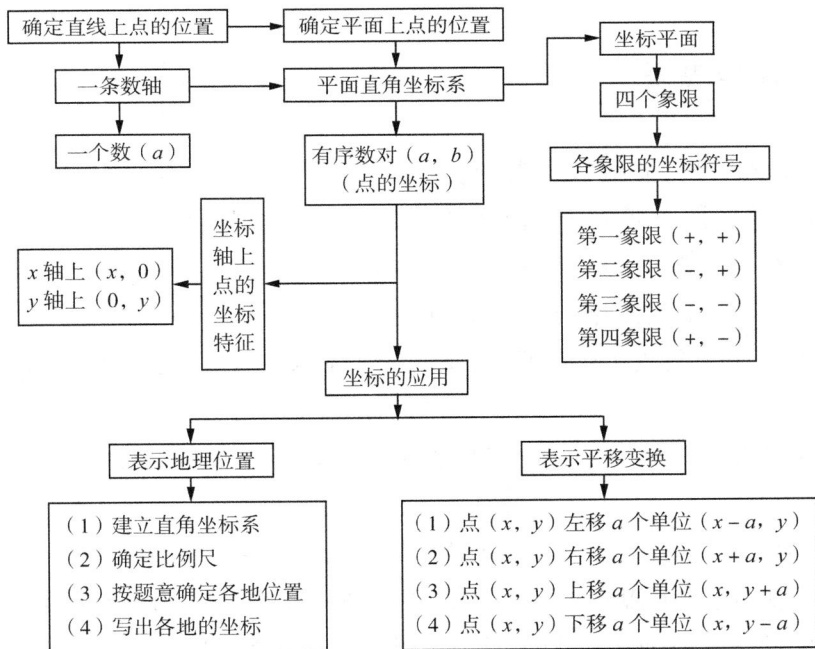

图 4-2

五、素养落实

《义务教育数学课程标准(2022 年版)》指出,初中阶段核心素养主要表现在九个方面,本节课内容主要体现了运算能力、几何直观、空间观念和推理能力。在本节课的教学中,教师引导学生重视分析条件与结论的关系,以具体的问题为载体,先引导学生由已知条件推出结论,再逐步要求学生独立分析、写出解题过程,切实提高学生的推理论证能力。

让学习真正发生,教师应该做什么?

——"不等式与不等式组复习课"课例研究

一、研究背景

"不等式与不等式组"是人教版《义务教育教科书(五·四学制)数学七年级下册》第十六章的内容,本章主要内容包括:不等式及其解集,不等式的性质,一元一次不等式(组)及其相关概念,一元一次不等式(组)的解法及其解集的几何表示,利用一元一次不等式分析与解决实际问题。本章是培养学生建模思想及化归思想的重要章节,也是解决实际问题的重要内容。本章内容是在学生学习了一次方程(组)之后进行的学习,方程(组)是研究等量关系的数学工具,不等式(组)是讨论不等关系的数学工具,这两者既有联系也有差异,可以采用类比的方式学习本章知识。

七年级的学生思维活跃,好奇心强,具有较浓的学习兴趣,乐于参与课堂活动,并且已经初步掌握利用方程(组)解决实际问题的知识,对实际生活中的不等关系有所了解,但对于含有未知数的不等式在理解上还存在困难,他们具备一定的自主探究、合作交流的能力,也有一定的归纳总结的能力。本节课采用合作探究、小组讨论方法进行教学,着力帮助学生梳理本章的知识脉络,提升学生利用不等式解决实际问题的能力,注重培养学生的建模思想及化归思想。

二、教学实录

活动一

师:我们首先来对本章的主要知识进行一下整体回忆。这是我们本章的主要知识,请同学们回忆一下与不等式有关的基本概念。

生1:不等式就是用不等符号表示大小关系的式子。

生2:常见的不等符号有大于号、小于号、不等号。

生3:除了刚刚那位同学所说的还有大于等于号、小于等于号。

生4:不等式的解是使不等式成立的未知数的值。

生5:一般地,一个含有未知数的不等式的所有的解,组成这个不等式的解集。

生6:求不等式的解集的过程就是解不等式。

师:同学们刚才一起回忆了不等式中的基本概念,接下来通过下面一系列问题检验一下同学们的掌握情况。

活动二

① $-4<0$

② $3x+5y<0$

③ $y+y^2$

④ $y=3$

⑤ $m^2>4$

⑥ $\dfrac{1-x}{3} - \dfrac{x+3}{6} < 1$

生1:第一个式子 $-4<0$ 是不等式。

生2:第二个式子 $3x+5y<0$ 是不等式。

生3:第三个式子 $y+y^2$ 不是不等式,是多项式。

生4:第四个式子 $y=3$ 也不是不等式,它是等式。

生5:第五个式子 $m^2>4$ 是不等式。

生6:第六个式子 $\dfrac{1-x}{3} - \dfrac{x+3}{6} < 1$ 是不等式。

师:你们是如何判断这些式子是不是不等式呢?

生:利用不等式的定义,如果满足定义就是不等式,反之,则不是不等式。

师:在同学们判断出的这些不等式中,有我们熟知的不等式吗?

生:有,第六个式子 $\dfrac{1-x}{3} - \dfrac{x+3}{6} < 1$ 是一元一次不等式。

师:你的判断依据是什么呢?

生:这个不等式含有一个未知数,并且未知数的次数为 1,满足一元一次不等式的定义,所以这个不等式就是一元一次不等式。

师:那么同学们能求出这个一元一次不等式的解集吗?

学生齐声:可以。

师:请这位同学分享一下你的解题步骤。

生:首先需要先去分母,这个不等式左右两边都乘以 6 得到 $2(1-x)-(x+3)<6$,然后去括号,这个之后可以先合并同类项,但是我没合并,我直接移项了,然后再合并同类项,得到了 $-3x<7$,最后再把系数化为 1,得到解集 $x>-\dfrac{7}{3}$。

师:在解不等式的过程中,你可以给同学们什么建议吗?或者讲讲需要注意的事。

生:需要注意的就是在去分母时,单独的一项,需要也乘这个数,别漏乘,当除以一个负数的时候,需要注意改变不等号的方向,剩下的我觉得和解一元一次方程类似。

师:这位同学提醒的注意事项已经很全面了,希望同学们在今后解不等式的时候灵活运用。

师:这位同学还说了解一元一次不等式和解一元一次方程很类似,只是有个别的地方有差别,同学们也可以借助解方程的方法来进行不等式知识的学习。同学们在解不等式时,有什么依据吗?

生:不等式的性质。

师:能具体说一下不等式的性质吗?

生 1:不等式两边加(或减)同一个数(或式子),不等号的方向不变。

生 2:不等式两边乘(或除以)同一个正数,不等号的方向不变。

生 3:不等式两边乘(或除以)同一个负数,不等号的方向改变。

师:同学们对不等式的性质掌握得很好,可以灵活运用吗?我们来看这样一个问题。

解不等式 $(a-1)x>a-1$，得到 $x>1$，则 a 的取值范围是多少？

师：同学们先独立思考，然后小组内互相交流一下。

师：有没有小组内意见不统一的？没有不统一的，那就请一位同学来讲解一下。

生：因为不等式的解集是 $x>1$，想得到解集需要左右两边都除以 $a-1$，如果 $a-1$ 是正数，不等号的方向不变，得到的解集就是 $x>1$，所以 $a-1>0$，所以 a 的取值范围是 $a>1$。

师：那如果得到的解集是 $x<1$ 呢？

生：那 $a-1$ 就是负数了，a 的范围应该是 $a<1$。

师：解答这道题的关键是什么？

生：看不等号的方向是否发生改变，如果不改变就是正数，也就是大于 0，如果不等号的方向改变，就是除以的负数。

活动三

师：我们通过以上题目复习了不等式和一元一次不等式的基本概念及解法，也掌握了解一元一次不等式的依据和不等式的性质，在实际生活中，也有一些与之有关的问题，我们一起来解决一下。

七年级二班学生到阅览室读书，班长问老师要分成几个小组，老师风趣地说："假如我把 63 本书分给各个小组，若每组 7 本，还有剩余；若每组 9 本，却又不够。你知道该分几个小组吗？"

师：同学们首先独立思考，然后小组交流。

师：哪个小组想把你们的成果和大家分享一下？

生：我们小组认为题中关键的语句应该是"还有剩余"和"却又不够"，还有剩余就说明是小于总数 63 本，不够是大于 63 本。所以我们小组首先设有 x 个小组，然后列出了两个不等式，它们组成了一个不等式组为 $63>7x$ 和 $63<9x$，解这个不等式组得出 $7<x<9$，所以可以得出应该分 8 组。

师：小组内其他成员还有补充吗？

生：我认为在解出不等式组的解集后，应该说明 x 为正整数，才能得出 8 组，不然应该有无数个解。

师：小组成员补充得很到位，你能说一下什么是不等式组的解集吗？

生:几个不等式解集的公共部分叫做不等式组的解集。

师:这个小组在两位同学的合作下解决了这个问题,其中的一位同学还帮助我们回忆了不等式组的解集的概念,下面就请同学们把这道题的解答过程整理到题签上。

师:没整理好的同学在课后继续整理,我们继续来看这样一个实际问题。

某商场推出两种优惠方案。第一种:办理会员卡,缴纳卡费 200 元,消费任意金额打 7 折;第二种:不办理会员卡,消费任意金额打 9 折。请问:如何选择能更加优惠?

师:同学们独立思考后进行小组交流。

生:我们小组认为首先要根据消费金额列出最终所花金额的式子,然后再进行比较。

师:你能具体解释一下吗?

生:首先设所消费的金额为 x 元,根据第一种,办理会员卡花费卡费 200 元,然后消费金额打 7 折,可以列出实际消费金额为 $200+0.7x$;根据第二种不办理会员卡,消费任意金额打 9 折,可以列出实际消费金额为 $0.9x$,当 $200+0.2x<0.9x$ 时,得出 $x>1000$,这时候选第一种方案比较优惠;当 $200+0.2x>0.9x$ 时,得出 $x<1000$,这时候选第二种方案比较优惠;当 $200+0.2x=0.9x$ 时,得出 $x=1000$,这时候选第一种方案或第二种方案都行,以上就是我们小组的方案。

师:其他小组的方案和这个小组一样吗?

生 1:我们小组的方案和这个小组的方案类似,但是在选择第二种方案时,得出的结论应该是具有消费金额,所以得出的消费金额 x 的范围应该是 $0 \leqslant x<1000$。

生 2:我们小组认为既然是消费金额那么就不应该包含 0 元,0 元就是没消费,所以我们小组觉得消费金额 x 的范围应该是 $0<x<1000$。

师:其他小组还有不同意见吗?

师:综合以上几个小组的方案,我们得出了本道题的最终答案,同学们这种细致的精神值得表扬。在解决此类实际问题时,我们首先要把实际问题抽象成数学问题,然后解决这个数学问题,并找到这个数学问题的解,然后进行检验,看看这个数学问题的解是不是这个实际问题的答案,而这种方式和我们之前所学的解决一元一次方程实际问题很类似,只不过是实际问题中从等量关系变为了不等关系。

另外在解决此类问题时需要注意不等号里包不包含相等的时候,并且需要满足其实际意义。

师:时间总是过得很快,本节课我们也接近尾声。通过本节课的学习,你们有什么想对自己说的,有什么想和其他同学分享的吗?

生1:我觉得我以后做题的时候要认真,注意题中的细节问题,尤其需要对题目中的隐藏条件多加注意,想和其他同学分享的是要相信自己的判断,对自己充满信心。

生2:我想对自己说,以后在解不等式去分母的时候,需要注意两面同时乘以同一个数,不要漏乘,另外也需要注意在同时乘或除以一个负数的时候,需要注意不等号方向的改变,和刚刚那位同学一样也是要注意一些小的细节。想对大家说的是,在解决一些实际问题时,需要注意分类讨论,学会用数学知识去解决生活中的实际问题。

师:这两位同学说得都非常好,感谢这两位同学的分享,由于时间关系,我们的分享就暂时结束,同学们课后把自我评价和分享整理好,我们下节课再继续分享。

活动四

师:我们一起回顾一下本节课所学内容,对本章的一些关于不等式的知识点,利用知识树的形式呈现出来,并利用这些知识解决了一些问题,学会运用数形结合、分类讨论、化归和类比的数学思想方法。希望同学们通过本节课的学习,把所学知识运用到今后的学习中,并且希望在今后的学习中,同学们也要互帮互助,分组讨论交流意见,合作解决实际问题,共同进步提高,这是本节课的课后作业。

1. 自主梳理本章知识,构建不同形式的知识结构图;

2. 结合本章所学知识,整理并分享错题集;

3. 通过本章的学习,你还想为学习伙伴提醒些什么?请写出来。

三、问题解析

数学教学要达到立德树人、授人以渔的目的,需要教师理念的不断更新和教学实践的不断探索,数学课的教学设计要围绕学生数学思维和方法的培养进行,本节课在此理念下进行设计,但是还有一些地方需要改进和完善。

在学生合作交流时,给学生讨论的时间还需要再充分一些,学生的学习能力和基础不同,在小组活动结束时仍然有个别同学没有完全掌握问题的解决方法,导致他们跟不上课堂节奏,如果能给予学生充足的时间交流,对于那些有潜力的学生一定能有更大的帮助,使学生真正成为课堂的主人,尽量多地满足不同学生的学习需要,提供给学生不同的帮助,帮助学生更有效地进行研究和体验,增加学生对数学学习的兴趣,从而让不同层面的学生都学有所得。对学生的激励性评价也应该及时,激励性评价语言应该更加丰富。

四、建构体系

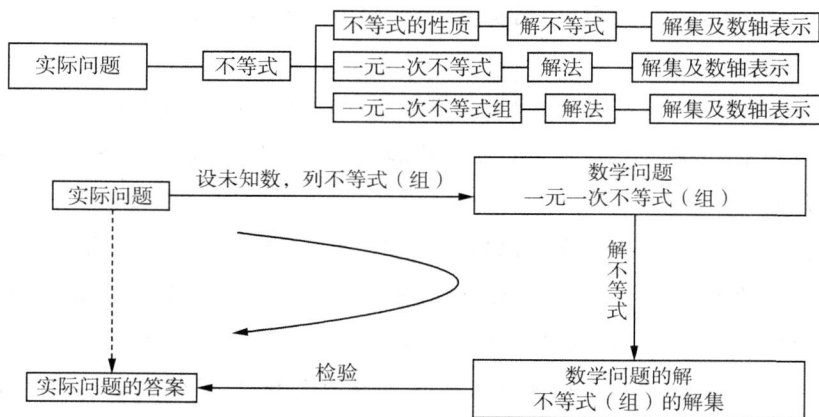

图 4-3

五、素养落实

本节课主要体现了数学运算、模型观念和应用意识。通过本节课的复习,学生对基础知识进行了及时的归纳整理,通过一些习题较好地达成让学生"会用数学的眼光观察现实世界""会用数学的思维思考现实世界"和"会用数学的语言表达现实世界"的基本目标,学生可以更加明晰地体会实际问题抽象为不等式这个过程中所蕴含的符号意识、模型化的思想。另外,以不等式的知识为载体,在解不等式(组)的过程中,了解它们的联系与区别,类比方程(组)的解决方法,可以使学生很好地感受其中蕴含的化归思想,有助于学生在已有知识的基础上,以效率较高的方式获得更大进步。

类比学习,发展思维

——"分式复习课"课例研究

一、研究背景

"分式"是人教版《义务教育教科书(五·四学制)数学八年级上册》第二十二章的内容,属于义务教育阶段数与式的范畴,在原有整式的基础上学习分式,进一步扩大了代数式的范围。类比分数的学习得到分式的概念、性质和运算方法,本节复习课能够使学生进一步理解字母表示数的意义,通过基于符号的运算和推理,建立符号意识,感悟数学结论的一般性,更好地把握数式通性,提升运算能力和解决实际问题的能力,发展学生的抽象思维能力。

八年级的学生思维活跃,抽象思维已经有了一定的发展,运算推理能力也比较强。本节课是对本章内容的复习,旨在帮助学生强化对本章知识的理解,建构知识框架,体会概念、性质、运算、应用的研究顺序,为后续的学习提供学习方法。

二、教学实录

(一)知识回顾

师:同学们,前面我们学习了有关分式的知识,那么我们本节课来共同回顾一下这部分的知识。本章我们通过实际问题的列式引出了分式的定义,那么什么是分式呢?(课件展示本章结构图)

生:如果 A,B 表示两个整式,并且 B 中含有字母,那么式子 $\dfrac{A}{B}$ 叫做分式,A 叫做分子，B 叫做分母。

师：非常好。我们类比分数的性质，又得到了分式的基本性质，那分式的基本性质又是什么呢？

生：分式的分子与分母乘（或除以）同一个不等于 0 的整式，分式的值不变。

师：好，我们运用分式的基本性质，又学会了如何将分式通分和约分，以及什么样的分式是最简分式。那么类比分数的运算，我们又学习了分式的运算。关于分式的运算我们又学习了哪些呢？学了分式的加、减、乘、除、乘方，还有一个，整数指数幂。说到这儿，老师要提个问题，第一个问题是，a 的 0 次幂得几？

生：a 的 0 次幂得 1。

师：有限制条件吗？

生：a 不等于 0。

师：很好，那第二个问题是，a 的 $-n$ 次幂是多少？

生：a 的 n 次方分之一。

师：有没有限制条件？

生：也是 a 不等于 0。

师：那 n 有没有什么限制条件？

生：n 应该为正整数。

师：非常好，那也就是说 a 的 $-n$ 次幂是 a 的 n 次幂的倒数，但是这要求 n 为正整数且 a 不等于 0。所以我们认识公式的时候一定要强化它的限制条件。紧接着我们又由列方程解决实际问题得到了分式方程的概念，那分式方程的定义是什么？什么是分式方程？

生：分母中含未知数的方程。

师：非常好，掌声鼓励一下。

师：分式方程，类似于分式的定义，我们必须让分母中含有未知数。然后我们又学习了如何解分式方程，谁来说一下解分式方程的一般过程？

生：首先我们要找到最简公分母，去分母，得到一个整式方程，再解这个整式方程，最后还需要检验。

师：说得非常好，那要如何检验呢？

生：将整式方程的解代入最简公分母，如果最简公分母的值不为 0，则整式方程的解就是原分式方程的解。

师：那如果为 0 呢？

生：那这个解就只是整式方程的解，而不是原分式方程的解，这个分式方程无解。

师：那这样我们就得到了分式方程的解，这也就是我们实际问题的解，最终这个实际问题就得以解决。本堂课老师收集了一下大家梳理知识点的方法，下面来展示同学们的思维导图和知识结构图。这里的一些方法值得同学们借鉴和学习，咱们同学在课下也可以用自己喜欢的方式去整理各个章节的知识点(展示过程略)。接下来老师针对同学们在小测中容易出现错误的几个题型，对本章内容做一下复习和梳理。

(二) 基础练习

1. 下列各式不属于分式的是_____。

$$\frac{y-x}{xy}, \frac{a-3b}{a+2b}, \frac{3(x+y)}{5}, \frac{2ab}{a-b}, \frac{2}{5+y}。$$

生：$\frac{3(x+y)}{5}$。

师：那能不能给老师说一下这道题为什么选这个？

生：因为这个式子的分母里不含字母。

师：很好，我们来看一下，判断分式的要点，分子分母为整式，分母中含有字母。再看下一题。

2. 在下列各式中，有_____个分式。

$$\frac{1+a}{a^2}, \frac{b-a}{2}, \frac{a+c}{a-b}, \frac{2ab}{3}, \frac{x}{x^2-y^2}, \frac{1}{m+n}。$$

生：有四个，分别是第一个、第三个、第五个和第六个。

师：很好，再看下一题。

(三) 实战演练

易错题型之一

3. 在下列各式中，有_____个分式。

$$\frac{5}{6-x}, \frac{3a^2b^3c}{4}, \frac{x}{4}, \frac{1}{b}, \frac{x^2-1}{2}, \frac{4}{x+y}。$$

生:有两个。

师:有没有不同意见?

生:是有三个分式,分别为第一个、第四个和最后一个。

师:刚刚第一位同学少找了一个,是少了哪个呢?

生:第四个没看出来。

师:同学们注意,分式的定义中对分母的要求只有两个:第一点,分母是整式;第二点,分母中含有字母。所以第四个 $\dfrac{1}{b}$ 也是分式。这道题要求大家对分式的定义非常熟悉。接下来老师要提高难度。

易错题型之二

4. 分式的运算。(请认真计算,并总结在解题过程中应注意的事项)

① $\dfrac{1}{4a^2} \div \dfrac{b}{a} \cdot \dfrac{a}{b}$

② $\dfrac{2a+b}{a-b} - 1$

③ $\dfrac{1}{x^2-1} \cdot (1-x)$

④ $\dfrac{1}{a-1} - a - 1$

师:下面哪位同学能和大家分享一下你的答案?请同学们互换试卷,当场批阅一下。

生:第一题的答案是 $\dfrac{1}{4b^2}$,第二题是 $\dfrac{a+2b}{a-b}$,第三题是 $-\dfrac{1}{x+1}$,第四题是 $\dfrac{2-a^2}{a-1}$ 。

师:现在请全对的同学举手。

师:看来还是有一部分同学有问题,先给大家三分钟时间看看自己能不能改正过来。如果你觉得自己解决不了,那么前后左右的同学可以一起讨论一下。

师:老师刚刚发现有的同学还是存在一些问题。先看第一题,看同学们能不能发现他的问题。(展示学生的解答情况,学生讨论解决问题)

师:通过前面几道题的分析,同学们总结一下,我们在做分式运算时需要注意什么?

生:在运算的过程中要注意符号,做加减运算时,在添括号和去括号时要注意括号前面的符号是不是负号,如果是负号的话,要记得变号,每一项都要变号。

师：总结得非常好，下面我们再来看解分式方程。

易错题型之三

5. 解分式方程：$\dfrac{x+1}{x-1} - \dfrac{4}{x^2-1} = 1$。

解：方程两边同时乘以$(x+1)(x-1)$，得：

$(x+1)^2 - 4 = (x+1)(x-1)$

$x^2 + 2x + 1 - 4 = x^2 - 1$

$2x = 2$

$x = 1$

所以原分式方程的解为$x=1$

请找出上述解题过程中的错误并改正。

生：他没有检验，完整的过程应该是因为$x=1$时，$(x+1)(x-1)=0$，所以$x=1$不是原分式方程的解，原分式方程无解。

师：所以解分式方程的时候我们应该注意得出结果之后要检验，大家看这道题，不检验得出的结果和检验得出的结果是不是完全不一样？所以分式方程最后一定要记得检验。接着再给大家一点时间，做以下两道题。

6. ①解分式方程：$\dfrac{x}{x-1} = \dfrac{3}{2(x-1)} - 2$；②解分式方程：$\dfrac{x-3}{4-x} - 1 = \dfrac{1}{x-4}$。

生：第一道题$x=\dfrac{7}{6}$，第二题$x=3$。

师：这位同学做得全对。我们再来看一下黑板上这位同学做的，第一步是方程两边同时乘以$2(x-1)$，第二步将分式方程转化为整式方程之后再解出整式方程的解，最后检验，得出当$x=\dfrac{7}{6}$时$2(x-1)$不等于0，所以整式方程的解$x=\dfrac{7}{6}$是原分式方程的解。再看第二题，第一步方程两边同时乘以$(x-4)$，也是和上一题类似的方法，将分式方程转化为整式方程之后再解出整式方程的解，最后检验，得出当$x=3$时，$x-4$不等于0，所以原分式方程的解为$x=3$。接下来再看一下屏幕展示的这位同学的计算结果，能不能发现自己的问题出在哪儿，能给大家讲一下吗？

生：我第一次算的时候乘的是$(x-4)$，然后我这样方程两边同时乘以$(x-4)$之后我就开始做错了,然后后边还有个符号没变号的问题。

师:这都是平时我们同学容易做错的地方。还有没有同学来分享一下易错的地方?

生:我在方程两边同时乘以$(4-x)$之后左边第一个分式变成$(x-3)$,但是-1没乘$(4-x)$,还是-1在那放着,就是漏乘了。

师:那也就是说在分式方程中我们第一个要注意的就是添括号、去括号的变号问题,第二个就是检验的问题,还有第三个就是要注意自己有没有漏乘的情况。

本节课我们主要复习的就是分式的定义、分式的运算,以及解分式方程中三方面的注意事项(板书)。

(四)挑战提升

师:最后一点时间再给大家看一道题,一分钟时间,谁算完了到我这儿来给大家展示一下。

7. 已知:$\dfrac{1}{a} - \dfrac{1}{b} = 1$,求$\dfrac{a - 2ab - b}{2a - 3ab - 2b}$的值。

师:我认为一分钟之内能做出来的同学都非常棒。那么老师给出来三种方法,同学们可以在课后交流(板书)。

(五)课堂小结

师:我们来谈谈本节课你们有什么收获。

生1:分式方程解完之后一定要检验。

生2:添括号、去括号的时候要看好括号外的符号,如果是负号就要记得变号,还有分式方程同时乘最简公分母的时候不要漏乘。

生3:我明确了分式的定义,如果A,B表示两个整式,并且B中含有字母,那么式子$\dfrac{A}{B}$叫做分式,A叫做分子,B叫做分母。

师:我相信通过这一节课的学习,同学们对分式这部分的知识有了进一步的理解,对易错点也能够引起足够的重视了。希望同学们以本节课为起点,在数学学习之路上走得更远。

三、问题解析

本节是章复习课,由实际问题引入,后用分式方程来解决实际问题,充分体现了数学来源于生活,并服务于现实社会。本节课设计之初是由实际问题引入,并通过解决实际问题来复习分式方程,但这样设计学生会花费很多时间在分析应用题上,会使得本节课的重点不突出,导致分式的性质和运算复习得不够透彻,应用题也不能很好地探究。因此,本节课最终确定的是不加入实际问题,基础知识的梳理由同学们课前制作思维导图和知识框图来完成,课上教师提问检验。课上针对易错题进行练习,使学生对本章内容有更加深刻的理解,建立知识框架,提高学生的运算能力。

四、建构体系

本章内容主要运用类比的学习方法,类比分数和整式,学习了分式的概念、性质、运算和应用。本节复习课注重学生知识框架的建构和数学思想方法的体会,并发展学生的计算能力,培养严谨的科学态度。

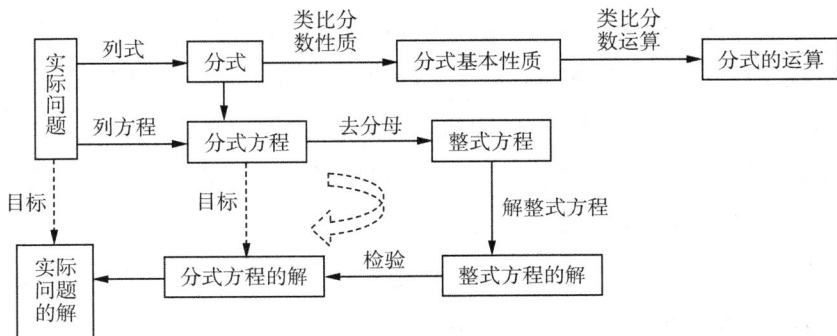

图 4-4

五、素养落实

本节课主要体现了学生抽象能力、运算能力、推理能力、模型观念和应用意识。本章内容是类比分数和整式进行分式的学习,使学生对含有字母的抽象代数式的运算有了更进一步的理解,运算能力得以提高。应用分式方程来解决实际问题,使学生的模型观念和应用意识得到进一步增强。

问题牵引,梳理知识

——"一元二次方程复习课"课例研究

一、研究背景

"一元二次方程"是人教版《义务教育教科书(五·四学制)数学八年级下册》第二十七章的内容,也是整个初中阶段的重要内容。在前面学生已经学习了一元一次方程、二元一次方程(组)、三元一次方程(组),本节课是在学生已经掌握了"消元"的基础上,进一步学习"降次"。同时在现实生活中,许多问题中的数量关系可以抽象为一元二次方程。与前面所学的方程比较,一元二次方程有更广泛的应用,是初中学生体会和理解数学与外部世界联系的重要载体。同时一元二次方程也是后面二次函数当函数取某一确定的值时,求自变量的手段,有着承上启下的重要作用。教学中教师要注意让学生经历建立和求解一元二次方程模型的完整过程,注重学生模型思想、应用意识的培养。

二、教学实录

(一)知识梳理

师:在前面我们已经学习了一元二次方程的知识,本节课我们来共同回顾一下。课前大家已经对一元二次方程这一章的知识进行了梳理,我们来一起欣赏一下(大屏幕展示学生绘制的本章思维导图,如图4-5)。大家的梳理各有千秋,现在我们重点看一下这一份,来谈谈你的理解。

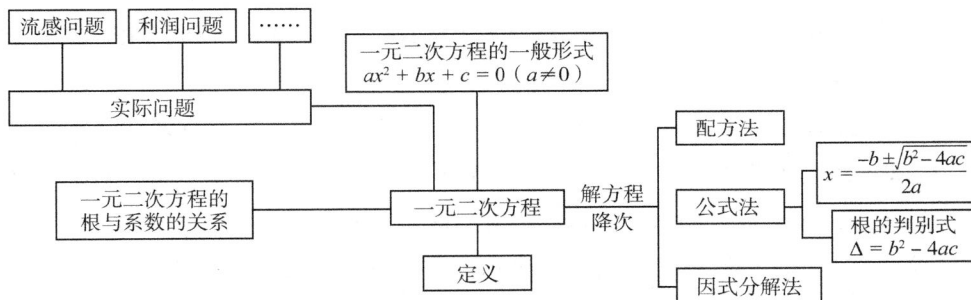

图 4-5

生:我觉得他是按照学习的顺序梳理的。本章先学习了一元二次方程的定义、一元二次方程的根的定义,然后学习了一元二次方程的解法,包括配方法、公式法和因式分解法。接下来又学习了一元二次方程的根与系数的关系,最后再将一元二次方程应用于实际问题。

师:你的评价既有对整体的概括,也关注到了细节,评价得很不错。一元二次方程这一章我们重点学习了它的定义、解法及实际应用。那么我们在研究解法时发现,其实不需要解出方程,也可以利用判别式判断根的情况,还可以利用根与系数的关系直接求出两根之和与两根之积。接下来,我们将针对本章的一些重点知识和易混易错点进行复习。下面我们来看第一个问题。

（二）典例解析

问题 1：已知关于 x 的方程 $(a-1)x^2 + 1 = 2x$（a 为常量）是一个一元二次方程，则 a 的取值范围是_____。

生：a 的取值范围是 $a \neq 1$。因为它是一元二次方程，所以二次项系数不能为 0，所以取值范围是 $a \neq 1$。

师：那你是用哪个知识解决的呢？

生：根据一元二次方程的定义。

师：非常好，我们要注意二次项系数不能为 0。我们通过定义可以判断系数中字母的取值范围，如果将这道题改一下，还能判断 a 的取值范围吗？

变式：已知关于 x 的方程 $(a-1)x^2 + 1 = 2x$（a 为常量）有两个不相等的实数根，则 a 的取值范围是_____。

生 1：我们将它化为一元二次方程的一般形式，因为它有两个不相等的实数根，所以根据判别式 $\Delta = b^2 - 4ac$，代入 $\Delta = 4 - 4(a-1) = 8 - 4a$，解不等式 $8 - 4a > 0$，得 $a < 2$，所以 a 的取值范围应该是 $a < 2$。

生 2：不同意，求完 $a < 2$，还应该考虑这个方程是一元二次方程有 $a - 1 \neq 0$，不然就是一元一次方程了，所以应该再加上 $a \neq 1$。

师：你认为这个方程是一元二次方程，所以 $a \neq 1$，那你是怎么判断的？

生：这个方程有两个不相等的实数根。

师：非常好，那么现在如果我们再改一下这道题的条件，同学们觉得可以怎么改？

生：可以改成有两个相等的实数根。

师：好，那大家求一下，如果有两个相等的实数根，a 应该如何取值？

生：$a = 2$。

师：还可以怎么设计问题？

生：没有实数根。

师：那 a 的取值范围是什么？

生：$a > 2$。

师：还可以怎样设计？

生：有实数根。

师:他改成有实数根,现在 a 的取值应该是什么呢?

生1:考虑两种情况,有可能是有两个相等实数根,有可能是有两个不相等实数根,结合在一起就是 $a \leq 2$,它还是一元二次方程,所以还应该有 $a \neq 1$。

生2:题干说有实数根,但是没说有两个实数根,不一定是一元二次方程,我认为 a 取值应该不包括 $a \neq 1$,有实数根应该是包含三种情况,有两个相等实数根、有两个不相等实数根和有一个实数根。有两个实数根能得出 $a \leq 2$,有一个实数根能得出 $a - 1 = 0$,$a = 1$,所以最后的结果应该是 $a \leq 2$。

师:你的说理非常精彩,当题目中信息已经给定的时候,我们一定要认真从信息中提取我们需要的内容,而且一定要准确,要注意所有的情况。那么现在我们来回顾一下刚才解决的这几个问题都用到了哪些知识呢?

生:一元二次方程的定义,还有根的判别式 $\Delta = b^2 - 4ac$,当 $\Delta > 0$ 时,方程有两个不相等的实数根。

师:好稍等一下,我们观察,在这里谁是条件? 谁是结论?

生:$\Delta > 0$ 是条件,方程有两个不相等的实数根是结论。

师:也就是说当 $\Delta > 0$ 时,我们能知道一元二次方程有两个不相等的实数根,那反过来,如果方程有两个不相等的实数根,Δ 一定是大于0的。

生:当 $\Delta = 0$ 时,方程有两个相等的实数根,反过来知道方程有两个相等的实数根,那么 $\Delta = 0$;当 $\Delta < 0$ 时,方程没有实数根,反过来知道方程没有实数根,那么 $\Delta < 0$。

师:还用到什么知识了? 在解决这几道题时,要注意什么细节?

生:首先化成一般形式,$ax^2 + bx + c = 0$。

师:注意二次项系数不能为0。还有哪些问题在解决时需要先把方程化为一般形式呢?

生:公式法解方程、求根与系数关系。

师:利用判别式我们可以确定方程根的情况,但如果想知道根具体是多少,我们就需要求解,来看下一道问题。

问题2:用适当的方法解下列一元二次方程。

① $2x^2 - \dfrac{5}{2} = 4x$ ② $3(x^2 + 1) = 5x + 3$

三位同学在黑板作答。

师：我们先看第一位同学的答案，他用的是什么方法？

生：公式法。

师：那我们在应用公式法的时候应该注意什么呢？

生：先化成一般形式，找准 a、b、c，再代入公式。

师：大家还有需要补充的吗？

生：找 a、b、c 时要注意符号问题，求根公式要记准。

师：我们再来看下一位同学，在用配方法解方程时需要注意什么？

生：要注意二次项系数为 1 时才能使用配方法，如果二次项系数不是 1，需要将二次项系数化为 1，也就是方程两边同时除以二次项系数，然后再加上一次项系数一半的平方。

师：你的知识掌握得很扎实，我们来看最后一位同学的，他是用的什么方法？

生：因式分解法。

师：用因式分解法解一元二次方程时需要注意什么？

生：注意把方程化为两个一次式乘积为 0 的形式，等号右边为 0。

师：非常准确，还有同学用其他方法做的吗？

生：我用的配方法。

师：那你觉得这道题用哪个方法更简单？

生：因式分解法，因为将这个方程化简后只有二次项和一次项，没有常数项。

师：那我们在解一元二次方程时，你会如何选择解题方法呢？

生：化为一般式后，一次项系数是偶数时我们可以选择配方法，因式分解法只适用于部分一元二次方程。

教师板书三种解一元二次方程的方法。

师：我们再来想一想，是不是所有的一元二次方程都有实数根呢？举一个没有实数根的例子。

生：$x^2 = -1$，可以根据平方根的定义还有判别式判断。

师：方程是解决实际问题的工具，那么接下来我们来看一道应用题吧。

(三) 巩固应用

问题 3：两个相邻偶数的积为 120，求这两个偶数。

生：可以设其中一个偶数是 x，另一个偶数是 $x + 2$，列方程 $x(x + 2) = 120$，解出 x。

师：也就是你设的是较小的偶数为 x，那老师想问一下，为什么我设了一个为 x，另一个就可以用 $x + 2$ 来表示呢？

生：因为相邻两个偶数之间相差 2。

师：很好。那我们来看另一个问题。

问题 4：一个长方形 $ABCD$，$AB < AD$，它的周长为 14 cm，面积为 12 cm²，求 AB 的长。

生：我设的是 AB 的长度为 x，因为长方形周长为长加宽乘 2，所以可以表示出 AD 的长度为 $7 - x$，又因为面积为 12，所以可以列方程 $x(7 - x) = 12$，解出 x 即可。

师：为什么我设了一个为 x，另一个就可以用 $7 - x$ 来表示？

生：因为长方形的周长是 14，那么长与宽的和就是 7。

师：长与宽的数量关系确定。题目中的条件 $AB < AD$ 有什么作用？

生：需要根据这个条件保留符合题意的解。

师：很好。我们来看下一道题。

问题 5：九学年一个班级学生毕业时，每个人都在其他同学那里留言，全班共计留言 1 640 条，问这个班有多少名学生？

生：设班级里一共有 x 名学生，每个人都给除了自己的所有人留言，所以他给了 $x - 1$ 位同学留言，而且两个人可以互相留言，所以 $x(x - 1) = 1$ 640。

师：在这道题中 $x - 1$ 的含义是什么？

生：给除了自己的留言个数，与 x 之间数量关系固定。

师：现在我们来回顾刚才解决的这三个问题，你们发现了什么？

生 1：一个是数学问题，一个是图形问题，一个是实际问题。

生 2：实际问题会涉及舍解。

生 3：都是根据题干中两个量的数量关系，设未知数列方程。

师：这三个问题都是根据两个量的关系，设其中一个量为 x，另一个量用 x 来表示,再列出一元二次方程,进行求解,对于实际问题还要进行检验,最后得到实际问题的答案。

(四)小结提升

师:本节课到这里就接近尾声了,说一说你们这节课有怎样的收获和体会呢?

生1:复习总结了以前学过的一元二次方程知识,汇总了应用题解法。

生2:审题时要仔细,按部就班,不能着急。

生3:对本章的知识有了整体的认识,更有条理了。

生4:我知道了解法有相同点有不同点,解决实际问题最后要检验。

师:大家说得都很好,那老师也来总结一下。在课前我们共同梳理了一元二次方程这章的典型问题,基于这些典型问题,我们复习了一元二次方程的定义、判别式、解法及部分简单应用。我们需要注意,对于一个一元二次方程来说,一定要满足二次项系数不为0,还要注意在用公式法和判别式解题时要化成一般形式,解二元一次方程时的基本思路是消元,解一元二次方程的基本思路是降次,它们都是化成了一元一次方程进行求解。其实我们本章学习也是类比了一元一次方程的学习过程,从实际问题中抽象出数量关系,进行求解,进而得到实际问题的答案。在解决实际问题时要注意检验,老师希望大家在今后的学习中,也要注意进行阶段性的小结和梳理,将学到的知识纳入已有的知识中,形成知识体系。

三、问题解析

数学复习课是数学教学中重要的课型之一,而只学习不复习对学习数学是不利的,要想学好数学,需要温故而知新。数学复习课该如何开展,也是广大数学教师关注的问题。本节课在教学设计时,同组教师就对教学模式的选择产生了分歧。有的教师认为,应该以解决问题为主线,迁出本章的知识,达到复习的目标,同时也实现了巩固训练的目标;还有的教师认为,引导学生感受本章的知识结构,明确各个知识点,让学生跳出题海,从数学的角度去审视本章的内容可以达到更好的教学效果。

经过激烈的讨论,教师们最后达成共识,先给学生布置梳理本章知识的作业,然后选出有代表性的进行展示和讲解,继而教师再通过搜集学生平时出现的问题,设计学生易混易错的典型习题,帮助学生深化理解本章的知识点。在学生梳理本章知识的过程中,教师发现,学生对本章的知识进行了更深入的思考,更加关注本章知识之间的内在联系。这些都有助于学生整体把握本单元的知识,有利于学生构建知识结构,形成知识体系。

四、建构体系

本节课在知识回顾的过程中,采用了框架教学模式,也就是将众多知识点捋成较为清晰的脉络,让其层次分明。一元二次方程是初中数学中最重要的数学模型之一,它有丰富的实际背景。通过建立一元二次方程模型解决实际问题,学生可以更深入地体会数学与现实世界的联系,发展应用意识。在解决实际问题的过程中,教师要引导学生体会数学模型的解有时不一定是实际问题的答案,要通过检验判断哪个解是实际问题的答案。本章的知识结构图的主体部分与一元一次方程和二元一次方程及分式方程中的知识结构是一致的,这也是建立方程模型解决实际问题的一般流程。解二元一次方程组、分式方程、一元二次方程,其思路都是最终将其转化为一元一次方程的基本形式 $x=a$。这样的类比,不仅可以使学生更好地体会降次的思想,而且还可以使学生在学会一元二次方程解法的过程中,体验运用数学知识解决实际问题的基本过程,积累数学活动经验,从而培养模型思想,逐步形成应用意识。

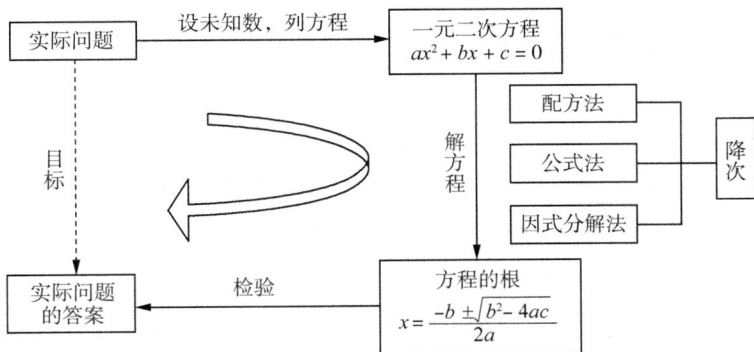

图 4-6

五、素养落实

本节课的教学,主要体现了初中阶段核心素养中的模型观念和应用意识。一元二次方程一章涉及的数学思想方法主要由实际问题抽象为一元二次方程,这个过程中蕴含着符号化、模型化思想,解一元二次方程的过程中也蕴含着降次、化归思想。本节课从梳理本章的知识开始,先整体把握本章内容,而后针对学生易混易错的细节问题进行细致剖析,引导学生深入理解知识,并最终回到建立一元二次方程模型解决实际问题,让学生完整地经历"问题情境、建立模型、解释应用与拓展"的数学活动过程,积累数学活动经验,发展数学抽象能力,培养数学建模素养。

图形与几何

素养立意和课标引领下的图形与几何

——"相交线与平行线复习课"课例研究

一、研究背景

"相交线与平行线"是人教版《义务教育教科书(五·四学制)数学七年级上册》第十二章的内容。本章是"图形与几何"研究的基本问题,在学生已有知识和经验的基础上,继续研究平面内两条直线的位置关系,两条直线相交中的特殊情形——垂直,为今后学习"平面直角坐标系"奠定基础。垂线的概念、平行线的判定和性质是"图形与几何"领域的基础知识,在今后的学习中会经常用到,而平移是平行线的一个应用,可以让学生尽早接触图形变化的思想,使学生学会利用平移分析和解决问题,同时本章也是学生从"说理"过渡到"简单推理"的初级阶段。

七年级的学生在前段学习中已经基本掌握了简单的几何知识,已经具备了一定的数学活动经验,并且具有一定的概括、演绎能力,思想比较活跃,对新知识有较强的探求欲望,但是逻辑推理能力不强。学生的问题可能集中在垂线的存在唯一性及平行公理的限定条件、平行线的判定和性质的区分及综合运用等方面。因此,本节课让学生通过实验、作图、自主探索、合作交流和汇报展示等,逐步攻破重难点。

二、教学实录

活动一

师:我们首先来温习一下相交线与平行线这一章的知识,课前同学们都准备了本章的思维导图,老师从中选取了两位同学,他们对知识的概括较为完整,下面请第一位同学上前面把你概括知识的思路和大家一起分享一下。(思维导图略)

生:我画的导图主要分为四个部分,分别为相交线、平行线的判定、平行线的性质及平移,我把相交线分为定义及典型图形三线八角图,把平行线的判定分为定义、平行公理及推理和平行线的判定,平行线的性质包括它的三个性质和其拓展出来的命题定理及证明,最后平移分为定义、性质、应用和平移的画法。

师:这位同学把本章的知识点梳理得非常完整,分块也清晰明了,谢谢这位同学的分享。接下来,有请下一位同学和大家分享。

生:我是从三个方面来总结本章的知识。第一部分为相交线,我把它分为两条直线相交和三条直线相交。第二部分为平行线,我从定义、平行公理及推论、判定、性质和平移这五个方面进行总结梳理的。第三部分为命题,我是从定义、组成、分类、定理及证明这五个方面进行总结的。

师:两位同学各有千秋,第一位同学知识梳理得比较完整,第二位同学分别从文字语言、图形语言及符号语言三方面进行说明,并用不同颜色的笔进行了标注,并且三部分核心明确,两位同学侧重点不同,但是都很好地梳理清楚了本章的知识脉络,老师还发现有位同学注重本章基本图形的整理,也请同学们一起欣赏一下。

(思维导图略)

师：看完第三位同学的导图后，哪位同学可以说说你的想法？

生：这位同学着重梳理了本章的基本图形，但是我认为，如果能在梳理基本图形的基础上，再添加一下基本的证明方法会不会更好一些呢？

师：这位同学很善于发现问题，并给出了很好的建议，那么同学们，这些基本图形都是用什么方法来解决问题的呢？

生：遇到拐点问题，我们可以过拐点作已知直线的平行线，来解决此类问题。

师：同学回答得很好，课后同学们可以总结一下本章解题的基本方法，让自己的知识更加完整。有的同学按我们学习的时间顺序对本章的知识进行了整体思考、回顾与交流，还有一些同学分别从知识、图形、语言、方法、知识之间的联系等角度把本章知识点进行了分析汇总，对本章的整体知识脉络有了更清晰的认识。

活动二

师：请同学们看黑板，这是本章同学们常见的四种图形之一，直线 a 和直线 b 相交，四个角分别标注为 $\angle 1$、$\angle 2$、$\angle 3$ 和 $\angle 4$，哪位同学可以快速地指明它们之间的关系呢？（如图4-7）

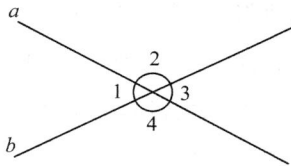

图4-7

生：$\angle 1$ 和 $\angle 3$ 为对顶角，$\angle 2$ 和 $\angle 4$ 为对顶角，它们是相等的关系，$\angle 1$ 和 $\angle 2$，$\angle 1$ 和 $\angle 4$，$\angle 2$ 和 $\angle 3$，$\angle 3$ 和 $\angle 4$ 分别为邻补角，它们的和为 $180°$，也就是它们是互补的，所以图中有两对对顶角和四对邻补角。

师：这位同学回答得非常完整，思路也非常清晰。两条直线相交有一种特殊的位置关系为垂直，两条直线垂直我们可以得到什么结论呢？

生：两条直线垂直可以得到四个角都为 $90°$。

师：我们利用三线八角，由相交线引入到平行线，请同学们准确地指出这些角的位置关系(如图4-8)。

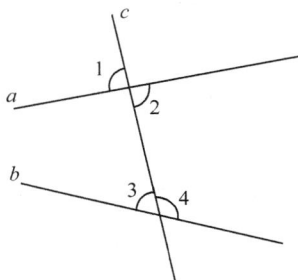

图4-8

生1:∠1和∠2是对顶角,∠3和∠4是邻补角。

生2:∠1和∠3是同位角,∠2和∠3是内错角,∠2和∠4是邻补角。

生3:如果∠1和∠3相等,∠2和∠3相等或者∠2和∠4互补,利用平行线的判定,我们就能知道直线a和直线b是平行的。

生4:如果直线a和直线b平行,我们利用平行线的性质也能知道∠1和∠3相等,∠2和∠3相等还有∠2和∠4互补。

师:这几位同学都说得非常全面和准确,后两位同学还对平行线的判定和性质进行了解释,同学们掌声鼓励一下。

活动三

师:刚刚思维导图中出现了命题,请看以下叙述,请同学们独立思考,并完成真假命题的判断,如果是假命题请举出反例。

(1)相等的角是对顶角;

(2)如果两条直线被第三条直线所截,那么同位角相等;

(3)在同一平面内,垂直于同一条直线的两条直线互相平行;

(4)过一点有且只有一条直线与已知直线平行。

生1:第一个命题是假命题,如果两条直线垂直,那么相邻的两个角相等,都为90°,这两个角不是对顶角,是邻补角。

生2:第二个命题是假命题,以黑板上的图为例,只有当直线a和b平行时,∠1和∠3才相等,所以这个命题为假命题。

生3:第三个命题是真命题。

师:这个真命题我们需要着重注意哪个条件?

生3:这个命题如果去掉"在同一平面内",就变成假命题了,例如我们所能看到的墙角。

师:这位同学回答得很好,并且拥有一双善于发现的眼睛,通过我们身边的例子就解决了这个问题。

生4:我认为第四个命题是假命题,如果改成"过直线外一点有且只有一条直线与已知直线平行"就是真命题了,需要强调过直线外一点。

师:这位同学不仅判断了它是假命题,还利用掌握的知识把其改为真命题了,我们以前还学习了一个和这个命题非常类似的命题,同学们知道是哪个吗?

生:在同一平面内,过一点有且只有一条直线与已知直线垂直。

活动四

师:通过刚刚的环节,看来同学们对于本章的知识已经很熟练,接下来,我们就应用这些知识来解决一些问题。

1. 如图 4-9,∠1 = 30°,则∠2 = _____°,∠3 = _____°,∠4 = _____°。

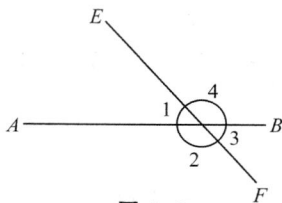

图 4-9

生1:因为∠1 和∠3 是对顶角,∠1 = 30°,所以∠3 = ∠1 = 30°。

生2:因为∠1 和∠2 还有∠4 都是邻补角,∠1 = 30°,根据邻补角的定义可以求出∠2 = ∠4 = 150°。

生3:我还有其他的方法求∠4,因为∠1 和∠2 是邻补角,根据邻补角定义可以求出∠2 = 150°,又因为∠2 和∠4 是对顶角,根据对顶角相等,也可以求出∠4 = 150°。

师:以上几位同学灵活地运用了我们所学的知识,根据不同的方式分别求出了∠2、∠3、∠4 的度数,对所学知识掌握得非常熟练并可以灵活地运用到解决问题中,希望其他同学向他们学习。

师:如果我们把∠1的具体度数这个条件换为∠2=2∠1,那么你们能分别求出∠2、∠3、∠4的度数吗?

生:可以求出,因为∠1和∠2是邻补角,所以∠2+∠1=180°,又因为∠2=2∠1,所以能求出∠1=60°,根据上面的方法,我们就可以求出∠2=120°,∠3=60°,∠4=120°。

师:这位同学活学活用,利用刚刚我们所运用的方法解决了这个问题,希望其他同学也把所学的知识应用到其他问题的解决中,如果把题中再添加一条线,我们看看这个问题又该如何解决呢?

2. 如图4-10,∠1的同旁内角是_____,∠2的邻补角是_____,∠4的对顶角是_____。

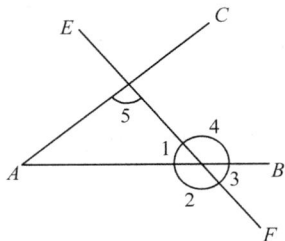

图 4-10

生1:我觉得∠1的同旁内角应该是∠5,是AC与AB被EF所截形成的同旁内角,因为∠2与∠1和∠3相加都等于180°,所以∠2的邻补角为∠1和∠3,又因为∠4与∠2相等,所以∠4的对顶角是∠2。

生2:我觉得她说得不全,并且有的地方说得不对,∠1的同旁内角除了∠5以外,还有∠A,∠1和∠A是AC、EF被AB所截形成的同旁内角,并且判定邻补角和对顶角,不应该根据互补和相等来判断,应该根据其定义来判断。

师:在这位同学说完后,之前的那位同学你觉得以后你应该注意什么呢?

生:我觉得我们在判断同旁内角时,应该找到哪两条直线被哪条直线所截,在找到的图形中找同旁内角,并且在判断对顶角和邻补角的时候需要用其定义进行判断。

师:这位同学的想法非常好,发现了自己的问题所在,并找到了解决问题的方法,我们就需要用这种态度去进行接下来的学习。

师:我们在找类似角的时候,需要注意什么呢?

生1:我们需要找清楚哪两条直线被哪条直线所截所形成的角,如果是在被截线的两侧,截线的同侧就是同位角,如果是在被截线的内侧,截线的两侧就是内错角,而如果是在被截线的内侧,截线的同侧就是同旁内角。

生2:我觉得也可以近似地看成,如果两个角组成的形状像 U 形,这两个角就是同旁内角,如果两个角组成的形状像 Z 形,这两个角就是内错角,两个角组成的形状像 F 形,这两个角就是同位角。

师:这位同学总结得非常好,可以利用两个角所组成的形状来判断两个角是什么样的位置关系。

师:刚刚我们复习了两个角的位置关系,那么根据平行线的性质我们还能得到两个角的数量关系,接下来我们就动笔解决下面这个问题。

活动五

3. 如图 4-11,$EF \perp MN$ 于点 A,$EF \perp PQ$ 于点 B,GH 分别交直线 PQ、MN 于点 C、D,若 $\angle 1 : \angle 2 = 2 : 3$,求 $\angle BCD$ 的度数。

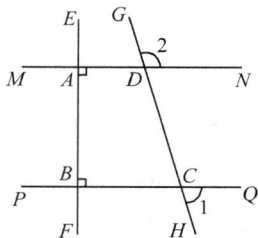

图 4-11

师:请同学们先独立思考,然后一会儿老师找一位同学简单分析一下这道题的解题思路。

师:请这位同学来说一下你的解题思路。

生:根据 $EF \perp MN$ 于点 A,$EF \perp PQ$ 于点 B,我们可以得出 $\angle EAN$ 与 $\angle EBQ$ 都为 $90°$,进而能证明出 $MN /\!/ PQ$,如果求出 $\angle NDC$,根据两直线平行,内错角相等就可以求出 $\angle BCD$ 的度数了,而根据两直线平行,同位角相等,我们可知 $\angle NDC = \angle 1$,

∠1：∠2=2：3,∠2 和∠NDC 还是邻补角,这样我们就能求出∠NDC,然后就求出∠BCD 的度数了。

师：这位同学你有其他不同想法吗?

生：我前面都和那位同学一样,但是我根据对顶角相等,把∠1 和∠2 转移到 ∠ADC 和∠BCD 了,然后这两个角是同旁内角,根据两直线平行,同旁内角互补,并且知道它们之间的关系,可以直接求出∠BCD 的度数。

师：两位同学虽然方法不同,但是都是应用本章所学的知识点解决问题的,那么接下来同学们就把刚刚的解题过程写到你们的题签上,并找一位同学把你的解题过程写到黑板上。

学生书写过程,教师进行适时指导。

师：老师看下面的大部分同学已经整理结束了,个别没有整理完的请课后完成,同学们看一下黑板上板书的同学过程是否有问题?

生1：我认为 EF⊥MN 于点 A,EF⊥PQ 于点 B 以后应该得出∠EAN = ∠EBQ = 90°,而不应该直接说 MN∥PQ。

生2：在说∠ADC+∠BCD=180°之前,应该填上 MN∥PQ,根据两直线平行,同旁内角互补才能得出∠ADC+∠BCD=180°。

师：经过几位同学的补充,我们的书写过程更加完善了,希望下面的同学在书写过程时,向这几位同学学习。

师：我们通过这道基础训练题复习了平行线的判定和性质,接下来,我们来解决一个图形更加复杂的问题。

4. 已知,如图 4-12,DE∥BC,点 A 在 DE 上,连接 AB、AC,∠ABC = ∠BAC。

求证：AB 平分∠CAD;

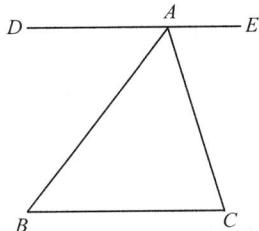

图 4-12

生：根据两直线平行，内错角相等，我们可以得到∠B＝∠DAB，又根据已知，就可以得出∠BAC＝∠DAB，证出结论。

师：这位同学的回答简单明了，如果在这个图形的基础上，我们进一步添加条件，同学们看看该如何解决呢？

5. 已知，如图 4-13，DE∥BC，点 A 在 DE 上，连接 AB、AC，∠ABC＝∠BAC。

（1）求证：AB 平分∠CAD；

（2）点 H 为线段 AB 上一点，连接 CH，若∠EAC＝2∠ACH，求∠AHC 的度数。

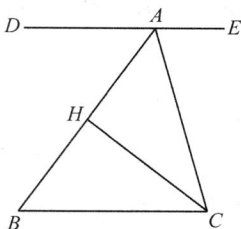

图 4-13

生：我过点 H，作 HN∥DE 交 AC 于点 N，设∠ACH＝α，则∠EAC＝2α，根据上一问我们可以得出∠DAB＝∠BAC＝90°－α，又因为 HN∥DE，可以得出∠AHN＝90°－α，根据 DE∥BC，得出∠ACB＝∠EAC＝2α，进而得出∠HCB＝α，然后根据平行公理推论，可得出 HN∥BC，得出∠NHC＝α，两个角相加就得出∠AHC＝90°。

师：这位同学语言表达准确，思路清晰，其他同学还有不同的做法吗？

生：我是过点 C 作 CM∥AB 的，也是设∠ACH＝α，则∠EAC＝2α，也得出∠DAB＝∠BAC＝90°－α，因为 CM∥AB，所以∠ACM＝90°－α，然后就可以得出∠HCM＝90°，再根据两直线平行，同旁内角互补，可以直接求出∠AHC＝90°。

师：两位同学的做法都很巧妙，同时应用了本章的核心知识点，那么在第二问的基础上，老师又添加了一些条件，并且需要同学们自己画图，同学们又该如何解决呢？同学们先独立思考，思考完成后，可以前后四人为一小组，讨论一下你们的证明方法。

6. 已知，如图 4-14，DE∥BC，点 A 在 DE 上，连接 AB、AC，∠ABC＝∠BAC。

（1）求证：AB 平分∠CAD；

（2）点 H 是线段 AB 上一点，连接 CH，若 $\angle EAC=2\angle ACH$，求 $\angle AHC$ 的度数；

（3）在（2）的条件下，点 F 在直线 DE 上，连接 FH，且 $\angle DAB=\angle AFH+\angle HCB$，若 $\angle AHC=3\angle FHA$，求 $\angle ACB$ 的度数。

$$D \text{————————} E$$

$$B \text{————————} C$$

图 4-14

学生上前利用实物展台，进行不同方法的讲解说明。

活动六

师：通过刚刚的学习，我们发现本章除了需要掌握一些基本图形外，还要运用平行线的性质和判定作为桥梁，灵活地进行相互转化。那么通过本节课的复习，在知识主线、思维方式和研究方法上你们都有什么收获和体会呢？

生1：通过本节课的学习，我明确了本章的知识点，并把以前的知识进行了查缺补漏。

生2：在一些问题求解时，如果我们不能直接求出，可以借助辅助线来完成。

生3：在解决几何问题时，如果有比例关系，我们可以借助设元，找到等量关系，列方程来求解。

师：同学们都有了不同的收获，相交线和平行线是位置关系，通过特殊的位置关系，我们可以得到一些数量关系，另外从一般的三线八角图形到平行线中的三线八角图形，体现了我们研究问题时是从一般到特殊，而平行线的判定和性质的灵活运用也是本章的重点，在不能直接得出结论时，可以借助辅助线来解决问题，也可以尝试用设元的方法，借助方程的思想来解决几何问题，本节课就到这儿，同学们再见。

三、问题解析

教学中，教师给学生自主探究的时间略少，急于让学生形成逻辑推理能力，并用统一的数学符号语言进行书写,但个别学生由于时间不够,没有经历推理的过程来体会推理论证的作用,无法使说理和推理作为观察、实验探究得出结论的自然延续,只能用箭头或不完整的数学符号语言表示说理、简单推理的过程。在今后的教学中,教师要多给予学生自主学习的时间和空间,让学生亲身经历知识的产生和发展过程,循序渐进地提高学生的推理能力。另外,教师也应尽可能多地使用多媒体等信息技术工具,使学生通过直观感受学好数学,并对学习数学产生浓厚的兴趣。

四、建构体系

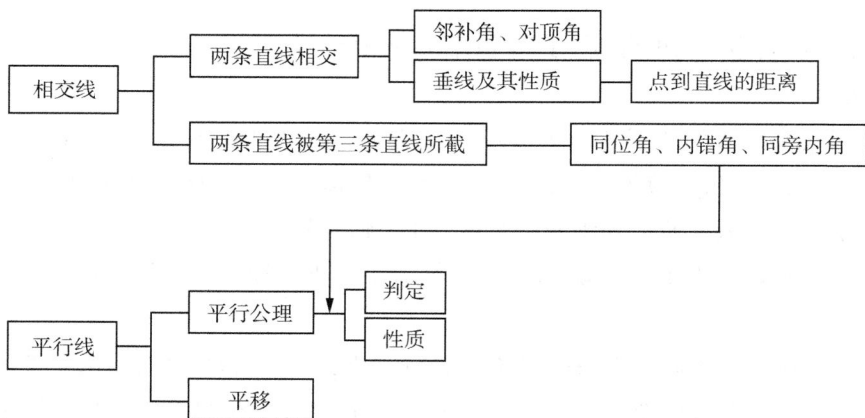

图 4-15

五、素养落实

初中阶段图形与几何领域包括"图形的性质""图形的变化"和"图形与坐标"三个主题。本章主要涵盖了"图形的性质"和"图形的变化",为后续学习"图形与坐标"奠定基础。

"图形的性质"强调通过实验探究、直观发现、推理论证来研究图形,在用几何直观理解几何基本事实的基础上,从基本事实出发推导图形的几何性质和定理。"图形的变化"强调从运动变化的观点来研究图形,理解图形在平移时的变化规律和在变化中的不变量。本节课在培养学生空间观念的基础上,通过几何直观,提升学生的抽象能力和推理能力。

在应用与思考中逐步建构知识脉络

——"全等三角形复习课"课例研究

一、研究背景

    "全等三角形"是人教版《义务教育教科书(五·四学制)数学七年级下册》第十八章的内容,也是整个初中阶段的重要内容。学习三角形全等的判定和性质,在整个初中阶段有着十分重要的地位。中学阶段重点研究的两个平面图形间的关系是全等和相似,全等三角形一章以三角形为例研究全等。对全等三角形研究的问题和研究方法将为后面相似的学习提供思路,而且全等是一种特殊的相似,全等三角形的内容是学生学习相似的基础。这是学生第一次学习两个多边形之间的关系,教师在教学中设计了开放性条件的问题,引发学生思考和探索,并在解决问题的过程中形成解题策略,重视引导学生逐步建立知识之间的联系,形成知识脉络。

二、教学实录

(一)引入新课

    师:同学们,我们刚刚学完"全等三角形"这一章,那么对于全等三角形,你们掌握了哪些知识呢?

    生:全等三角形的对应边相等、对应角相等。

    师:这是全等三角形的哪方面知识?

    生:全等三角形的性质。

师:还有哪些知识呢?

生:还有全等三角形的五个判定方法。

师:都有哪些呢?

生:第一种是边边边,第二种是边角边,第三种是角边角,第四种是角角边,还有第五种是直角三角形全等用的斜边直角边。

教师书写板书。

师:很好。这些都是全等三角形的判定方法,今天我们来进行一节全等三角形复习课,我们首先来看一个问题。

(二)探索发现

问题1:如图4-16,AC 和 BD 相交于点 O,点 O 是 AC 的中点,请你补充一个适当的条件,通过一次全等证明 $\triangle OAB \cong \triangle OCD$。

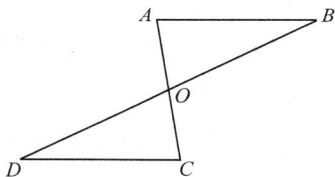

图4-16

生:我有两种方法,一个添加的条件是 $\angle A = \angle C$,另一个添加的条件是 $\angle B = \angle D$。

师:证明全等的依据分别是什么呢?

生:因为点 O 是 AC 的中点,所以 $OA = OC$,又因为 $\angle AOB$ 和 $\angle COD$ 互为对顶角,所以相等,添加 $\angle A = \angle C$,那么根据角边角就可以证明得到 $\triangle OAB \cong \triangle OCD$ 了。

学生自发鼓掌。

师:你的表达有理有据,条理清晰,同学们都在为你鼓掌。还有其他方法吗?

生1:我补充的条件是 $OB = OD$,或者说点 O 是 BD 的中点,这样两个三角形就有两边及其他们的夹角相等,根据边角边就可以证明 $\triangle OAB \cong \triangle OCD$。

生2:我补充的条件是 $AB \parallel CD$,然后利用平行线的性质可以得到 $\angle A = \angle C$ 或

$\angle B = \angle D$,就可以利用角边角或者角角边证明全等。

学生给出热烈的掌声。

师:看得出来同学们很欣赏你的方法,我还看见有的同学是这样添的,$AB = CD$,这是正确的吗,谁来说说你的理由。

生:我觉得是错误的,因为由题意可知 $\angle AOB = \angle COD$,因为点 O 是 AC 的中点,$AO = CO$,如果添加 $AB = CD$ 的话,那么这两个三角形就有两边及其中一边的对角分别相等,这样的条件不能判定两三角形全等,所以是错误的。

师:看来这位同学添的是错误的,我们把它擦掉。如果请你们将以上条件进行分类,你们会怎么分呢?请独立思考以后在组内交流,最后与组内其他同学达成共识并记录下来,然后每一组选一位代表交流你们记录下来的结果。

师:完成了吗?哪个小组来汇报一下?好,第三组。

生:我们组是按角和边来分的类。

师:哦,角分一类,边分一类。说说吧。

生:$\angle B = \angle D$,$\angle A = \angle C$,$AB \parallel CD$ 这三个是分到角那类的;$OB = OD$,O 为 BD 的中点,是分到边那类的。

师:按添加条件的种类分类,那老师有一个疑问,他把 $AB \parallel CD$ 这个条件分到角的条件里,是否合理呢?

生:因为 $AB \parallel CD$,所以 $\angle A = \angle C$,然后再根据题目中给出的两个条件,就可以证出两个三角形全等,所以我认为他这样分类是合理的。

师:也就是说,利用平行线的性质得到两个内错角相等来证全等,所以把 $AB \parallel CD$ 这个条件分到角的条件里是合理的。还有哪些分类方式呢?第一组。

生:我们是由判定方法来分类的,首先是边角边,也就是 $OB = OD$ 和 AC、BD 互相平分这两组条件,然后是角角边,就是 $\angle A = \angle C$ 和 $AB \parallel CD$。

师:好,同学们请看,添加条件使两个三角形全等,我们既可以从判定的方法出发也可以从边或者角的条件出发来添加条件,这也是我们利用全等来解决问题时常用的解题思路。

师:那 $\angle B = \angle D$,$\angle A = \angle C$,$AB \parallel CD$ 这三个都是角的条件,实质上都可以通过哪个条件来得到?

生:$AB \parallel CD$。

师：那 $OB = OD$，O 为 BD 中点？

生：O 为 BD 中点。

师：因为由 AC、BD 互相平分可以得到 $OB = OD$，那这样归纳起来，相当于在题干条件下我们再添加一个条件，添加平行或者添加 O 为 BD 中点，都可以得到两个三角形全等。根据平时做题的经验，证明两个三角形全等通常是为了得到什么结论呢？

生：可以得到条件以外的其他边或者角的相等关系。

师：总而言之，全等就好像一个桥梁，通过边、角的相等关系证明全等后，就能得到我们需要的边、角的相等关系。我们再看问题 1 可以发现，具有上述条件的两个三角形是全等的，在这里中点起到了至关重要的作用，而这个图形的形状又像一个数字"8"，因此常称具有这种特征的图形为"中点 8 字形"，其实这两个三角形我们还可以看作是由一个三角形绕一个顶点旋转 $180°$ 得到的。这也是我们以后在解决几何问题时常用的一种图形，它到底能帮我们解决怎样的数学问题呢？看这样的一个实际问题。

（三）巩固应用

问题 2：如图 4-17，有一个池塘，要测量两端 A、B 的距离（无法直接测量），可在平地上取一个点 C，从点 C 可不经过池塘直接到达点 A 和点 B，如何能得到 A、B 两点之间的距离。

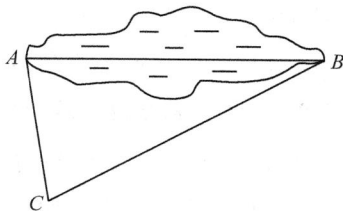

图 4-17

师：大家先进行组内讨论，达成共识后记录下来。请每组的三号同学准备汇报小组的讨论结果。

师：请第二组的同学汇报一下。

生:先延长 AC 到点 D,使 $DC=AC$,延长 BC 到点 E,使 $CE=BC$,再连接 DE。然后因为 $\angle ACB=\angle DCE$,且 $CD=AC$,$CE=BC$,所以 $\triangle ABC \cong \triangle DEC$,用的判定方法是边角边。

师:你是怎样想到要这么延长的呢?

生:因为要求线段长,所以想到了全等,然后就想这么延长造全等。

师:那你这样延长之后也就是把点 C 构造成了什么?

生:中点。

师:非常好。这样延长了之后,其实就是构造出了一个什么?

生:中点 8 字形。

师:这样构造,有什么好处呢?第四组的三号同学能不能说说?

生:全等之后待测线段 AB 就等于构造出来的 DE,因为 DE 线段长可以测量,所以 AB 之间的距离也就知道了。

师:那就是说全等之后把求 AB 的问题转化成求 DE 的问题了。同学们很棒,刚刚我看到已经有很多同学完成了这个转化。我们再来看下一个问题。

(四)应用拓展

问题 3:如图 4-18,点 D 为 BC 中点,点 E 在 DA 的延长线上,且 $BE=AC$,求证:$\angle E=\angle CAD$。

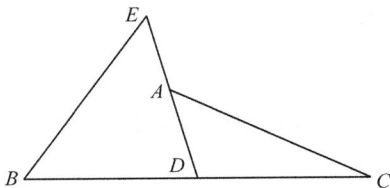

图 4-18

师:请第六组同学给大家讲一下,先说说是怎么想的。

生:我延长 ED 到点 F,使 $DF=DE$,再连接 CF,因为对顶角相等,所以 $\angle EDB=\angle CDF$,且因为我造的 $DF=DE$,和题目条件里给的点 D 为 BC 中点,所以 $BD=CD$,所以 $\triangle BDE \cong \triangle CDF$,就能得到 $BE=CF$,$\angle E=\angle F$,再因为 $BE=AC$,所以 $CF=AC$,我过点 C 作 ED 延长线的垂线,交 ED 延长线于点 G,所以 $\angle DGC=\angle FGC$,而且 CG

是公共边，就能得到$\triangle ACG \cong \triangle FCG$，所以$\angle CAD = \angle F$，所以$\angle E = \angle CAD$。

师：讲得很清晰，讲的时候语言也很流畅，大家谁能概括一下他的思路呢？

生：他首先是延长AD，造了"中点8字形"的全等，再用这个全等所得到的条件作垂线，构造了第二对Rt△全等，最后通过两对全等的角等传递，就得到了$\angle E = \angle CAD$。

师：太精彩啦！她说了几个很关键的地方，首先这样构造辅助线是为了构造中点8字形全等，实现了把边和角都转化到了与待证角以及已知条件所给的三角形中，有的同学用到了等腰三角形的知识，但是我们现在还没有学到，现在我们证明两个角相等的办法只有全等，因此又作了这样的一条高线，然后证明两个Rt△全等所以两个角相等。思路非常清晰，非常好。还有同学用不同的方法来做的吗？

生：我延长ED到点F，使$AD = DF$，再连接BF，因为对顶角相等，所以$\angle ADC = \angle FDB$，且因为我造的$DF = AD$，题目条件里给的点D为BC中点，所以$BD = CD$，所以$\triangle ADC \cong \triangle FDB$，就能得到$AC = BF$，$\angle DAC = \angle F$。再因为$BE = AC$，我过点$B$作$DE$的垂线，交$DE$于点$G$，所以$\angle EGB = \angle FGB = 90°$，而且$BG$是公共边，就能得到$\triangle BEG \cong \triangle BFG$，所以$\angle E = \angle F$，所以$\angle E = \angle CAD$。

师：我们同学的思路非常清晰。那好了，我们来回顾一下做法，其实一种方法就相当于我们在构造与$\triangle ADC$全等的三角形，转化边和角；而另一种方法就是在构造与$\triangle BDE$全等的三角形，从而也是转化边和角。那其实，这两种方法都是通过构造一个刚才我们学到的一个"中点8字形"然后得到全等实现边和角的转化。我们再来看一个问题。

问题4：如图4-19，$AB = AE$，$AB \perp AE$，$AC = AD$，$AC \perp AD$，且M是BC的中点。求证：$DE = 2AM$。

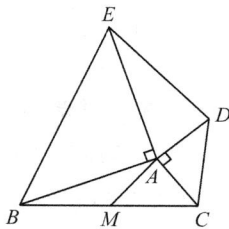

图4-19

师：同学们先独立思考，有思路以后再小组内交流。

生：延长 AM 至点 N，使 $MN=AM$，连接 BN，我想证明 $\triangle ABN \cong \triangle EAD$，就可以证明出 $ED=2AM$ 了。由边角边可以证明得到 $\triangle AMC \cong \triangle NMB$，得到 $\angle CAM = \angle N$，从而得到 $BN /\!/ AC$，得到 $\angle ABN$ 与 $\angle BAC$ 互补，再由 $\angle EAD$ 与 $\angle BAC$ 互补，就可以得出 $\angle ABN = \angle EAD$，再结合这两个角的夹边分别相等，就可以证明出 $\triangle ABN \cong \triangle EAD$，从而得证。

学生爆发热烈的掌声。

师：同学们为什么给出这么热烈的掌声呢？

生：思路特别清晰，而且语言表达简练又不失严谨。第二个全等我也想到了，就是没有证明出角相等，所以没有解决，听他讲完，我很透彻。

师：你的点评也很精彩！

生：其实我也不是独立证出来第二个全等的，是我们小组一起讨论出来的。

师：那我为你们组的有效讨论点赞！我们这堂课也已经接近尾声了，同学们通过这堂课的学习，有哪些收获和体会呢？跟大家分享一下。

（五）归纳小结

生1：我的一个体验就是实际生活中在测量一些长度的时候，当这个长度不能直接测量的时候，我们可以通过构造全等三角形，实现边的转化。

师：嗯，因为它能实现边和角的转化。

生2：当遇到一些比较难的题没思路的时候，如果有中点条件可以考虑构造"中点8字形"。

师：同学们的表达都很精彩，我跟大家一起来总结这堂课，这节课我们利用对顶角相等这个隐含条件，通过添加条件，构造证明两个三角形全等，接下来我们解决了一个实际问题，也是通过已有的三角形，通过中点条件，构造与它全等的三角形来解决。同学们体会到了全等在解决边角问题中的桥梁作用，还归纳出了构造全等的一个常用方法，构造"中点8字形"，我们可以利用题目中已有的中点来构造另一个中点，或者还可以用到平行来构造，课下大家还可以再试一试。构造出全等三角形后相对应的边和角就可以得到转化，帮助我们解决问题。我们这堂课就上到这里，同学们再见！

三、问题解析

数学教学,要实现从知识的传授,到思想方法的引领,最终达到育人的目的,这就需要教师理念的不断更新和教学实践的不断探索。数学课的教学设计要围绕对学生数学思维的培养进行,本节课本着这样的理念进行设计,但是在实践中,还有一些地方需要改进和完善。

对于问题的设计要细化。第一个活动的设计最初是这样的:"如图,AC 和 BD 相交于点 O,请你添加适当的条件,使 $\triangle OAB \cong \triangle OCD$。"后来改为:"如图,$AC$ 和 BD 相交于点 O,点 O 是 AC 的中点,请你补充一个适当的条件,通过一次全等证明 $\triangle OAB \cong \triangle OCD$。"原来的设计中条件的添加方法过多,而且还可能出现添加的条件可以全等,但却不是"中点8字形"的情况,这样的设计分散了重点和难点。调整之后,突出了"中点"这个重要的条件,有利于帮助学生感知"中点8字形"这个基本图形。但仍然有个别学生添加一个条件就写一个证明过程,再添加一个条件再写一个证明过程,如果再给出具体的要求"只添加条件,说明证明方法,不写证明过程"学生就更加明确了,既能节省时间,又能提高课堂效率。

给学生讨论的时间还需要再充分一些。学生的学习能力和基础不同,在小组活动结束时仍然有个别同学没有完全掌握问题的解决方法,导致他们跟不上课堂节奏。如果能完全放开手脚,让学生有充足的时间交流,对那些有潜力的学生一定能有更大的帮助。让学生真正成为学习的主体,主动参与教师设计的课堂活动,让他们体验知识是鲜活的、有生命力的,激发其探索的欲望。教师成为课堂的引导者、合作者,尽量多地满足不同学生的学习需要,为学生提供不同的帮助,帮助学生更有效地进行研究和体验,使学生对数学学习更有兴趣,从而提高学生的学习效率。

四、建构体系

全等三角形的性质是由两个三角形全等推出线段相等和角相等的结论,而三角形全等的判定是由线段相等和角相等的条件判定两个三角形具有全等的关系,因此全等三角形和线段相等、角相等之间存在必然的联系。在前面的学习中,学生通过直观认识了线段相等和角相等,知道了两条直线平行与角相等之间的关系、平移前后新旧图形具有全等关系,了解了三角形中所蕴含的线段或角的等量关系。在复习课中,教师要引导学生关注这些知识之间的联系,使学生在巩固新知识的同时,建立起新旧知识之间的联系。同时感受到全等在边角相等关系的转化中所起到的重要的桥梁作用。

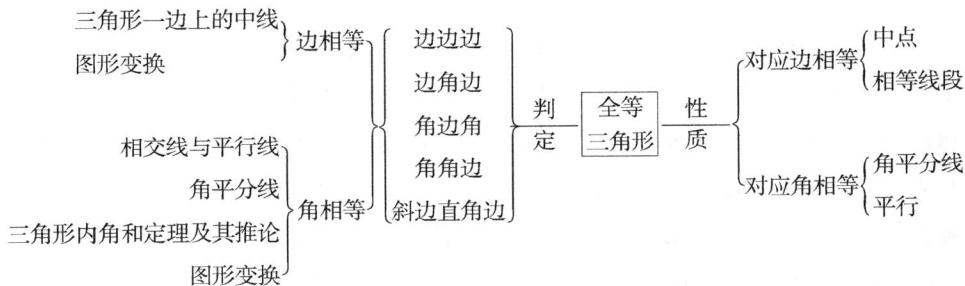

图 4-20

五、素养落实

本节课内容主要体现了几何直观、空间观念和推理能力。全等三角形往往可以通过观察发现,学生的几何直观可以由此培养,这也是本单元的教学重点之一。因此,我们要加强对学生观察能力的培养,让学生更好地理解和掌握这部分知识。一个三角形经过平移、翻折、旋转后,位置变化了,但形状、大小都没有改变,即全等。引导学生从图形变换的角度理解全等,培养学生的空间观念。无论是根据边或角相等的条件证明两个三角形全等,还是由全等三角形得出对应的边或角相等,再到构造全等三角形,都蕴含着严谨的几何推理精神。

通过本节课的教学,教师要引导学生重视分析条件与结论的关系,以具体的问题为载体,由已知推出结论,再逐步要求学生独立分析、写出证明过程,同时注意安排相应的训练,让学生切实提高推理论证能力。

优化结构,注重引导,形成体系

——"平行四边形复习课"课例研究

一、研究背景

"平行四边形"是人教版《义务教育教科书(五·四学制)数学八年级下册》第二十五章的内容。平行四边形是"图形与几何"部分最基本的几何图形之一,平行四边形、矩形、菱形和正方形在生产、生活领域中有着十分广泛的应用。本章着重在知识、研究思路及研究方法上下功夫,使学生认识这些概念之间的联系和区别,明确它们的内涵与外延。教师选择适当的知识让学生进行推理计算并解决实际问题,提升学生的逻辑推理能力和解决问题的能力是本章的主要目的。

八年级学生具备了一定的知识基础和学习经验,同时具备良好的交流与合作能力。在教学过程中通过师生交往、共同发展的互动过程,引导学生质疑、观察、探究,使学生在实践中学习。结合本章的特点、教师采用"启发引导—探索发现"的教学方法,让学生在观察、比较、分析、概括等活动中,体验知识的生成、发展与应用,并渗透转化与化归等数学思想方法,让学生自主探索,动手实践,合作交流。

二、教学实录

师:我们这节课对平行四边形进行一节专题复习。首先我们来看这样一个问题。

环节一

如图 4-21,在 $\square ABCD$ 中,点 O 为对角线 AC 的中点,过点 O 的直线 EF 分别交 AD、BC 于点 E、F,连接 AF、CE。判断四边形 $AECF$ 的形状并加以证明。

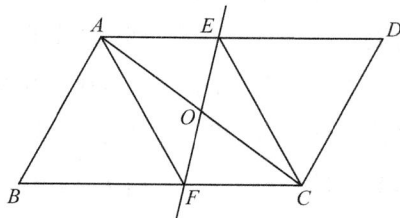

图 4-21

师：四边形 $AECF$ 是什么形状？

生：平行四边形。

师：很容易看出来是平行四边形。那么请咱们同学对照题签上的图进行一下说明，不需要整理，找到方法即可，尝试一下。

师：同学们，找到方法了吗？老师采访一下。

师：你找到方法了吗？

生：找到了。

师：几种？

生：两种。

师：你找到了几种？

生：两种。

师：找到了两种方法，很好。那么同学们前后四人为一组，和其他人把你们的方法交流一下，看看哪个小组找到的方法最多。

小组交流。教师进行巡视并对个别小组进行指导。

师：同学们找到了几种判定方法？

生：两种。

师：超过两种的有吗？有的举手看看。

学生举手。

师：四种？五种？六种？老师再给大家一些时间，前后讨论一下，看能不能找到更多的判定方法？

学生小组交流。

师：同学坐好，哪位同学上前面讲解一下你的方法？把你的方法和大家分享是一件非常快乐的事情。

生：我想用一组对边平行且相等来判定平行四边形，首先题中给出四边形 $ABCD$ 是平行四边形，如果再证明出 $AE=CF$，那么就可以判定四边形 $AECF$ 是平行四边形。平行四边形 $ABCD$ 有一条对角线互相平分，可以证出 $\triangle AOE \cong \triangle COF$，就可以证出 $AE=CF$，然后可以根据一组对边平行且相等证出四边形 $AECF$ 为平行四边形。

师：你一共找到了几种方法？

生：五种。

师：那么你再讲一种吧。

生：证明出 $\triangle AOE \cong \triangle COF$ 之后，可以得到 $OE = OF$，然后根据对角线互相平分得到四边形 $AECF$ 是平行四边形。

师：两种方法，你刚才第一种用的哪种方法判定的四边形 $AECF$ 是平行四边形？

生：一组对边平行且相等。

师：第二种呢？

生：对角线互相平分。

师：其他同学呢？

生：题中给出 $ABCD$ 是平行四边形，可以得出 $AD /\!/ BC$，我想用两组对边分别平行来进行证明，只需证出 $AF /\!/ EC$，就能证出 $AECF$ 是平行四边形。题中给出点 O 为 AC 的中点，得到一组边，对顶角得到一组角，根据平行得出一组内错角相等，就可以证出 $\triangle AOE \cong \triangle COF$，可以得出 $FC = AE$，再证明 $\triangle AFE \cong \triangle CEF$，就能得出 $AF /\!/ EC$，就能得出四边形 $AECF$ 是平行四边形。

师：你用的是两组对边分别平行？

生：对。

师：下面的同学，刚才他说得对不对？刚才第一位女同学可能认为她的方法更简单一点，而这位男同学用的是两组对边分别平行。其他同学还有不同的方法吗？到前面展示一下。

生：我先证明 $\triangle AOF \cong \triangle COE$，又和第一位同学一样证明了 $\triangle AOE \cong \triangle COF$，得出 $\angle OEC = \angle OFA$，$\angle EAO = \angle FCO$，$\angle AEO = \angle CFO$，得出 $\angle AEC = \angle AFC$，用同样的方法得出 $\angle EAF = \angle ECF$，就可以用两组对角分别相等的方法得出四边形 $AECF$ 是平行四边形。

师：他说得好吗？我们掌声鼓励一下。还有其他的方法判定它是平行四边形吗？

生：我连接了一条辅助线 BD，因为点 O 为对角线 AC 的中点，平行四边形对角线互相平分，所以 BD 与 AC 一定交于点 O，然后证明 $\triangle EOD \cong \triangle FOB$，得出 $OF = OE$，根据对角线互相平分的四边形是平行四边形，得出四边形 $AECF$ 是平行四边形

（如图 4-22）。

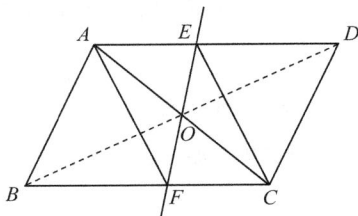

图 4-22

师：你刚才所用的方法和前面同学所用的方法一样吗？

生：一样的，用的定理是一样的。

师：很好，你还有其他方法吗？

生：有其他方法，但是都被别人说过了。

师：好的。那么下面的同学还有其他方法证明它是平行四边形吗？

生：因为平行四边形 $ABCD$，所以有一组内错角相等，又有一组对顶角，又因为点 O 为 AC 中点，所以 $\triangle AOE \cong \triangle COF$，就能得出 $AE = CF$，因为平行四边形 $ABCD$，所以 $AD = BC$，利用同减的方法，可以得到 $DE = BF$，又因为 $AB = CD$，$\angle B = \angle D$，就可以得出 $\triangle ABF \cong \triangle CDE$，就可以得出 $AF = CE$，然后用两组对边分别相等，证明四边形 $AECF$ 是平行四边形。

师：这位同学所用的方法和前面的方法一样吗？你用的什么方法判定的四边形 $AECF$ 是平行四边形？

生：两组对边分别相等。

师：刚才的四位同学分别用了五种不同的方法判定了四边形 $AECF$ 是平行四边形，很好地结合了三角形、四边形和平行四边形的知识，那么接下来同学们在下面，任意选取一种方法整理到你们的题签上。

师：请一位同学把你整理的给同学们展示一下。

生：因为想证明四边形 $AECF$ 是平行四边形，所以想用一组对边平行且相等，因为四边形 $ABCD$ 是平行四边形，所以有一组对边平行，就只需证明 $AE = CF$，可以证明 $\triangle AOE \cong \triangle COF$，有一组对顶角，一组内错角相等，点 O 是 AC 的中点，$OA =$

OC,就可以证出四边形 $AECF$ 是平行四边形。

师:你用的哪种判定方法判定四边形 $AECF$ 是平行四边形?

生:一组对边平行且相等。

师:那你为什么用这种方法进行判定呢?

生:因为四边形 $ABCD$ 是平行四边形,有一组边平行,只要找一组边相等就可以了。

师:很好。

师:在实际上,我们在判定一个四边形为平行四边形时,首先要结合我们以前所学的知识——三角形的相关知识和平行四边形的相关知识,灵活地运用平行四边形的相关性质,选择适当的证明方法,可以使我们的证明过程更简单。接下来我们继续看下面这个问题。

环节二

如图 4-23,在 $\square ABCD$ 中,点 O 为对角线 AC 的中点,过点 O 的直线 EF 分别交 AD、BC 于点 E、F,连接 AF、CE。连接 BE、DF,分别交 AF、CE 于点 M、N,在不添加任何辅助线的情况下,请写出图中的平行四边形($\square ABCD$ 除外),并说明理由。

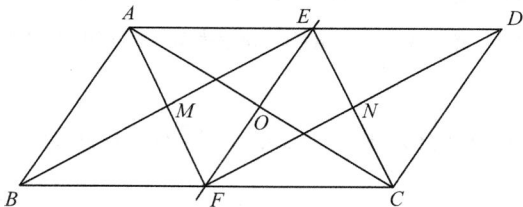

图 4-23

生:除 $\square ABCD$ 外,还有三个平行四边形,分别是 $\square AECF$、$\square BEDF$、$\square MENF$。

师:请同学们对照手中题签,尝试证明其他两个为平行四边形。

师:哪位同学上来说一下你的证明方法?

生:刚才已经证明了四边形 $AECF$ 是平行四边形,得到 $AE=CF$,接下来证明 $\square BEDF$,很明显用一组对边平行且相等,因为四边形 $ABCD$ 是平行四边形,$AD=BC$,利用同减,得到 $DE=BF$,利用一组对边平行且相等就可以得出四边形 $BEDF$ 是平行四边形,之后就可以得到 $BE=DF$,利用前两个得到的平行四边形,可以得到 $BE//DF$,$AF//CE$,利用两组对边平行,就可以得到四边形 $MENF$ 是平行四边形。

师:这位同学选择的方法非常恰当,也非常简单,咱们同学给他掌声鼓励一下,但是希望在下次整理的时候可以规范书写。

师:我们继续分析,看一下我们最后得到的□$MENF$,哪位同学能尝试添加一个适当的条件,使□$MENF$ 为矩形?

生:$\angle MEN=90°$

师:你用的什么方法判定的其为矩形?

生:有一个角是直角的平行四边形是矩形。

师:其他同学还有不同的添加方式吗?

生:先连接 MN,再添加 $MN=EF$,就可以判定出来了。

师:你又是用什么方法判定的?

生:矩形的对角线相等。

师:有的同学对刚才的回答有疑问,这位同学你有什么疑问?

生:刚刚那位同学用的是矩形的性质,我们应该用矩形的判定,也就是对角线相等的平行四边形是矩形。

师:刚刚那位同学用的是矩形的性质,而后面的同学用的是对角线相等的平行四边形是矩形,是矩形的判定,我们一定要区分开矩形的判定和性质。

师:老师也有这样的四种添加方式,请同学们看一下,大背景不变。

环节三

如图 4-24,在□$ABCD$ 中,点 O 为对角线 AC 的中点,过点 O 的直线 EF 分别交 AD、BC 于点 E、F,连接 AF、CE。再连接 BE、DF,分别交 AF、CE 于点 M、N。

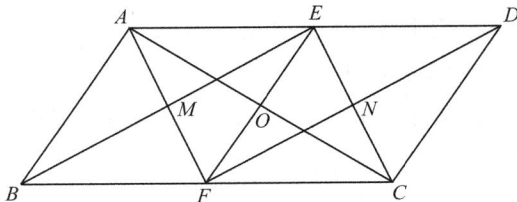

图 4-24

①BE 平分∠ABC;②AF 平分∠BAD;③BC = 2EF;④点 M 是 AF 的中点。

请从上述四个条件中选取两个作为已知条件,使四边形 MENF 成为矩形。

师:(学生交流后)老师观察了一下,很多同学都选择的是①②来进行说明,能否尝试用其他两个条件来进行判断呢?

师:大部分同学都有了自己的方法,请前后四人为一组,交流一下你们的方法。

师:在倾听大家交流的过程中,有一位同学主动想把自己的方法和大家分享,请那位同学到前面来。

生:我选择的条件是①②,因为 BE 平分∠ABC,所以∠ABM = ∠FBM,因为 AF 平分∠BAD,所以∠BAF = ∠FAD,因为四个角和为 180°,所以两个角和等于 90°。因为三角形内角和为 180°,所以∠AMB = 90°,由对顶角相等,得到∠AMB = ∠EMF = 90°,所以▱MENF 为矩形。

师:这位同学讲得很好,但是有点紧张,同学们给她掌声鼓励,希望下次更好。

师:这位同学用的是有一个角为直角的平行四边形是矩形,其他同学有不同的选择方式吗?

师:你选择的是哪个?

生:我选的是①④。上面我们已经证出了四边形 MENF 是平行四边形,只需要加一个角为 90°就可以了,因为 BE 平分∠ABC,所以∠ABM = ∠FBM,又因为点 M 是 AF 的中点,所以 AM = FM,根据三线合一,我们可以得到∠AMB = ∠FMB = 90°,由对顶角相等得到∠EMF = 90°,所以▱MENF 为矩形。

师:这位同学用到了三线合一,我想问一下,三线合一的前提条件是什么?

生:等腰三角形。

师:那它是等腰三角形吗?

生:我可以用全等证明△ABM ≌ △FBM。

师:那么①④这两个条件能否证明出▱MENF 为矩形?请同学们再考虑一下。还有哪位同学来说一下?

生:我想用①③来进行证明,首先证明四边形 ABFE 为平行四边形,接下来想证明 AB = BF,利用△ABM ≌ △FBM。

师:下面同学又有疑问了,那么这个问题我们留待课后解决,看看①③是否能证明出▱MENF 为矩形。

师:同学们还有其他的选择方式吗?这位同学你选择哪两个条件?

生:③④。连接 MN 之前我们已经得到四边形 AFCE 为平行四边形,所以 AF =

CE,因为$\square MENF$,所以$MF=EN$,因为点M是AF中点,$AF=CE$,所以点N也是CE中点,利用中位线$BC=2MN$,又因为$BC=2EF$,所以$MN=EF$,所以$\square MENF$为矩形,对角线相等的平行四边形是矩形。

师:本节课同学们有什么收获和体会?哪位同学谈谈你的感想。

生1:证明平行四边形最常用的方法是一组对边平行且相等。

生2:我知道了证明平行四边形的五种方法。

师:刚刚那位同学认为证明平行四边形最通用的方式是一组对边平行且相等,老师不这么认为,平行四边形的五种判定方法我们选取任意一种方法都可以证明出四边形为平行四边形,对于这道题来说,我们选取一组对边平行且相等相对简单,所以我们需要灵活地运用三角形、四边形、平行四边形、矩形的相关知识,找到他们的联系才可以得到我们需要的结果。在刚刚做题的时候,我们首先猜想出平行四边形,接下来进行证明,所以合理的猜想对我们的证明是有很大帮助的。

环节四

如图4-25,在$\square ABCD$中,点O为对角线AC的中点,过点O的直线EF分别交AD、BC于E、F,连接AF、BE交于点M,连接CE、DF交于点N。若①BE平分$\angle ABC$;②AF平分$\angle BAD$;③$BC=2EF$;④点M是AF的中点。

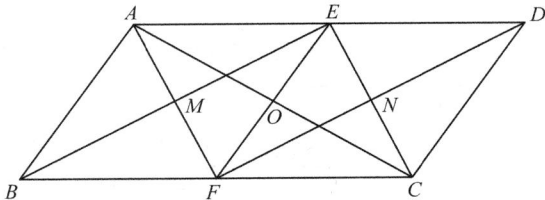

图 4-25

1. 从以上四个条件中选取两个作为已知可以得出四边形$MENF$为矩形有多少种可能?（找出所有情况）

2. 图形中还有其他的特殊平行四边形吗?如有,选取两个条件作为已知加以证明;如没有,请说明理由。

师:以上题目请同学们课后完成,这节课就到这里,同学们再见。

三、问题解析

在备课中,教师认为复习是一种特殊的学习活动,具有重复性、系统性、综合性和反思性。复习的主要目的是加强知识联系、深化知识理解、优化知识结构,学生可以通过复习体会数学思想方法,发展数学认知能力。复习课的核心认知活动是知识体系的重组和知识的选择性应用,但由于个体的差异性及学生独立整理知识的经验不多,综合能力有限,难以整理出系统、简约的知识结构,学生在选择适当的知识来解决问题时,也可能会遇到很多困难。基于以上原因,教师把本章的复习分成几课时进行,本节课主要复习平行四边形与矩形之间的联系。

四、建构体系

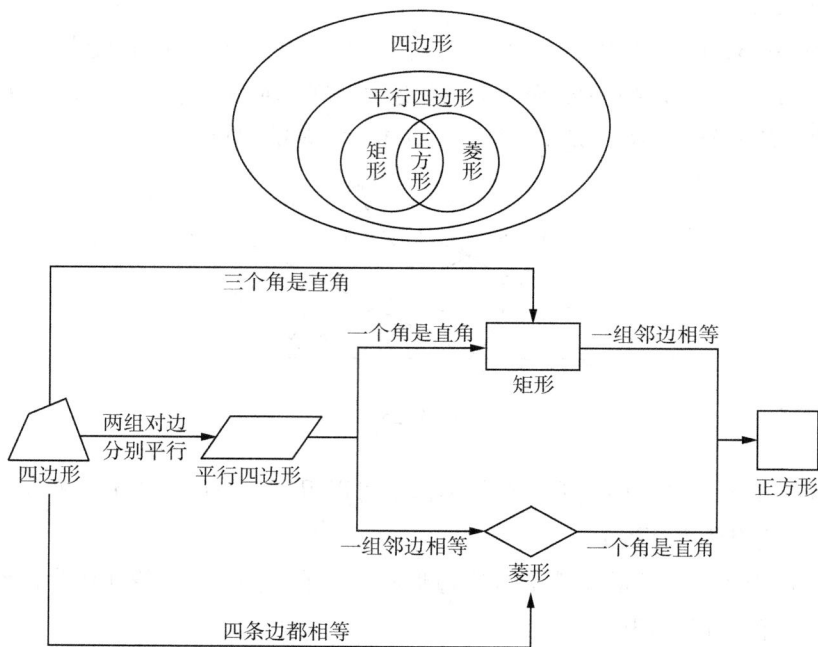

图 4-26

五、素养落实

对于四边形的学习要让学生经历"探索——发现——验证——证明"的过程。本节课强调让学生体会合情推理和演绎推理再得出结论,并利用信息技术手段形成几何直观,进一步提高学生的合情推理能力和演绎推理能力,充分激发学生的学习兴趣,活跃学生的思维,对发展学生的思维能力有很大的好处。教师在教学过程中注意启发和引导,使学生在规范证明的基础上,提高推理论证能力。教师在课堂上注重图形之间的联系,力求把本章知识整理成适当的结构体系。

理解本质,重视过程,提升素养

——"点和圆、直线和圆的位置关系复习课"课例研究

一、研究背景

"点和圆、直线和圆的位置关系"是《义务教育教科书(五·四学制)数学九年级上册》第三十一章"圆"的第二节。本节课复习的主要内容是掌握点与圆、直线与圆的不同位置关系及对应的数量关系,并灵活运用圆的切线的判定定理和性质定理解决有关问题。从知识体系来说,本节课对点和圆的位置关系和对应的数量关系进行巩固,对直线和圆的动态变化所对应的数量关系进行了深化和延伸,为后续学习动点、动线、动圆的问题进行铺垫。从数学思想方法来看,通过运动变化的观念,揭示了知识的发生过程及相关知识的内在联系,渗透了数形结合、分类讨论、类比、化归等数学思想方法。

九年级的学生初步掌握了与圆有关的位置关系的相关知识,具备了一定的分析问题、解决问题的能力及归纳能力,但对知识的综合应用能力有待加强。本班学生基础较扎实,具备较强的好奇心和求知欲,针对学生的特征,本节课将采用支架

式教学策略,即学生在教师提供的框架、线索、路径信息和资源的引导下展开自主探究、合作交流和展示分享等,充分发挥学生的主体作用。

二、教学实录

师:今天我们一起来复习一下与圆有关的位置关系,那么与圆有关的位置关系有哪些呢?

生1:点与圆的位置关系。

生2:直线与圆的位置关系。

生3:圆与圆的位置关系。

师:在直线与圆的位置关系中,有一种很特殊的位置关系,哪位同学来说一下?

生:直线与圆相切,如果圆心到直线的距离等于半径,那么这条直线与圆就是相切的。

师:这位同学回答得非常准确,切线的判定和性质定理是本章知识的一个重点。

师:接下来,我们首先来看一下点和圆的位置关系,如果需要判断点和圆的位置关系,同学们有什么样的思路呢?

生:我们需要判断点和圆心的距离与半径之间的关系。

师:这位同学提供了思路,哪位同学可以具体说一下吗?

生:如果点和圆心的距离大于半径,那么这个点就在圆外;点和圆心的距离等于半径,点就在圆上;点和圆心的距离小于半径,这个点就在圆内。

师:这位同学说得非常好,我们只需要判断点和圆心的距离 d 与半径 r 之间的数量关系,就可以确定这个点与圆的位置关系了。

师:同学们能类比判断点与圆的位置关系,判断一下直线与圆的位置关系吗?在这个过程中关键需要看什么?

生1:通过判断圆心与直线的距离再判断与半径的数量关系就可以判断出直线与圆的位置关系。

生2:关键判断圆心到直线的距离与半径的大小关系。

生3:当圆心到直线的距离 d 与半径 r 正好相等时,此时直线就与圆相切,直线就叫做圆的切线。

师：同学们对以往所学的知识掌握得非常扎实，我们在判断点与圆的位置关系和直线与圆的位置关系时，只需要找出点与圆心的距离 d 或直线与圆心的距离 d，判断距离 d 与半径 r 的数量关系就可以确定它们的位置关系。

师：接下来，我们就来看一道直线与圆相切的几何问题，请看大屏幕。

1. 如图 4-27，线段 AB 经过圆心 O，交 $\odot O$ 于点 A、C，点 D 在 $\odot O$ 上，连接 AD、BD，$\angle A = \angle B = 30°$，$BD$ 是 $\odot O$ 的切线吗？请说明理由。

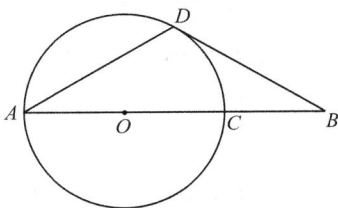

图 4-27

师：解决这个问题的关键是什么？

生：关键是判断圆心到直线的距离 d 与半径 r 之间的数量关系，如果相等就是切线，如果不等就不是。

师：很好，接下来请同学们先独立思考，然后把你的方法和小组内的成员分享，小组内选出代表上前面来尝试进行说明。

学生独立思考后进行小组讨论，然后选派代表进行尝试说明。

生：我们小组发现，想证明 BD 是 $\odot O$ 的切线，只需要连接 OD，证明 $OD \perp BD$ 即可。因为 OD 是 $\odot O$ 的半径，如果 $OD \perp BD$，那么 OD 就是圆心 O 到直线 BD 的距离了，这样圆心到 BD 的距离和半径就相等，从而利用切线的判定定理就可以得出结论。

师：这个小组展示了他们的证明思路，这个小组的成员能把证明过程简单地说一下吗？

生：首先连接 OD，因为 $\angle A = 30°$，$OA = OD$，所以 $\angle ADO = \angle A = 30°$，根据三角形外角等于不相邻的两个内角和，可知 $\angle DOB = 60°$，又因为 $\angle B = 30°$，根据三角形的内角和等于 $180°$ 可得出 $\angle ODB = 90°$，所以 $OD \perp BD$，所以 BD 是 $\odot O$ 的切线。

师：这个小组不仅阐述了这道题的解题思路，证明过程还简单扼要，值得大家学习，其他小组还有不同的想法吗？

生：我们小组的方法比上一个小组的方法麻烦一点，但是也可以证出结论。

师：你能代表你们小组说一下吗？

生1：可以，我们也连接了 OD，也想证明 $OD \perp BD$，但是我们还连接了 CD，因为我们小组的成员观察出 AC 是 $\odot O$ 的直径，直径所对的圆周角为 $90°$，就可能证出垂直。根据已知可以求出 $\angle DCA = 60°$，所以 $\triangle OCD$ 为等边三角形，就可以知道 $\angle ODC = 60°$，如果能求出 $\angle BDC = 30°$，这道题就解决了，而 $\angle ACD$ 是 $\triangle BCD$ 的外角，$\angle B = 30°$，所以就可以求出 $\angle BDC = 30°$，这样也可以说明 BD 是 $\odot O$ 的切线。小组内的其他同学还有什么补充吗？

生2：虽然我们小组的方法比刚才那个小组的麻烦点，但我觉得也很好。

师：结合自己的证明方法，再结合刚刚两个小组的证明方法，你们能发现什么吗？

生：其实想证明过圆上一点的直线是切线，只需要连接圆心和这点的半径，证明半径和这条直线垂直就行。

师：这位同学很善于观察，同时总结得也很全面，希望其他同学可以把这些归纳应用到今后的学习中，接下来我们看下一道题。

2. 如图 4-28，在 $\triangle ABC$ 中，$\angle B = 90°$，$\angle A$ 的平分线交 BC 于 D，以 D 为圆心，DB 长为半径作 $\odot D$，试说明 AC 是 $\odot O$ 的切线。

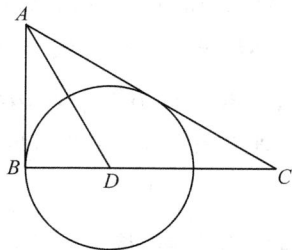

图 4-28

学生独立思考后，小组交流，展示汇报。

生：这道题和上道题有点区别，我们不知道这条直线 AC 与 $\odot D$ 的交点是什么，所以无法直接连接,但是题中给了 AD 是 $\angle A$ 的角平分线,并且 $\angle B = 90°$,所以我们过点 D 作 AC 的垂线交 AC 于点 M,这样 $DM = DB$ 了,并且 DM 还垂直 AC,根据切线的定义可以说明结论。

师:讲解得非常精彩,通过这两道题我们可以得出什么样的结论呢?

生:第一道题已知切点,我们只需要连接圆心和切点,证明这条线段和半径相等就可以证明它是切线,如果没有切点,那就需要过圆心作垂线,证明垂线等于半径,也能证明出它是切线。

师:这位同学总结得太到位了,简单来说就是已知切点,连半径证垂直,未知切点,过圆心作垂直证半径就可以。

师:我们通过这道题来了解一下同学们之前复习的情况,请完成以下问题。

3. 在平面直角坐标系中以点 $(-3,4)$ 为圆心,4 为半径的圆( )。

(A)与 x 轴相交,与 y 轴相切   (B)与 x 轴相离,与 y 轴相交

(C)与 x 轴相切,与 y 轴相交   (D)与 x 轴相切,与 y 轴相离

学生独立完成。

师:对于这个问题,同学们可以动手在草纸上画出图形,这样就可以更加直观地解决这个问题。

师:基础打牢后,我们再来研究一个相对复杂的问题。

4. 如图 4-29,直线 $y = -\dfrac{4}{3}x + 4$ 分别与 y 轴、x 轴相交于点 A、点 B,一个圆心在坐标原点,半径为 l 的圆,以每秒 0.8 个单位长度的速度向 y 轴正方向运动,设此动圆圆心离开坐标原点的时间为 t 秒($t \geq 0$),思考:t 为何值时,动圆与直线 AB 相切。

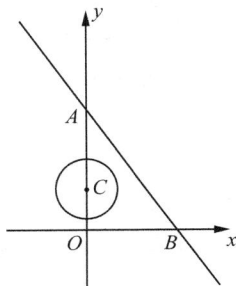

图 4-29

学生独立思考,然后分析并讲解解题思路,动手写出规范过程。

生:这道题结合了相切和三角函数的知识,圆 C 与直线 AB 相切,所以连接 C 和切点 D,CD 就垂直 AB 并且等于半径 l,根据已知可以求出 $\angle OAB$ 的三角函数,然后能求出 AC 的长,再求出 OC 的长,也就是圆 C 的运动路程,除以运动速度就是 t。

师:其他小组有不同的想法吗?

生:这个小组只说了一种情况,当点 C 运动过点 A 后,圆 C 与直线 AB 还有一次相切,同样可以根据他们小组的方法,求出运动时间。

师:两个小组说得都很精彩,我们需要用缜密的思维去思考问题,把两个小组的想法结合到一起就是本题的解题思路,接下来给同学们整理的时间,并把解题过程写到题签上。

生:其实我们小组没用三角函数,利用三角形相似也能得出结论,并且我们小组觉得相似比三角函数能快一点。

师:三角函数和相似其实都可以解决这个问题。

学生整理解题过程及方法。

师:我们最后来看看这个问题。

5. 如图 4-30,AB 是 $\odot O$ 的直径,点 D 在 AB 的延长线上,DC 与 $\odot O$ 相切于点 C,若 $\angle A = 25°$,则 $\angle D$ 等于（　　　）。

（A）20°　　　　（B）30°　　　　（C）40°　　　　（D）50°

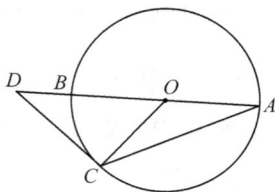

图 4-30

学生独立思考,分析过程。

生1:利用三角形外角等于不相邻两个内角和可以求出 $\angle DOC$ 的度数为 50°,然后因为 DC 是 $\odot O$ 的切线,所以能得出 $\angle OCD$ 为 90°,根据三角形内角和可以求出 $\angle D = 40°$,所以答案选 C。

生2:我的方法和他的不一样,我用的是同弧所对圆心角是圆周角的 2 倍,也可以求出∠DOC的度数为50°,后面就和他一样了,答案也是选C。

师:同学们对以往知识掌握得很好了,这两位同学都应用了我们之前学过的什么知识点呢?

生:切线的性质定理和三角形内角和定理。

师:由于时间关系,对于切线的性质定理及本节其他知识的复习我们在下节课会继续完成。那么通过本节课的学习你们有什么收获和体会呢?

生1:我知道有切点连切点证垂直,没有切点作垂直证明半径。

生2:在遇到动圆时需要更加全面地考虑问题。

生3:没有图的问题,我们如果能准确画出图形,可以使我们更加直观地解决问题。

生4:我对切线的判定定理和性质定理理解得更加透彻了,也会应用了。

师:同学们都有了自己的收获和体会,我们本节课通过解决与切线的判定定理和性质定理有关的问题,复习了切线的判定定理和性质定理。同学们在解题过程中把以往所学的知识进行了复习及再梳理,也收获了不同的解决问题的方法,可以利用几何直观更好地解决一些问题,希望同学们把本节课学到的知识和方法及善于归纳总结的思想应用到今后的学习中去,养成良好的数学学习习惯。

三、问题解析

教学中教师着重强调了推理论证的教学,但是应该给学生充足的时间,让学生经历观察、实验、探究得出结论,再进行证明,这些对激发学生的学习兴趣、活跃学生的思维、发展学生的思维能力都有好处,使学生掌握把未知化为已知、把复杂问题化为简单问题、把一般问题化为特殊问题的方法。另外,对于未知关系的研究,教师在教学中应从两个方面让学生体会,一是它们的几何特征,即交点的个数;二是研究它们的代数特征,即圆的半径和两个图形之间的距离,教师仅强调其代数特征,对于几何特征关注度不够。

四、建构体系

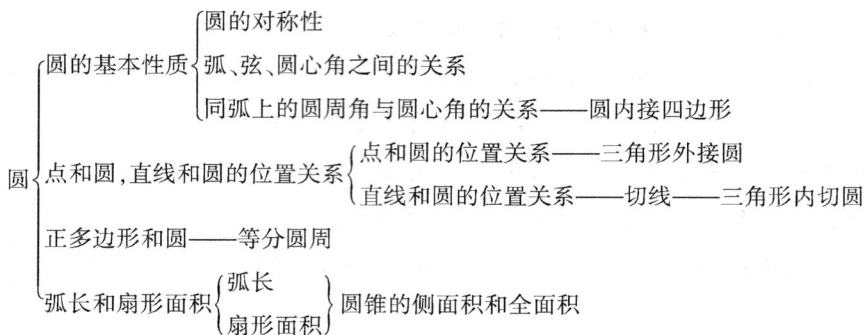

图 4-31

五、素养落实

圆是学生学习的第一个曲线形,由直线形到曲线形,在认识上是一个飞跃。本节复习课,教师着重培养学生的几何直观、空间观念、推理能力、应用意识和创新意识。学生通过本节课的学习,进一步掌握学习必备的基础知识和基本技能、基本思想和基本活动经验,激发了学习数学的兴趣,逐步形成独立思考的习惯和合作交流的意愿,增强了实践能力。

学生通过本节复习课的学习,也可以进一步理解逻辑推理在解决问题中的重要性,初步掌握推理的基本形式和规则,可以根据语言描述画出相应的图形,分析图形的性质,建立形与数的联系,构建数学问题的直观模型。

在对比和类比中完善知识结构

——"相似复习课"课例研究

一、研究背景

"相似"是《义务教育教科书(五·四学制)数学九年级下册》第三十三章的内容。图形的相似是"图形的变化"的主要内容之一,研究的主题是图形形状之间的关系,而图形的位似还涉及图形的位置关系。全等是一种特殊的相似,本章是在前面对全等形研究的基础上,借鉴全等形研究的基本套路对相似图形进行研究。本章的知识不仅将在后面学习锐角三角函数和投影与视图时得到应用,而且对于建筑设计、测量、绘图等实际工作也具有重要价值。综上所述,本章有着承上启下的重要作用。

二、教学实录

(一)知识梳理

师:本节课我们一起来复习一下"相似"这章。本章我们学习了哪些知识呢?

生1:首先学习了相似图形的概念,形状相同的图形叫做相似图形。两个边数相同的多边形,如果它们的角分别相等,边成比例,那么这两个多边形叫做相似多边形。类似地,三个角分别相等、三条边成比例的三角形叫做相似三角形。相似多边形对应边的比称为相似比。

生2:平行线分线段成比例定理,两条直线被一组平行线所截,所得的对应线段成比例。推论,平行于三角形一边的直线截其他两边(或两边的延长线),所得的对应线段成比例。从而得到一个判定三角形相似的定理,平行于三角形一边的直线和其他两边相交,所构成的三角形与原三角形相似。

生3:三边成比例的两个三角形相似;两边成比例且夹角相等的两个三角形相

似；两角分别相等的两个三角形相似。

生4：相似三角形的性质有：相似三角形对应高的比，对应中线的比，对应角平分线的比都等于相似比。相似三角形对应线段的比等于相似比；相似三角形面积的比等于相似比的平方。

师：在以上几位同学的共同努力下，本章的知识已经都呈现出来了，那么谁来带领大家一起将这章所学的知识概括一下？

生：本章我们认识了相似图形，继而学习了特殊的相似图形——相似多边形，其中重点研究了相似三角形。学习了相似多边形的定义、性质，相似三角形的定义、性质及判定方法，还学习了位似。

师：你的思路很清晰，将本章的学习内容基本概括全了。说一说你是怎么做到掌握得这么好这么熟练的？

生：这章的学习跟全等三角形那章基本相同。

师：你已经自觉地在用类比的数学思想思考问题了，很棒！那么根据自己的理解，谁来说一说这两章有什么关系？

生：全等是特殊的相似，两个图形相似，当相似比是1的时候，这两个图形就是全等图形。

师：你把全等图形和相似图形的关系说清楚了，那么这两章在研究顺序或者研究方法上有什么关系呢？

生：在研究顺序上，这两章都可以概括为从一般到特殊；在研究内容上，都是研究了全等或者相似定义、性质和判定。

师：本章中还有一个内容，位似，那么位似的定义又是怎样的呢？位似与相似之间有什么关系呢？

生1：如果两个多边形不仅相似，而且对应顶点的连线相交于一点，像这样的两个图形叫做位似图形，这点叫做位似中心，这时两个图形的相似比又称为位似比。

生2：位似是特殊的相似，其特点有：(1)两个图形相似；(2)每组对应点所在的直线交于一点；(3)对应边互相平行或在同一条直线上。

师：常见的由相似三角形组成的基本图形有哪些？请同学们画一画。

在小组充分讨论、全班热烈交流后，采用师生合作的方式，画出相似三角形判定的常见基本图形。

生1：有一组边平行类的"A形""X形"。

生2:有公共角的"斜A形"。

生3:有公共顶角的平行加旋转型。

1. 由平行得相似:两个三角形有公共角或对顶角(如图4-32、4-33)。

符号语言:

∵ $DE/\!/BC$,

∴ $\triangle ADE \backsim \triangle ABC$。

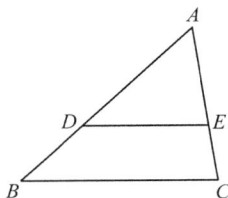

图4-32

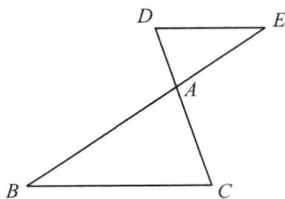

图4-33

2. 两角分别相等得相似:两三角形有公共角或对顶角(如图4-34、4-35、4-36)。

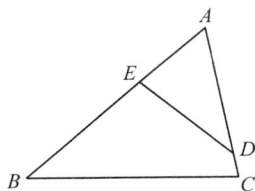

图4-34

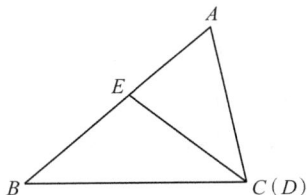

图4-35

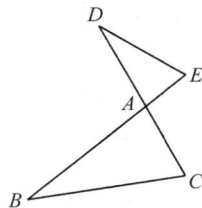

图4-36

符号语言:

∵ $\angle A = \angle A$(图4-36为对顶角),$\angle ADE = \angle ABC$,

∴ $\triangle ADE \backsim \triangle ABC$。

3. 两边成比例且夹角相等得相似:两三角形有公共顶点(如图4-37)。

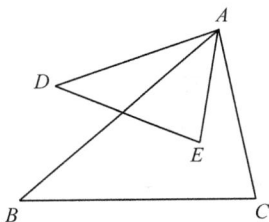

图4-37

符号语言：

$\because \dfrac{AD}{AB} = \dfrac{AE}{AC}$, $\angle DAE = \angle BAC$,

$\therefore \triangle ADE \backsim \triangle ABC$。

4.射影形：三个三角形都相似（如图4-38）。

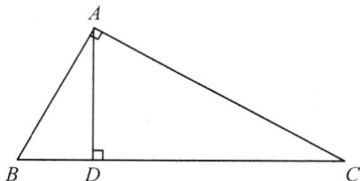

图4-38

符号语言：

$\because \angle C = \angle C$, $\angle BAC = \angle ADC$,

$\therefore \triangle CAB \backsim \triangle CDA$。

师：同学们在熟悉这些基本图形时要注意对图形隐含条件的挖掘，如对顶角、公共角、平行及垂直等。通过上面的复习，你们对知识之间的联系，获得知识的方法，所用到的数学思想有什么新的感悟？

生：学习了从特殊到一般、类比、转化的思想。

（二）典例解析

师：刚才同学们通过相互合作回顾了本章的知识要点并梳理出了相似三角形中一些常见的基本图形。下面我们进行应用训练。

例1　（1）如图4-39，平行四边形 $ABCD$ 中，M 为对角线 AC 上一点，BM 交 AD 于点 N，交 CD 延长线于点 E。试问图中有多少对不同的相似三角形？

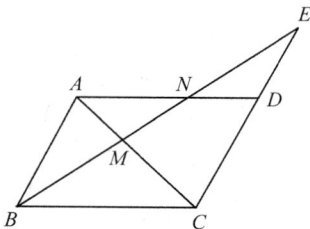

图4-39

（2）如图4-40，Rt△ABC，斜边AC上有一点D（不与点A、C重合），过D点作直线截△ABC，使截得的三角形与△ABC相似，则满足这样条件的直线共有_____条。

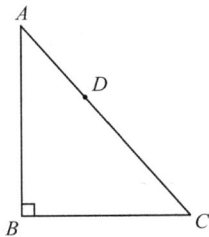

图 4-40

生1：第（1）小题中△END∽△EBC、△END∽△BNA、△AMN∽△CMB、△ABM∽△CEM，共四对。

生2：不对，少了一对全等三角形：△ABC∽与△CDA。

师：讲得很好，全等是特殊的相似。

生：由于△END∽△EBC、△END∽△BNA，因此△EBC与△BNA也相似。

师：△END、△EBC、△BNA是同一类相似三角形，我们在计数时，应将它们罗列在一起，用"∽"符号连接，这样统计时才能做到既不重复，也不遗漏。共有6对相似三角形。

生：第（2）小题有3条符合要求的直线。

师：哪三条？你是如何思考的？

生：一条与AB平行，一条与BC平行，一条垂直于AC。因为本题中相似三角形的对应关系不明确，所以要分类讨论，考虑"A字形"与"X字形"的基本图形（如图4-41）。

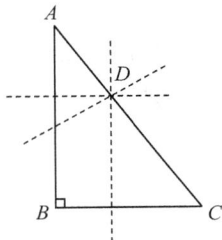

图 4-41

师:回答得很好! 对应顶点不明确的相似三角形判定问题,往往要进行分类讨论。接下来我们来研究例2。

例2 如图4-42,M 为线段 AB 的中点,AE 与 BD 交于点 C,$\angle DME = \angle A = \angle B = \alpha$,且 DM 交 AC 于点 F,ME 交 BC 于点 G。

(1)写出图中三对相似三角形,并证明其中的一对;

(2)连接 FG,如果 $\alpha = 45°$,$AB = 4\sqrt{2}$,$AF = 3$,求 FG 的长。

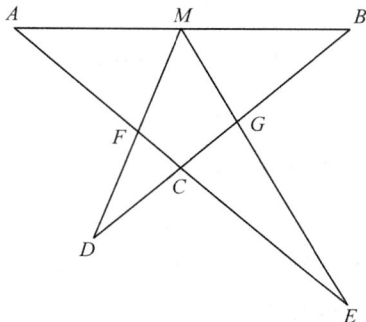

图4-42

生1:第(1)问我找到了两对相似三角形:$\triangle DMG \backsim \triangle DBM$、$\triangle EMF \backsim \triangle EAM$,它们是"共角共边"的相似三角形。

生2:我还猜想 $\triangle AMF$ 与 $\triangle BGM$ 有可能相似,但证不出来。

生3:关键是证明 $\angle AFM = \angle BMG$,可以这样推导:$\angle AFM = \angle DME + \angle E = \angle A + \angle E = \angle BMG$。

师:同学们回答得真棒! 同学们在识图时应仔细观察图形,大胆进行猜想。请同学们独立完成 $\triangle AMF \backsim \triangle BGM$ 的证明。

生1:第(2)问,我由 $\alpha = 45°$ 可知 $\triangle ABC$ 是等腰直角三角形,又根据 AB、AF 的数值可求出 CF 的长为1,下面我无法解决了。

生2:要求 FG 的长,可考虑利用勾股定理,必须求出 CG 的长,即求 BG 的长,想到用 $\triangle AMF \backsim \triangle BGM$ 来解决。

师:这是采用"两头凑"的方法,也就是分析法和综合法的结合,是处理几何综合题常用的方法,希望同学们在学习的过程中加以运用。

师:同学们对以上复习的知识和方法掌握得如何呢? 请独立完成下面这道练习题。

例3　如图4-43,在 Rt△ACB 中,∠ACB=90°,D 是 AB 边上一点,以 BD 为直径的⊙O 与边 AC 相切于点 E,连接 DE 并延长,与 BC 的延长线交于点 F。

(1)求证:$BD=BF$;(2)若 $BC=6$,$AD=4$,求⊙O 的面积。

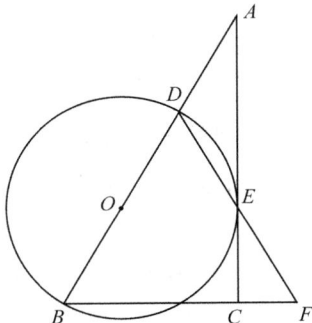

图 4-43

解:(1)证明:连接 OE。因为 AC 切⊙O 于点 E,所以 OE⊥AC,又∠ACB=90°,即 BC⊥AC,所以 OE//BC,所以∠OED=∠F。又 OD=OE,所以∠ODE=∠OED,所以∠ODE=∠F,所以 BD=BF。

(2)设⊙O 半径为 r,由 OE//BC 得△AOE∽△ABC。所以 $\dfrac{AO}{AB}=\dfrac{OE}{BC}$,即 $\dfrac{r+4}{2r+4}=\dfrac{r}{6}$,所以 $r^2-r-12=0$,解之得 $r_1=4$,$r_2=-3$(舍)。所以⊙O 的面积为 16π。

师:同学们练习题完成得非常好。

师:本节课接近尾声了,通过本节课的复习,同学们有哪些收获和体会?

生1:在前面知识梳理的过程中,对于平行线分线段成比例定理和相似之间的关系,我之前是没有注意到的。

生2:梳理相似三角形的基本图形及图形隐含条件的分析对我帮助比较大,让我对基本图形的认识更清晰了,我觉得在解决问题的时候我能更好地识别了。

生3:对于全等和相似的关系我知道,对于这两章的学习顺序和学习内容之间的关系,我更清晰了。

师:同学们总结得非常好,我们在学习数学知识的过程中,不仅要关注知识本身,还要注意与已有的知识进行关联,进行对比和类比,这样会提高我们的学习效率,达到举一反三的学习效果,这就是提高了学习能力。

三、问题解析

"相似"一章的知识点比较多,并且学习内容和学习方法包括定理的描述都有很多相似之处,学生容易弄混两部分知识。在本节课的教学中,教师更多地关注了类比的学习方法,对于二者之间的不同之处稍显忽略,因此仍然有个别学生存在混淆使用的现象。在接下来的教学中,教师要从图形、定理条件的数量、关系等方面引导学生发现不同点,从而更准确地掌握"相似"的相关知识。与圆相关的问题常常要借助相似三角形的知识来解决,而本节课只有一道题目是用相似的知识解决圆的相关问题,在后面的教学中会予以补充和深入挖掘。复习的主要目的是让学生加强知识之间的联系,深化对知识的理解,优化知识结构,体会数学思想方法等。复习课的核心是知识体系的重组和知识的选择性应用。对于九年级的学生来说,复习不能停留在知识罗列的层面上,更应该注重知识之间的联系。

四、建构体系

"相似"这一章的学习与全等三角形的学习有很多相同之处。本节课主要通过对比和类比完成本章知识的建构,对学习方法和学习内容进行了再认识。相似图形与全等图形之间是一种一般与特殊的关系,相似内容可以将其看成全等内容的拓展与延伸,并利用类比来展现两者之间的关系。全等形是相似比为1的相似图形,因此全等是特殊的相似。利用从特殊到一般的方法,由研究全等三角形的思路,可以提出相似三角形的问题和研究方法。教材以平行线分线段成比例的基本事实为起点,证明相似三角形的判定定理,就是利用这一基本事实与相似三角形定义中边对应成比例之间的联系。将平行线分线段成比例的基本事实应用到三角形中,所得推论"平行于三角形一边的直线截其他两边(或两边的延长线),所得的对应线段成比例",进一步证明"平行于三角形一边的直线和其他两边相交,所构成的三角形与原三角形相似",而这个定理可以作为证明其他判定定理的引理。

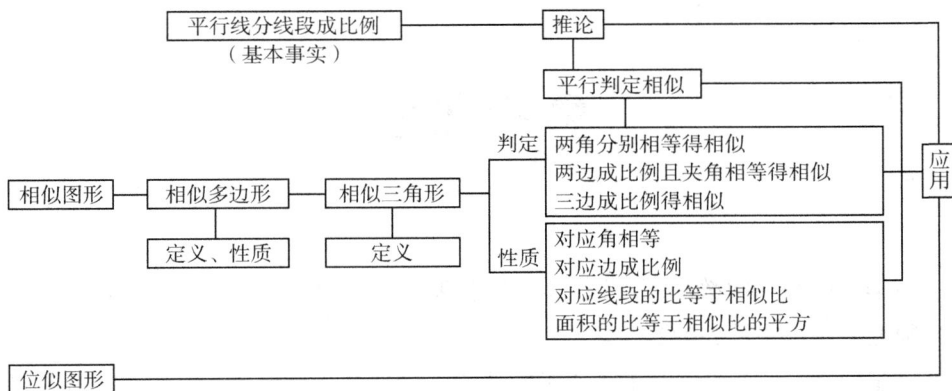

图 4-44

五、素养落实

本节课主要体现数学核心素养中的几何直观、空间观念和推理能力。本章证明涉及的问题不仅包含相似的知识,还有很多与三角形全等、平行、勾股定理、平面直角坐标系等知识融合在一起。教师应注意帮助学生复习已有知识,做到以新带旧,新旧结合,同时注意以具体问题为载体,加强证明思路的引导,帮助学生确定证明的关键环节,指导学生写出完整的证明过程,注意及时安排相应的训练,让学生逐步进行独立分析,完成证明。

参考文献

［1］中华人民共和国教育部.义务教育数学课程标准(2022年版)［M］.北京:北京师范大学出版社,2022.

［2］史宁中,曹一鸣.义务教育数学课程标准(2022年版)解读［M］.北京:北京师范大学出版社,2022.

［3］曹一鸣.新版课程标准解析与教学指导.初中数学［M］.北京:北京师范大学出版社,2022.

［4］易良斌.初中数学专题学习指导［J］.杭州:浙江大学出版社,2020.

［5］丁伟伟.初中数学教学中学生的发散思维培养的意义与方法［J］.数学学习与研究,2016(24).

［6］宋秀侠.在初中数学教学中学生逻辑思维能力培养方法［J］.课程教育研究,2016(26).

［7］刘璇.立足基础,关注过程,强调应用:2022年中考"抽样与数据分析"专题解题分析［J］.中国数学教育,2023(Z1).

［8］洪紫嫣.基于STEAM理论的初中数学"综合与实践"教学设计研究:以折纸为载体［D］.上海:上海师范大学,2022.